中国
老年人生活质量

THE QUALITY
OF LIFE OF
THE ELDERLY
IN CHINA

李 晶 主编
罗晓晖 伍小兰 副主编

社会科学文献出版社
SOCIAL SCIENCES ACADEMIC PRESS (CHINA)

前　言

中国自 2000 年进入人口老龄化社会，截至 2019 年底，中国 60 岁及以上老年人口数量达到 2.54 亿，占总人口的 18.1%。进入老龄化社会之后的 20 年，也是中国社会保障制度和社会服务体系快速发展的 20 年。在此期间，涉老法律法规、社会政策、经济政策和相关文件密集推出，覆盖全体居民的社会养老保险制度和医疗保险制度基本建立，针对特殊困难老年人的社会救助和医疗救助制度初步形成，老年社会福利从特殊困难老人扩展至全体老年人，养老服务和医疗服务体系逐步完善。总体来看，大部分老年人在收入、医疗、福利、服务等方面的保障都得到较大提升。

在老年人的物质生活条件得到较大改善的同时，人口年龄结构老化引发的社会问题也逐渐浮现，引起政府高度重视和社会普遍关注。在社会层面，虽然我国老年人在收入和医疗上已经得到基本的制度保障，但保障水平总体偏低，老年人看病难、看病贵问题依然严峻。社会养老服务供给不足，老年人社会参与环境、居住和出行环境等都有待改善。在家庭层面，家庭结构变迁带来了居住方式的改变，传统家庭伦理式微引发了更多的代际矛盾和冲突，广泛而频繁的人口流动造成家庭养老功能逐步弱化，独居空巢老年人家庭增多，高龄或失能老人的长期照护需要未能得到满足。在个体层面，随年龄增长老年人的健康水平不断下降，社交网络逐渐缩小，对于患病和死亡的忧虑逐渐增强。然而老年人的心理和精神问题未受到足够重视，患病和失能老年人的心理焦虑少有化解渠道，老年人孤独感增强，老年人自杀事件频繁出现。上述问题都对老年人的生活质量有深刻影响。因此，如何全面改善老年人生活状况、提高老年人的幸福感，值得深入研究。对政府部门来讲，已将如何改善老年人的生活状况、增强老年人的获得感和幸福感、提高老年人的生活质量列入事业发展规划和日常工作议程。在学术领域，越来越多的学者开始关注老年人和老龄社会议题。在老龄研究领域，开展老年人生活质量调查和研究，对于了解我国老年人生活状况、积累老龄科学基础研究成果具有重要意义，也对政府制定相关社会政策具有参考价值。

20世纪50年代，美国学者提出了生活质量（Quality of Life）的概念和理论，认为当经济水平发展到一定程度之后，人们就会转向追求更高质量的生活。50~60年代，美国一些学者开始进行生活质量的实证研究，主要调查内容是民众的精神健康、主观幸福感和生活满意度。我国对生活质量的研究始于20世纪80年代，学者们分别从社会学、经济学等角度研究生活质量，提出一些关于生活质量评价的方法及指标体系。进入21世纪，我国迈入人口老龄化社会，国内学术界更加关注老年群体，并开始进行老年人生活质量研究。随着我国人口老龄化程度的加深，对老年人生活质量的研究逐渐增多，包括不同地区老年人生活质量研究，也包括不同职业（身份）老年人生活质量的研究。大部分研究主要从客观生活质量和主观生活质量两个层面对老年人生活质量进行测度。老年人生活质量既包括老年人的客观生活条件，也包括老年人的生活体验和主观感受。与国外研究相比，中国对于生活质量的研究更偏重客观生活方面，这一方面与我国重视世俗生活的文化传统有关，另一方面与目前我国所处的社会发展阶段紧密相关。

从2000年开始，在全国老龄工作委员会办公室的领导下，中国老龄科学研究中心每五年在全国范围内进行一次城乡老年人生活状况调查，至2015年已经开展四次。2000年、2006年和2010年的三次调查在20个省（区、市）进行，样本量约为2万人。2015年的调查范围扩大到全国所有省份，样本量增至22万人。历次全国老年人调查的主要内容有：老年人的基本情况、老年人的家庭状况、健康医疗状况、照料护理服务状况、经济状况、宜居环境状况、社会参与状况、维权状况、精神文化生活状况等九大部分。上述涉及老年人客观生活质量的大部分内容，也包含老年人主观生活质量的内容，如老年人的孤独感、主观幸福感，以及老年人对自己的健康、家庭关系、经济、社会活动的评价等。但显而易见的是，问卷调查对老年人主观生活质量的考察仍有较大局限。

为弥补问卷调查在深入了解老年人主观生活质量上的不足，中国老龄科研中心老年人生活质量研究课题组于2017年7~12月采用质性研究方法开展了老年人生活质量的专项调查。该专项调查综合考虑了中国不同地区的地理环境位置、经济社会发展水平、人口老龄化程度等因素，在全国15

个省（区、市）的城市和农村地区开展老年人生活质量调查。这 15 个省（区、市）是：天津、江苏、浙江、宁夏、湖北、甘肃、安徽、黑龙江、重庆、山东、湖南、广东、广西、贵州和云南。课题组也在这 15 个省份对 190 名老年人进行了面对面的深度访谈。深度访谈显示，老年人对于"好的生活"的主观阐释与问卷调查结果高度一致，而质性调查则能够对老年人生活质量的主观层面进行更加深入的挖掘。如根据 2015 年问卷调查数据，影响中国老年人主观幸福感的主要因素有：家庭状况、健康状况、社会保障与公共服务、居住环境、社会参与和精神文化生活等。分析显示，老年人的家庭关系越好、健康水平越高、社会保障水平越高、公共服务越便利、住房满意度越高、社会参与度越高、精神文化生活越丰富，则老年人的幸福感越强烈。而专项调查力图站在老年人的角度，请老年人自己说出他们因何感到幸福，什么样的生活是他们心目中的高质量生活，他们所认为的"好的生活"都包括哪些方面的内容等。

基于 2015 年和 2017 年实施的两次全国性调查，我们对中国老年人生活质量状况有了基本了解。2015 年，中国城镇老年人口比例（52.0%）略高于农村老年人口比例（48.0%）。总体来看，城镇老年人生活质量高于农村。年龄、性别和教育素质等对老年人生活质量有不同程度的影响。分性别看，中国女性老年人占老年人总数的 52.2%，男性老年人占 47.8%。随着年龄的增长，女性老年人的比例越来越高。值得注意的是，女性老年人平均预期寿命高于男性老年人，但她们的社会经济地位通常低于男性，因此高龄女性老年人的生活质量尤其值得关注。从教育素质看，中国老年人的文化程度总体偏低。老年人中未上过学的约占三成（29.6%），小学文化程度的约占四成（41.5%），初中和高中的约占 1/4（25.8%），大专及以上的仅占 3.1%。教育素质与个人生活方式、社会支持网络、职业和社会阶层、社会保障水平等密切相关，对老年人的生活质量有直接影响。总体来看，受教育程度较高的老年人拥有更高的生活质量。

物质保障是老年人生活质量的基础。2015 年问卷调查显示，中国老年人最主要的收入来源是社会保障性收入，包括养老金、离退休金等社会保障收入，占到老年人总收入的 62.7%。老年人收入状况是衡量老年人生活质量的客观指标，而老年人的自评经济状况是衡量老年人生活质量的主观指标。2015 年问卷调查显示，中国 16.1% 的老年人认为自己经济宽裕，58.5% 认为基本够用，25.4% 认为自己经济困难。2017 年通过对老年人的深入访谈进一步了解经济状况对老年人主观生活质量的影响，研究发现，经济水平的绝对值对老年人的客观生活质量有直接影响，同时老年人对生活的今昔比较对他们的主观生活质量有很大影响。例如，经历过战争动荡年代的高龄老人因现在过上了安定的生活而感到非常幸福；中低龄老年人对新中国成立初期的艰苦生活记忆犹新，对现在衣食无忧的生活感到非常满意；长期以来都没有社会保障的农村老年人对现在可以享受到基本养老保险、医疗保险以及其他社会保障和福利服务感到十分满意。在纵向比较的同时，老年人也在进行横向比较。较低社会阶层的老年人在与较高阶层的老年人进行比较时会产生相对剥夺感，这对老年人的生活满意度有显著影响。例如，农村老年人与城市老年人相比，企业退休职工与机关事业单位退休人员相比，前者认为自己所享受的社会保障待遇比后者要低；他们对这种不公平待遇表示不满，并提出了进一步提高待遇、改善服务的希望。

在基本生活得到保障的基础上，家庭是决定老年人生活质量高低的最关键因素。夫妻关系和亲子关系是家庭中最重要的人际关系，居住安排则是家庭关系在日常生活中的体现。由于年龄、健康水平、经济状况、子女情况等客观条件的不同，加上思想观念和生活习惯等方面的差异，老年人是否和子女共同居住、何时与子女同住或分住，受到很多因素的影响，并且会因时势变化而有所调整。正因如此，不同的居住安排对于老年人生活质量的影响比较复杂。一般来说，与老年人的意愿和需要相符的居住安排对其生活质量有正面效应，反之则对老年人的生活质量有负面效应。除了家庭人际关系外，家庭的物理环境如住宅条件和社区环境等，也对老年人的生活质量有重要影响。

健康问题是老年期要应对的首要问题，对老年人的生活质量有最直接的影响。2015年问卷调查显示，中国32.1%的老年人患有一种慢性病，50.5%的老年人患有两种及以上慢性病，仅有17.3%的老年人未患慢性病。随着年龄的增长，老年人患慢性病的比例越来越高。健康自评是老年人对于自身健康状况的主观评价。老年人自评健康"好"（"非常好"和"比较好"）的比例为33.0%，自评健康"一般"的比例为42.3%，自评健康"差"（"比较差"和"非常差"）的比例为24.8%。对比老年人患慢性病比例和健康自评情况，虽然中国八成以上老年人都患有慢性病，但约1/3的老年人自评健康水平为"好"，只有不到1/4的老年人自评健康水平为"差"。可见，老年人并未仅仅因为患有慢性病而认为自己健康状况不好。2017年进行的专项调查发现，随年龄增长和健康水平下降，老年人对于自身健康的预期和评价也在不断调整。随年龄增长，老年人逐渐接受带病生存的状态。这再次显示生活质量是一个相对的概念，是对客观状况的主观感受。因此，健康状况对于老年人生活质量的影响不只在于客观的健康情况，还在于老年人是否有与其年龄相适宜的健康预期。

随年龄增长而出现的健康衰退问题是个体老年期的特点之一，因此可获得的医疗服务状况对老年人的生活质量有显著影响。2015年调查显示，目前中国绝大部分老年人都能获得比较便利的医疗服务。全民医保的建立是中国医疗保障制度建设取得的重大成就，对于提高城乡老年人生活质量有重要贡献。但由于医疗保障水平较低，看病贵仍然是老年人反映最强烈的医疗问题。无论城乡都存在因病致贫的现象，老年人及其家庭的生活质量都受到严重影响。2017年专项调查显示，老年人对以医疗卫生服务为主的公共服务的满意程度和老年人的需要密切相关。相对而言，健康状况较差的老年人对医疗卫生服务的需求较多，如果相关服务需求得到较好满足，他们的满意度会提升，有益于生活质量的提高。反之，如果相关服务需求得不到满足，他们的满意度就会下降，这对其生活质量就会有更多负面影响。

老年人的心理健康越来越受到重视。孤独感是老年人最主要的心理问题之一。2015年问卷调查结果显示，中国有36.6%的老年人感到孤独。随着年龄的增长，感到孤独的老年人的比例越来越高。近1/3的低龄老年人感到孤独，而感到孤独的高龄老年人则超过一半。婚姻家庭状况对老年人的孤独感有直接影响。有配偶的老年人感到孤独的比例为25.3%，而无配偶的老年人感到孤独的比例高达65.8%。居住安排对老年人是否感到孤独影响显著。与配偶共同居住的老年人感到孤独的比例为26.1%，独居老年人感到孤独的比例则高达71.3%。可见，婚姻家庭状况对老年人生活质量的影响不仅体现在经济支持和生活照顾上，更体现在心理抚慰和精神支持上。

社会交往也是影响老年人心理健康的重要因素。在老年人的基本生活得到保障的基础上，适度的社会参与有益于老年人生活质量的提高。根据个人意愿和能力，老年人继续工作或从事生产经营活动、参与社区选举和社区建设、参加公益活动或志愿服务、参与老年人群众组织及其活动、继续学习、参加休闲娱乐活动等，都能够使老年人保持一定的社会交往，这有助于老年人建立积极的自我认同，让他们感到生活更有意义，从而提高自己的生活质量。目前看，绝大部分老年人都不同程度地参与各类社会交往活动。

本书收录了基于2015年第四次中国城乡老年人生活状况调查数据和2017年老年人生活质量专项调查资料撰写的专题论文，还收录了近五年来与老年人生活质量相关的其他研究成果。全书分为文献研究、研究方法、经验研究、政策研究四大部分，共14篇论文。文献研究的两篇文章分别是老年人生活质量的理论研究综述和老年人生活质量的实证研究综述。研究方法的两篇文章分别介绍老年人生活质量问卷（CASP）和质性研究方法在老年人生活质量研究上的应用。经验研究部分的八篇文章分别讨论中国老年人生活自理能力发展轨迹、老年人的慢性病及其生活意义、农村老年人睡眠质量与心理健康的关系、精神心理状态对老年人生活质量的影响、收入消费与老年人生活质量、城市居住环境对老年人生活质量的影响、居家养老模式下家庭照料者的需求与支持、失能高龄老人对社区居家养老服务的利用等问题。政策研究两篇文章，分别探讨公办养老机构转制问题、新时代背景下老年人生活质量提高面临的挑战及应对策略。

本书的作者大部分是中国老龄科学研究中心的研究人员。此外，北京大学社会学系鄢盛明博士、北京西城区协力人口与社会发展研究所所长贾云竹博士、天津师范大学心理学部张晓华副教授、中央财经大学社会与心理学院丁志宏博士等几位学者贡献了他们的研究成果，在此向他们表示衷心感谢！

本书是2017年度全国老龄工作委员会办公室基本业务费项目"中国老年人生活质量研究"的成果之一。项目课题组成员有李晶、张秋霞、罗晓晖、伍小兰、李静芳、翟德华、何亚楠等，各成员在实地调查、数据分析、报告撰写等各自负责的方面都做出了积极的努力。中国老龄科研中心副主任党俊武博士在项目开展和报告撰写过程中多次给予指导，科研中心的王莉莉、杨晓奇、曲嘉瑶参加了课题讨论并提供了宝贵意见。课题组特别聘请中国老龄科研中心已退休的老龄问题资深专家徐勤研究员参与研究工作，感谢她在课题设计、数据分析报告等方面贡献了自己的经验和智慧。北京大学社会学系的鄢盛明老师花费大量时间和精力参与了课题工作，在文献研究和实地调查等工作上都做出了重要贡献。感谢北京市华龄颐养精神关怀服务中心杨萍女士，协助课题组完成了多省份的质性调查。感谢中国社会科学院人口与劳动经济研究所的林宝研究员多次参与课题研讨会，并提出了建设性意见和建议。健康和生活质量密不可分，科研中心承担了科技部国家重点研发计划"我国人群增龄过程中健康状态变化特点与规律的研究"子课题"健康状态影响因素的分析研究"（项目号2018YFC2000303），本书也是该项目的阶段性成果。

李　晶　罗晓晖　伍小兰
2020 年 2 月

目 录

文献研究

老年人生活质量的理论研究综述 …………………… 康厚艳　鄢盛明 / 003
关于老年人生活质量的实证研究综述 …………………… 康厚艳　鄢盛明 / 035

研究方法

老年人生活质量问卷（CASP）在老年人群体中的应用价值研究
………………………………………………………… 欧阳铮　刘素素 / 077
质性研究方法在老年人生活质量研究上的应用 …………… 李　晶 / 097

经验研究

中国老年人生活自理能力发展轨迹研究 …………… 伍小兰　刘　吉 / 115
老年人的慢性病及其生活意义 …………………………………… 李　晶 / 136
农村老年人睡眠质量与心理健康关系探究 ………… 张晓华　潘　敏 / 158
精神心理状态对老年人生活质量的影响 ………………………… 张秋霞 / 180
从收入、消费视角进一步提高老年人生活质量 ………………… 杨晓奇 / 194
城市居住环境对老年人生活质量的影响
　　——基于北京市调查的分析 ……………………………… 曲嘉瑶 / 213
居家养老模式下家庭照料者需求与支持研究 ………… 贾云竹 等 / 235
我国居家养老服务的供给、需求和利用的均等化研究
　　——以有照料需求的高龄老人为例 ……………… 丁志宏　曲嘉瑶 / 248

政策研究

北京市公办养老机构转制政策、实践与建议
………………………………………………………………… 王莉莉 / 275
新时代提升老年人生活质量的挑战及应对 …………………… 罗晓晖 / 290

文献研究

老年人生活质量的理论研究综述

康厚艳　鄢盛明*

摘　要：近几十年来，学界对于老年人的生活质量进行了大量的研究。基于相关文献，本文对有关生活质量以及老年人生活质量的概念与理论进行了初步的梳理，以期为开展老年人生活质量方面的研究提供一个初步的理论基础。

关键词：老年人　生活质量　生活质量理论

一　生活质量的概念内涵及其理论

生活质量的研究发端于经济学，已有超过半个世纪的时间，但对这一概念目前尚未有统一的定义。对于生活质量这一跨学科、研究广泛、概念定义和研究内容丰富多样的研究领域来说，厘清概念显得尤为重要。厘清概念不是评判孰是孰非，而是梳理出不同学科领域和研究者对生活质量概念的不同界定、理论依据，从而加深对生活质量内涵与外延的理解，明确不同研究者所研究现象的内涵和重点[①]，使研究得以形成理论的对话与发展。

（一）对于"生活质量"概念的界定

自生活质量研究兴起以来，大部分研究者并未给出明确的概念界定，而

---

* 康厚艳，女，北京大学社会工作专业硕士，主要研究方向为老年社会工作、精神健康社会工作，现就职于政府机构，从事社区发展、社区治理相关工作。鄢盛明，男，香港大学哲学博士，现为北京大学社会学系副教授，主要研究方向为老年社会工作、精神健康社会工作、医学社会学等。

① 风笑天：《生活质量研究——生活质量研究：近三十年回顾及相关问题探讨》，《社会科学研究》2007年第6期。

是根据自身研究需求选取研究变量和指标，冠以生活质量之名，或者不假思索沿袭前人的相关概念定义和指标体系。另一部分研究者则期望对生活质量这一模糊的概念进行科学的、确切的探索解释，甚至发展出相关理论。现将国内外学者给出的较为明确的生活质量概念界定汇总如表1、表2所示。

表1　国外学者关于生活质量的定义

研究者	观点描述
加尔布雷斯（1958）	生活质量是指人们在生活舒适、便利程度以及精神上所得到的享受或乐趣
罗斯托（1971）	生活质量是经济增长的必然产物，包括自然和社会两方面的内容，自然方面即居民生活环境的美化和净化；社会方面是指社会教育、卫生保健、交通、生活服务、社会风尚乃至社会治安等条件的改善
坎贝尔（1976）	生活质量是生活幸福的总体感觉
列维（1987）	生活质量由个人或群体感受到的躯体、心理及社会各个领域的良好生活适应状态来综合测量，由幸福感、生活满意度或满足感构成
林南等（1989）	生活质量是人们对生活环境的满意程度和对生活的全面评价
WHO（1993）	生活在不同文化及价值体系中的个体对其生活的目标、希望、准则和所关心的问题和生活状态的感受和体验

资料来源：①潘祖光：《生活质量研究的进展和趋势》，《浙江社会科学》1994年第6期。
②Rostow W. W., *Politics and the Stages of Growth* [M]. University Press, 1971.
③Campbell A., Converse P. E., Rodgers W. L., The Quality of American Life [J]. *Academy of Management Review*, 1976, 2（4）：694.
④Levi L. et al. Population, Enviroment and Quality of life. *Royal Ministry For Foreigh Affair*, 1987.
⑤林南、卢汉龙：《社会指标与生活质量的结构模型探讨——关于上海城市居民生活的一项研究》，《中国社会科学》1989年第4期。
⑥WHO. Report of the WHO Meeting on the Assessment of Quality of Life in the Health Care. Geneva：WHO, 1991.

表2　国内学者关于生活质量的定义

研究者	观点描述
厉以宁（1986）	生活质量是反映人们生活和福利状况的一种标志，它包括自然方面和社会方面的内容。生活质量的自然方面是指人们生活环境的美化、净化等；生活质量的社会方面是指社会文化、教育、卫生、交通、生活服务状况、社会风尚和社会秩序等
冯立天（1992）	生活质量反映人类为了生存与提高生存机会所进行的一切活动的能力和活动的效率
朱国宏（1992）	生活质量是处于一定经济发展水平上人口生活条件的综合状况
陈义平（1993）	生活质量反映社会提供国民生活条件的充分程度和国民生活需求的满足程度
周长城（2001）	生活质量反映社会提高国民生活条件的充分程度和国民生活需求的满足程度，是建立在一定的物质条件基础上，社会全体对自身及其自身社会环境的认同感

续表

研究者	观点描述
陆汉文(2005)	生活质量是人们关于生活世界的实存层面的总体感觉
杨晓苏等(2012)	生活质量是在具体文化和价值体系中,个体对自我生理、心理和社会功能状态等多方面的感受和满意度的综合评分

资料来源:①厉以宁:《社会主义政治经济学》,商务印书馆,1986,第523页。
②冯立天:《中国人口生活质量研究》,北京经济学院出版社,1992.
③朱国宏:《生活质量综合指数问题初探》,《经济学家》1993年第2期。
④陈义平:《两种生活质量评估方法的比较分析》,《广东社会科学》,1993年第3期。
⑤周长城、饶权:《生活质量测量方法研究》,《数量经济技术经济研究》2001年第10期。
⑥陆汉文:《论生活世界的内涵与生活质量测量》,《学术论坛》2005年第11期。
⑦杨晓苏、马佳、李小平等:《老年人生活质量的测评及其影响因素的研究进展》,《中国老年学杂志》2012年第23期。

总结起来,不管生活质量的概念如何界定,其内涵大致都体现出主观生活质量和客观生活质量两个方面的关系。相关界定或侧重于客观生活质量,或侧重于主观生活质量,或认为应该将二者有机结合起来。同时,生活质量概念的界定越来越强调其操作性,以便进行评估测量。总的来看,国外生活质量的研究发端于经济学,兴起于社会指标运动,发展成熟并集大成于社会心理学,其概念内涵经历了从客观到主观的趋势,并且主观生活质量研究已成为主流。国内生活质量的研究则起源于社会指标系列研究,受到经济学、社会学、心理学、医学、生态学等各学科的关注,概念内涵表现出从客观到主客观相结合、从单一学科视角到多学科相融合的趋势,并且理论深度不断拓展。

(二) 生活质量的相关理论

已有的生活质量研究不管是否给生活质量下了明确的定义,其背后一定有关于生活质量是什么、由什么内容要素构成、研究与应用的意义、与相关变量的关系以及如何进行评价测量的相应理论支撑。尽管成熟、完善的生活质量理论体系还较少,但根据不同研究背后的理论假设,或多或少可以将目前的生活质量研究做理论的归纳。现将相关理论梳理汇总如下。

1. 经济决定论

经济决定论用以归结那些将生活质量视为经济发展的产物、认为物质经济发展水平决定生活质量高低的观点和研究。这一理论的特征是以经济为中心，认为经济发展具有第一性，生活质量和其他非经济的发展要素是经济发展的产物和衍生物。经济决定论下的生活质量指的是满足人们生活需要的客观物质条件和资源，生活质量的提高则有赖于经济发展的成果分配。因此，生活质量由客观物质条件的充裕程度和资源配置的合理程度来衡量。

20世纪20年代至70年代的西方福利经济学围绕经济增长和福利的关系进行了大量的理论探讨，核心的观点是经济增长的最终价值目标是实现社会福利的最大化。虽然福利经济学强调提高社会福利水平，但仍是以经济为中心，具体而言有两个特征。一是将人类发展进步二分为经济、社会两个方面，其中经济发展具有第一性、决定性，社会发展具有第二性、以经济发展为前提。前者关注经济的生产和增长，以GDP等描述社会经济总量的指标衡量；后者则关注经济的成果分配，以生活质量或社会福利等相关指标衡量。二是生活质量或福利的内容主要指满足人类生存发展需要的客观生活条件，强调客观性、物质性、总体性，注重社会总体生活福利的供给，而非个体生活需求的满足[1]。

除此之外，美国经济学家罗斯托（W. W. Rostow）是经济决定论的代表人物，他最早进行关于生活质量的理论阐述。在1971年发表的《政治和增长阶段》（*Politics and the Stages of Growth*）一书中，他将经济增长分为6个阶段，即"传统社会阶段"、"为起飞准备前提的阶段"、"起飞阶段"、"成熟阶段"、"高额大众消费阶段"和"追求生活质量阶段"。"追求生活质量阶段"紧随"高额大众消费阶段"，是经济增长的必然产物和终极阶段，是大众消费满足了"量"的阶段之后，转而追求"质"的阶段。这一阶段服务业将成为经济增长的主导部门，公共部门和私人会对"质量部门"大量投资，从而使全体人口在环境、教育、健康、服务、保障等各个方面得到改善。因此，该理论中的生活质量指的就是各类生活消费品和服务的质量，以消费的"量"为前提，注重生活品质的提升和消费结构的优化。可以看出，罗斯托的这一理论主要阐述了经济增长与生活质量的关系，以及未来经济的发展趋势和方向。该理论对生活质量研究的意义主要在于阐述了生活质量的重要性，推动生活质量成为一个独立的、逐

---

[1] 贺春临、周长城：《福利概念与生活质量指标——欧洲生活质量指标体系的概念框架和结构研究》，《国外社会科学》2002年第1期。

渐成熟的研究领域。然而，由于该理论并未对生活质量的内涵构成和评估做专门深入的探讨，对生活质量实证研究的指导和解释作用有限。

2. 人本发展论

人本发展论认为物质经济条件作为外部资源条件不直接生产生活质量，人的发展程度决定了其所能获得的生活质量的高低。这一理论的特征是以人为中心，人的发展是第一性的，不管是发展经济、提高福利，还是促进社会公平正义，都是实现人的全面发展和个性解放的不同目标维度或手段途径。人本发展理论下的生活质量指的是人们实现自身生活目标的程度，生活质量取决于人获取外部资源以实现自身生活目标的能力和机会。也就是说，不仅发展的目标是为了人，而且发展的手段也要依靠人，检验社会发展程度的标准是人的发展。人本发展论衡量人的生活质量的关键词是"资源""能力""自由""机会"等。

这一观点的代表人物是阿玛蒂亚·森，他的人本思想起源于对20世纪70年代前的福利经济学者认为福利水平可以通过一揽子商品的生产和消费来衡量的观点的批判。森认为，商品只是满足人们需要的工具，本身不具有目的属性。同时，作为工具的财富或商品，如果没有正确的价值判断和引领，无法助力实现公平、权利、自由等对人们幸福至关重要的价值追求。因此，森提出了以"能力"取代"福利"的以人为本的生活质量理论，认为个人幸福是他所能做的各种事情，即"能力"的函数[①]。在个人层面上，一个人的能力越强，他的实现自身生活目标的程度，即生活质量就越高，因此提高生活质量的关键在于提高个人的能力。值得注意的是，该理论下的生活质量不是由实际获得的效用来测量，因为不同的参照群体和价值偏好都会影响个人生活目标的确定，所获效用对个人的价值意义也就不同。因此，提高生活质量的关键在于人们是否有能力获得对他而言具有较高价值的效用，即是否有能力拥有其所追求的生活方式、实现其理想的生活状态[②]。在社会层面上，社会提供给人们提升生活质量的资源、机

[①] 李仁贵、党国印：《1998年度诺贝尔经济学奖获得者阿马蒂亚·森生平与学术贡献》，《经济学动态》1998年第11期。

[②] 贺春临、周长城：《福利概念与生活质量指标——欧洲生活质量指标体系的概念框架和结构研究》，《国外社会科学》2002年第1期；王培刚、李光勇：《和谐社会视野下的生活质量：社会需求与政策回应》，《社会科学研究》2010年第2期。

会越充分，个人越有可能达成其生活追求。因此，森关注弱势群体，认为社会应该消除贫困、提高社会保障水平、关注人权、反对剥削压迫等①。

3. 心理决定论

心理决定论认为，人在生活中的情感体验、主观认知和性格特点决定了生活质量的高低。这一理论的特点是以心理为中心，认为生活质量可由人们感受到的生活体验或认知到的生活评价来直接反映，它既是生活质量的表现形式，也是构成生活质量的主要内容。心理决定论下的生活质量基本等同于主观生活质量的内涵，是生活质量的直接内容。而客观生活质量则被视为生活质量的输入条件，是间接内容，并不直接产出生活质量。该理论下的生活质量主要由主观幸福感和生活满意度来衡量。

由于经济增长与幸福感之间存在反差，人们越来越意识到经济发展状况不能代表生活质量。根据 Samuelson 的幸福方程式，即"幸福 = 效用/欲望"，当效用给定，人们的欲望越大，幸福感受就越弱。通常而言，经济主体的欲望与经济水平成正相关。当一个社会的经济持续增长时，居民的欲望也在不断增强，因而可能抵消效用的增加，反而导致幸福感下降②。Easterlin③ 阐述了收入增长与幸福感受之间的悖论，即一个国家或城市在收入水平较低时，收入增加与经济主体的幸福感受之间有较强的关联，但当一个国家或城市的人均收入超过一定的水平之后，收入增长所导致的幸福感受的边际效应逐步下降，而健康、教育、生活成本、生活便利程度、生活节奏、收入分配的公平程度、社会渴望等因素对于幸福感的边际效应则会不断提高。因此，心理决定论认为，直接以生活感受和认知来衡量生活质量会更具有解释力。

美国和加拿大以幸福感和生活满意度为核心的"北美模式"是心理决定论的典型代表。从早期的古瑞④关注人们的精神、情绪状态和精神健康，

---

① 蔡萍：《阿马蒂亚·森之福利经济学的意义》，《山西高等学校社会科学学报》2005 年第 8 期。
② 张自然、袁富华、赵家章：《中国经济发展中的两个反差——中国 30 个城市生活质量调查报告》，《经济学动态》2011 年第 7 期。
③ Easterlin R. A., Will Raising the Incomes of All Increase the Happiness of All? [J]. *Journal of Economic Behavior & Organization*, 1995, 27 (1)：35 – 47.
④ Gurin G., Veroff J., Feld S., Americans View Their Mental Health：A Nationwide Interview Survey. [M] *Basic Books*, 1960.

到坎贝尔①测量认知层面的生活满意度，再到后来的学者们将其他积极情感和体验纳入主观生活质量内涵、不断明晰和丰富生活满意度的测量领域，为主观生活质量的内涵构成、评价指标建构方面都带来了长足的发展。除此之外，心理决定论还包括从心理学角度阐述生活质量影响因素的理论，主要有遗传说和人格理论、社会比较和期望理论、目标理论、适应理论等。

遗传说认为先天的遗传基因导致了不同的人对生活质量的主观体验也有所不同，相关研究表明先天的快乐基因比社会环境更能解释人们的主观幸福感和生活满意度②。根据这一观点，具有先天快乐基因的人相比不具备这种基因或特质的人主观生活质量更高，后天的干预作用有限。与遗传说类似，人格理论认为外向/内向人格特质是导致积极情感差异的主要因素之一。外向或乐观通过影响归因方式而影响人的主观幸福感。乐观者倾向于把好的事件归因于内部的、稳定的、可控的因素，把坏的事件归因于外部的、不稳定的、不可控的因素，从而更可能感受到幸福。同时，环境因素会削弱或加强人格特质对主观幸福感的影响。因此，从人格理论出发，提高生活质量需要考虑环境对不同人格特质的人们的中介作用③，例如针对遭遇负性生活事件的人们给予积极的干预。

社会比较理论认为，参照标准和判断标准等社会比较因素会影响主观幸福感水平的高低④。人们常与多种参照标准（他人、过去情况、期望值、满意度理想水平、需要或目标）做向上（比较标准高于现实条件）和向下（比较标准低于现实条件）的比较，进行向上比较主观幸福感就会降低，反之则升高。期望理论认为个人将实际情况和自己的心理期望进行比较所产生的差异越大，主观幸福感越低，反之越高。Wilson⑤指出"高期望值

---

① Campbell A., Converse P. E., Rodgers W. L., The Quality of American Life [J]. *Academy of Management Review*, 1977, 2 (4): pp. 694-696.
② Tellegen A., Lykken D. T., Bouchard T. J., et al. Personality Similarity in Twins Reared Apart and Together [J]. *Journal of Personality & Social Psychology*, 1988, 54 (6): pp. 1031-9.
③ 丁晓岚、汪群龙：《老年群体主观幸福感研究述评》，《浙江树人大学学报》2014 年第 3 期。
④ Michalos A. C., Multiple Discrepancies Theory (MDT) [J]. *Social Indicators Research*, 1985, 16 (4): pp. 347-413；丁晓岚、汪群龙：《老年主观幸福感研究评述》，《浙江树人大学学报》2014 年第 3 期。
⑤ Wilson W. R., Correlates of Avowed Happiness [J]. *Psychological Bulletin*, 1967, 67 (4): pp. 294-306.

对幸福感是一个主要的威胁"。

目标理论关注人们追求生活目标的过程中目标与价值、目标与手段之间的协调性。该理论认为当人们的生活目标与他所珍视的内在价值相一致时,他会感觉到生活有意义,从而有较高的幸福感和主观满意度;当生活目标与价值不一致时,即使达成了目标,也不能增加主观幸福感。同时,当人们自主选择追求目标的手段并且可行程度高时,主观幸福感就提高;而当自主选择受限或目标与手段发生异化时,主观幸福感则降低[1]。Schmuck 等[2]认为,自我接受、助人、亲和性等内在价值目标,比美貌、名誉、金钱等外在目标对主观幸福感的意义更大。另外,文化影响人们的价值目标选择,因此,当人们实现其高度评价的目标时,主观幸福感会增加。例如,在个人主义文化占主流的欧美国家,个体情感与主观幸福感联系紧密;在集体主义文化占主流的社会,关于自我的情感则显得不那么重要[3]。

适应理论认为,人们对生活中好的或坏的事件总是存在一个稳态的适应或者习惯化过程,这种适应使得情绪系统对新刺激反应强烈,而随着时间的推移,反应则逐渐变弱。人们在一定程度上调节对良性和恶性事件的心理感受,使内心不总是狂喜也不总是绝望[4]。但是不同的事件适应情况也有不同,如,人们对丧偶的适应相当慢;对另一些生活事件如收入增加、被监禁,则能很快适应[5]。

4. 供需平衡论

供需平衡论,即关于人类生活供给和需要之间平衡关系的生活质量理论,它认为,社会为人类生活提供供给的充分程度和个体感到生活需求的

---

[1] Brunstein J. C., Schultheiss O. C., Grässmann R. Personal Goals and Emotional Well-being: the Moderating Role of Motive Dispositions [J]. *Journal of Personality & Social Psychology*, 1998, 75 (2): pp. 494 – 508.

[2] Schmuck P., Ryan K. R. M., Intrinsic and Extrinsic Goals: Their Structure and Relationship to Well – Being in German and U. S. College Students [J]. *Social Indicators Research*, 2000, 50 (2): pp. 225 – 241.

[3] 吴明霞:《30 年来西方关于主观幸福感的理论发展》,《心理科学进展》2000 年第 4 期。

[4] 吴明霞:《30 年来西方关于主观幸福感的理论发展》,《心理科学进展》2000 年第 4 期;丁晓岚、汪群龙:《老年主观幸福感研究评述》,《浙江树人大学学报》2014 年第 3 期。

[5] Diener E., Suh E. M., Lucas R. E., et al. Subjective Well-Being: Three Decades of Progress [J]. *Psychological Bulletin*, 1999, 125 (2): pp. 276 – 302.

满足程度之间的平衡水平决定了生活质量的高低。该理论以人类生活需要及其全部活动为中心,认为生活质量由社会的供给和个体的满足两个方面构成。前者表现为客观生活质量,后者表现为主观生活质量,二者相辅相成,共同衡量生活质量,不可偏废其一。

陈义平[①]首先提出这一理论,并对生活质量的定义、内涵构成、指标建构和其他相关问题做了较为深入的阐述。他关于生活质量的定义目前已被国内学界较多学者认可和继承,即"生活质量是指社会提供国民生活条件的充分程度和国民生活需求的满足程度"。通过对供给层面的评估,可以权衡社会生活发展所处的阶段或等级,例如我国常用贫困型、温饱型、小康型、宽裕型和富裕型来描述;通过对需求满足方面的评估,可以说明处于该生活阶段或水平上的人们主观满足程度的差异。前者属于量的质,后者属于质的量,生活质量评估应是量的质和质的量两方面评估的统一,也是社会评估与个人评估的统一。若生活水平相同,满意度不同,可以理解为这是同一生活层次或发展等级上的主观生活感觉上的差异,即同质异量;若生活满意度相同的人们,物质生活发展水平存在差异,这说明他们在生活需求和满足感方面具有同一性,但在社会生活发展水平上有着质的差别,即属同量异质。

根据这一理论的生活质量概念核心,陈义平[②]提出一套评估生活质量、建构指标结构体系的思路和方法。他认为,指标的开发必须以社会生活系统的开发为基础,并从中找出社会生活中的各种变量之间的相互关系。一方面要剖析人们生活的横断面结构;另一方面要从人们的生活行为中确定变量之间的依存关系,描述生活质量变化的内在机制。他认为,生活系统主要包括四个方面:生活资源系统,包括物质资源和人力资源;生活活动系统,按活动功能可划分为家庭生活、劳动生活、社会生活、政治生活等;生活意识系统,指向人的生活价值(如健康、安全、方便、舒适、自由、充实等)和生活目标;生活手段系统,指人们生活必需的消费品和劳务服务(如教育、结婚、旅行等)的组合方式。同时,他还设计了一种主客观指标有机耦合的测量尺度,并主张用主成分分析法和因子分析法代替

[①] 陈义平:《两种生活质量评估方法的比较分析》,《广东社会科学》1993年第3期;陈义平:《关于生活质量评估的再思考》,《社会科学研究》1999年第1期。

[②] 詹天庠、陈义平:《关于生活质量评估的指标与方法》,《逻辑学研究》1997年第6期;陈义平:《关于生活质量评估的再思考》,《社会科学研究》1999年第1期。

经验预选和专家咨询来建构指标体系。另外，他还关注到生活质量的动态连续性和可比性问题。前者指的是由于社会发展阶段的不断推进和人们生活需要内容和层次的不断更新，生活质量及其评估也在不断发展。不存在"终于发展好了"或"生活质量最高点"的最终阶段，也不存在人们需求的终极满足。后者同样从人的需求无限性出发，认为盲目对生活质量加以比较是错误的，从"社会提供国民生活条件充分与否"的角度来说，生活质量具有可比性，因为社会赋予的生活物质条件可比；从人的生活需求自我满足程度来说，生活质量不可比，因为基本心理概念对于不同的人、不同的文化和不同的社会也有所不同。

王培刚、李光勇[①]针对仅从社会供给和需求满足两方面衡量生活质量无法有效分析和回应不同生活质量群体的差异的弊端，提出了生活质量理想类型，对供需平衡论做了进一步发展。该观点认为，人们的生活质量是由其主观评价（高或者低）与客观评价（高或者低）两者综合起来的一种理想类型，那么人们必定生活在这四种选择之中。如果只用"好"与"坏"来衡量客观与主观指标，将得出一个 2×2 的列联表，分别代表四个具有典型意义的生活质量层次，如表3所示。

表3　生活质量理想类型

客观生活条件（供给）	主观生活感受（需求）	
	好	坏
好	幸福(4)	不协调(3)
坏	顺应(2)	被剥夺(1)

第一，如果客观供给和主观满足程度均高，对应表3中类型4，则生活质量高。这是我们人类所共同追求的终极目标和幸福状态。

第二，如果客观供给和主观满足程度均低，对应表3中类型1，则生活质量低。说明个体的生活质量仍处于极差的被剥夺状态，社会应采取"补差正义原则"进行补偿，从能力和需求两个方面进行全面增援。针对主客观生活质量都非常低的社会成员，社会有责任提供帮助。并且只有以类型1的社会成员为参照点，以他们生活条件的改善程度和主观评价的提

---

① 王培刚、李光勇：《和谐社会视野下的生活质量：社会需求与政策回应》，《社会科学研究》2010年第2期。

高状况为依据，才能判断我们的社会是否一个高质量的社会。

第三，如果主观满足程度高，而客观供给程度低，对应表 3 中类型 2 的顺应状态，则有两种可能。一是"个体尚处于自我适应环境的状态"，这种情况下应充分发展主体创造性以求在社会、经济、政治、文化等制度层面加以改善。二是个体缺乏对审慎价值的认知，处于自我满足的状态，代表社会的倒退与无能状态，是无可奈何、迫不得已的满意。主观生活质量受到人们认知能力的影响，在当前开放社会中，决定人们认知能力的主要是教育程度，因为教育可以让人们获得对社会的总体认知并不断调整人们的期望值。在这种情况下，应采取"审慎认知方式"，加大教育投入和能力培养力度。从审慎价值视野出发，改变人们的认知能力还反映在一系列的指标体系上。Qizilbash[①] 提出的审慎价值清单包括：(1) 营养、健康、卫生的居住、休息和安全的最低限度；(2) 特定基础的智力和生理能力以及读写能力；(3) 自尊和理想的特定层次；(4) 快乐；(5) 自治或自我决定（积极的自由）；(6) 自由（消极的自由）；(7) 理解力；(8) 和他人的突出关系以及参与社会生活；(9) 自我实现。在 Qizilbash 看来，只有上述指标依次实现了，才能说我们体验的高生活质量是经过审慎评议的，是合理的。

第四，如果客观供给程度高，而主观满足程度低，对应表 3 中类型 3 的不协调状态，说明个体可能处于相对剥夺感极强的状况，扮演着潜在的反抗社会、主张变革的角色。在这种情况下，应采取"人文濡化方式"进行提升。方法是提升人的精神状态，通过诸如人生观、价值观的矫正，哲学、文学、宗教的教化与熏陶，将其导向对世界的积极态度，由此获得精神上的幸福感。

5. 生活世界论

生活世界理论下的生活质量研究源自对"理性化"发展观的批判，由我国社会学学者陆汉文[②]提出并做了深入阐述。他认为"理性化"发展观下的生活世界是一元理性世界，表现出逐渐趋理的客观性。"理性化"发展观下的生活质量研究强调衡量人们生活的客观物质条件，却无法解释较

---

① Qizilbash M. The Concept of Well-Being [J]. Economics & Philosophy, 1998, 14 (1): pp. 51 - 73.
② 陆汉文：《论生活世界的内涵与生活质量测量》，《学术论坛》2005 年第 11 期。

高经济发展水平的西方国家人们幸福体验的瓶颈问题。因此，生活质量研究应在完整地把握生活世界内涵的基础之上，注重被"理性化"发展观所遮蔽的人的体验性与反思性，彰显日常生活的体验性维度，重构人类生活世界。总的来说，生活世界包括了横向的三个维度和纵向的两个层面。

陆汉文[①]首先对个人生活世界的内涵做了分析，他认为，幸福生活涵盖三个方面的主要内容。一是衣、食、住等诸领域优裕的物质生活条件，体现人与自然的关系，即人类如何抵御饥饿、严寒、疾病等威胁，获得相对于自然界的安全感和自由感。二是不同个人和群体间的协调关系，体现人与人的关系（或人与社会的关系），即个体如何在社会关系网络中获得安全感、归属感和自由感。三是个人良好的内在精神状态，体现个体的无限心灵与其所处的有限现实之间的关系（或超越世界与现实世界的关系），即如何在有限的现实中追求永恒的价值和获得生活的意义感。进一步讲，人与自然的关系是主客关系，所关涉的是物理性世界（或曰物质性世界）；人与人的关系是主体间关系，所关涉的是社会性世界（或曰交互性世界）；个体的无限心灵与其所处的有限现实之间的关系是主体内的反思性与超越性，所关涉的是超越性世界（或曰价值性世界）。因此，个人生活世界可以横向划分为三个不同的维度，即物理性世界、社会性世界和超越性世界。在个人日常生活世界中，人与自然的关系、人与人的关系、个体的无限心灵与其所处的有限现实之间的关系分别与人的生物性、社会性及"神性"相连。

以行动者的主体性为中心，生活世界一方面是一个实存的世界，是由人与自然、人与人、个体的无限心灵与其所处的有限现实之间的关系共同形构出来的世界。又因为行动者的主体性在实质上是一种个体性和具体性，所以生活世界另一方面还是一个意义建构与体验的世界，是行动者个体在人与自然、人与人、个体的无限心灵与其所处的有限现实之间的关系中所感知与体验到的一种生存状态。因此，生活世界可以纵向划分为两个不同的层面，即实存的层面和体验的层面；每个层面都涉及三个不同维度的关系，即人与自然的关系、人与人的关系、个体的无限心灵与其所处的有限现实之间的关系。就具体个人来说，实存世界只是自在的世界，体验世界才是自为的世界。传统的发展研究大多将问题设定在自在的实存世界

---

① 陆汉文：《论生活世界的内涵与生活质量测量》，《学术论坛》2005年第11期。

或其某一个维度上，从而使得发展在很多时候变成了外在的乃至强加的发展，未能进入当事人的生活体验之中。生活质量研究应关注自为的体验世界，即以生活世界体验层面的三维关系为中心，致力于分析当下的、具体的人的需要及其满足感，进而探讨社会发展问题。因此，生活世界理论下的生活质量指的是体验世界的基本状况。也正因为如此理解，才使生活质量研究凸显了发展研究的另一个方向，弥补了以往的不足，为更加完整、更加深入地发展理论与实践奠定了基础。

基于以上分析，生活质量测量的指标体系应该从人们体验层面的物理性世界、社会性世界和超越性世界三个维度出发来建构，即可以将人们对人与自然的关系、人与人的关系、心灵与现实的关系的满意度作为生活质量测量与评估的三类一级指标。现代社会中，人与自然的关系主要表现在工作条件、居住条件、收入、饮食、卫生与健康等方面。人与人的关系主要表现在婚姻关系、代际关系、工作关系、亲朋关系、阶层关系、族群关系、社会地位、社会秩序等方面。个体的无限心灵与其所处的有限现实之间的关系主要表现在文化素质、闲暇生活、成就感、信仰与心态等方面。由此出发，经过概念化和操作化，就可以设计出测量生活满意度的各种具体问题。其中，认知倾向与价值观起了重要作用，它受生活质量、文化、社会环境、个体先天生物特征等多方面因素的作用，直接制约着体验世界的形成与演化，影响着生活质量。

6. 小结

生活质量研究发展至今，学者越来越重视系统、成熟的理论的建构和深入探讨，但不同理论假设的学者之间的交流仍然不多，更多是在各自的理论阵营中进行继承和发展。相关理论的主要特征、观点和理论关涉如表4所示。

表4 生活质量相关理论总结

理论	理论特征	观点描述	理论代表	理论关涉
经济决定论	以经济为中心	生活质量是满足人们生活需要的客观物质条件和资源，取决于经济发展水平及其成果分配	欧洲：福利研究	福利水平评估、测量、指标体系建构
			罗斯托：经济增长阶段理论	经济增长与生活质量的关系

续表

理论	理论特征	观点描述	理论代表	理论关涉
人本发展论	以人为中心	生活质量是人们实现生活目标与追求的程度,取决于人获取外部资源以实现自身生活目标追求的能力	阿玛蒂亚·森:关于人的发展的理论	经济发展、人的发展与生活质量的关系; 生活质量的评估标准
心理决定论	以心理为中心	生活质量是人们感受到的生活体验或认知到的生活评价,取决于人的主观认知、性格特点等心理因素	遗传说和人格特质理论、社会比较和期望理论、目标理论、适应理论	生活质量的影响因素; 生活质量的内涵构成、评估标准; 基因、个性、参照群体和判断标准、生活目标和个体适应与生活质量的关系
供需平衡论	以生活需要及其全部活动为中心	生活质量是社会为人类生活提供供给的充分程度和个体感到生活需求的满足程度,二者共同决定生活质量的高低	陈义平、周长城等:供需平衡论	生活质量的内涵构成、评估标准; 生活质量指标体系建构
			王培刚、李光勇:生活质量理想类型	生活质量的评估标准、评估结果应用
生活世界论	以生活世界为中心	生活质量是人们生活世界的体验层面的基本状况	陆汉文:生活世界理论	生活质量的内涵构成、评估标准; 生活质量指标体系建构

二 老年人生活质量的概念内涵及其理论

生活质量的研究主体为社会中的全体成员,相对应地,老年人生活质量研究则以社会老年人群为研究主体。不同研究主体的生活质量研究内容侧重点有所不同,影响着生活质量研究的概念内涵界定、理论的发展和指标体系的建构等。

(一) 影响老年人生活质量概念界定与研究内容的因素

由于老年人生活质量研究可以看作生活质量研究领域的一个子领域,因而影响生活质量概念界定和研究内容的因素也同样适用,包括研究的目的、主体、层次、学科视角和相关理论依据。其中,研究主体和学科视角对它的影响尤为重要,体现为不同学者对老年人口与普通人口的共性与个性的争议、不同学科视角对老年人生活质量研究内容的多样化理解。

1. 生活质量研究主体的共性与个性

区分老年人生活质量与普通人口生活质量的概念差别和内容侧重，首先要区分老年人口与普通人口之间的关系，研究者对此主要有两种不同的观点。一种观点认为老年人口是整个人口的亚人口，"不是一个与众不同的群体"[①]。因此，全体人口与亚人口生活质量的定义、内涵、外延、指导思想、目标、指标体系、评价原则等在原则上是一致的，没有必要专门针对老年人生活质量的概念加以重新界定[②]。另一种观点认为，老年人口有其特殊性，应该在分析其与普通人口的共性与个性的基础之上，对老年人生活质量做专门的界定。刘渝琳[③]认为，老年人口对健康有着特殊的需求，并因此认为老年人生活质量与普通人口生活质量有三个方面的差异：目标体系上，老年人生活质量指标体系的目标定位应该以健康为根本，测量社会提供老年人口生活健康服务的供给程度及老年人口健康需求的实现程度；内容结构上，老年人生活质量的中心应该是健康的质量；研究范围上，老年人生活质量研究以年龄在 60 岁以上的老年人群为对象。

需要注意的是，第一种观点虽然认为老年人口不是特殊群体，却并不是否认其生活需要的特殊性。相反，邬沧萍[④]非常明确地指出了老年人口在生活质量各个维度上的特殊性，尤其指出健康是老年人的首要需求。然而，她认为无须特意界定老年人生活质量概念，其潜在价值理念是为老年人群体去标签化，为老年人争取和普通人口同等的生活机会和权利，避免老年人因为在身体、心理、社会各个层面的不利条件而降低生活质量评价标准。因此，这一观点要求生活质量的概念内涵要有足够包容性，涵盖包括老年人在内的社会不同群体都珍视的生活需要和生活价值追求。第二种

---

① 邬沧萍：《提高对老年人生活质量的科学认识》，《人口研究》2002 年第 5 期。
② 邬沧萍：《提高对老年人生活质量的科学认识》，《人口研究》2002 年第 5 期。
③ 刘渝琳、王路、赵卿：《中国老年人口生活质量评价指标体系的构造》，《重庆大学学报》（自然科学版）2005 年第 8 期。
④ 邬沧萍：《提高对老年人生活质量的科学认识》，《人口研究》2002 年第 5 期。

观点则是考虑了老年人生活质量研究内容的精准性和指标建构的敏感性①。总之，两种观点的目的都是尊重老年人的利益，为其创造有尊严的晚年生活环境。同时，两种观点的前提都是基于各自对生活质量概念的理解，需要首先厘清生活质量的概念内涵。

2. 老年人生活质量研究的学科视角

老年人生活质量研究主要集中在医学、护理学、老年学、社会学、人口学和心理学，此处根据相似的学科属性，将其总结为医学、心理学和社会学三大学科视角。

医学领域的老年人生活质量研究主要围绕健康的质量进行，也可以称其为"生命质量"。Katz 于 1983 年首次提出健康期望寿命（active life expectancy，ALE）的概念，用以指具有生活能力的寿命，这就区分了因疾病或衰老而丧失日常生活能力的那部分生存时间，因而相比于寿命的概念更能够反映人的生存价值。因此，在人均寿命逐渐上升的情况下，健康的生命质量受到医学领域的关注，健康期望寿命、日常生活能力等概念成为评价社会和个人生命质量的重要指标。而健康的内涵则不只是躯体的健康，世界卫生组织给健康下的定义为："健康不仅仅是没有疾病和病痛，还包括身体、心理和社会方面的完好状态"。医学领域的老年人生活质量研究发展至今，已从单指身心健康拓展成为包含社会功能的健康和客观物质条件的健康供给等综合性的健康评价研究②。在所有学科中，医学领域的老年人生活质量研究数量最多，涉及的调查地区、研究对象和参与的研究者范围最广，研究内容最细致和深入，且与实践联系最为紧密③。然而，由于该领域的生活质量内涵被限定在健康领域，少有相关理论的探讨和发展，更多是依据已有测量工具进行实证调查研究，调查研究结果可以直接被行业从业者用于疾病治疗、老年护理和医护条件改进等微观层面的实践干预。

心理学领域的老年人生活质量研究主要围绕老年人的主观幸福感和生活满意度展开，侧重于研究各类心理因素如负性生活事件、正负情感、自

---

① 刘金华:《基于老年生活质量的中国养老模式选择研究》，西南财经大学博士学位论文，2009。
② 张继海、杨土保:《老年人生活质量测量与评价研究》，《中国老年学杂志》2004 年第 4 期。
③ 陈薇、周琼:《关于老年人生活质量研究的综述》，《兰州学刊》2008 年第 1 期。

尊、自我效能感等①对其幸福感的影响。

社会学领域的老年人生活质量研究一方面聚焦于从综合角度探讨老年人生活质量的内涵构成及其科学的指标体系的建构②；另一方面关注个体特征、家庭结构、社会关系、社会文化、养老方式和制度、社会结构和变迁等因素对老年人生活质量的影响③。尽管健康仍然被大部分社会学研究者视为老年人生活质量最重要的构成要素，但并非唯一要素，其重要性通常通过指标权重的分配体现，而其他个体和社会要素仍然不可或缺。社会学领域的老年人生活质量研究深度虽不如医学领域的数据分析和不具备较强的应用性，却不可否认是最全面、最具理论深度和价值的研究，同时仍具有推动社会政策、制度和文化的变迁以创造高质量的社会养老条件和老年生活环境的作用。

（二）对老年人生活质量概念的界定

老年人口生活质量的研究相较于整体人口生活质量的研究来说，其产生和发展都要晚得多。在老龄化问题普遍出现以前，鲜有人涉及老年人生活质量研究。随着全球老龄问题日益严重，尤其是相当部分的发达国家和发展中国家相继迈入老龄化社会，越来越多的学者关注到这一群体及其生活质量。联合国于1991年在《老龄问题国际行动计划》报告中，把"独立、参与、照顾、自我实现、尊严"作为联合国推进解决老年人问题的原则。国外学者多把老年人口看成总体人口的组成部分，没

---

① 唐丹、邹君、申继亮：《老年人一般自我效能感的影响因素》，《中国老年学杂志》2006年第11期；狄文婧、陈青萍：《丧偶老年人主观幸福感及其影响因素》，《中国心理卫生杂志》2009年第5期；王希华、周华发：《老年人生活质量、孤独感与主观幸福感现状及相互关系》，《中国老年学》2010年第5期。

② 叶南客、唐仲勋：《老年生活质量探索》，《社会科学战线》1993年第1期；潘祖光、王瑞梓：《中国老年人口生活质量研究》，《人口研究》1995年第3期；邬沧萍：《提高对老年人生活质量的科学认识》，《人口研究》2002年第5期；蒋志学、刘丽：《城市老年人生活质量分析》，《西北人口》2003年第1期；蒋志学、刘丽：《老年人生活质量指标体系探析》，《人口与发展》2003年第3期；刘晶：《城市社区生活不能自理老人居家养老生活质量评估指标体系探索》，《人口学刊》2005年第1期。

③ 赵细康：《农村老年人生活质量主观评价分析》，《人口与经济》1997年第6期；叶南客：《城市现代化进程中的老年生活考察——南京市老年人生活方式与生活质量变迁的个案研究》，《社会学研究》2001年第4期；姚远：《重视非正式支持，提高老年人生活质量》，《人口与经济》2002年第5期；石智雷：《多子未必多福——生育决策、家庭养老与农村老年人生活质量》，《社会学研究》2015年第5期。

有单独对老年人建立生活质量指标体系和相应的评价标准[①]。国内学者至今未就老年人生活质量的概念明确达成一致，目前较为典型的观点如表5所示。

表5 国内学者关于老年人生活质量的定义

研究者	观点描述
中华医学会（1996）	老年人生活质量是老年人个体或群体对自己的身体、精神、家庭和社会生活美满程度和对老年生活的全面评价
邬沧萍（2002）	老年人生活质量是指老年人对自己的物质生活、精神文化生活、身心健康、自身素质、享有的权利和权益以及生存（生活）环境等方面的客观状况和主观感受所作的总评价
多吉才让（2002）	老年人生活质量是一定社会条件下老年人在物质生活、精神生活、身体状况、生活环境中所处的状态及老年人自我感受的总和
赵喜顺（2003）	老年人生活质量是为满足老年人物质文化生活需要而为老年人提供产品和劳务的状况、为满足老年人社会和精神需求而为之创造的环境和条件的状况，以及由此而来的老年人对生活感受的满意度和幸福感
刘渝琳（2005）	老年人生活质量是社会提供老年人健康的供给程度和老年人健康的满足程度，是建立在一定物质条件基础上的老年人对生命及社会环境的认同感

从表5中可以看出，国内学者对老年人生活质量概念内涵的定义有如下几个特点。[②] 一是强调共性与个性相结合，老年人生活质量的特殊性集中表现为健康的质量，身心健康状况是老年人生活质量最敏感的指标。二是强调主观与客观相结合。既要衡量社会的客观物质条件，也要了解老年人的主观生活感受。三是强调宏观与微观相结合。老年人生活质量的客观方面涉及社会宏观环境系统，主观方面涉及个体微观系统。四是强调供给与需求相结合。即将社会提供给老年人的生活供给和老年人对生活供给的满足相结合。

（三）老年人生活质量的相关理论

一般而言，某种理论的内容关乎其核心概念或问题的内涵构成、目

---

① 吕广：《老年人生活质量指标体系探析——基于CHARLS的分析》，北京大学硕士学位论文，2016。
② 刘金华：《基于老年生活质量的中国养老模式选择研究》，西南财经大学博士学位论文，2009。

意义、前因后果、与相关变量的关系等，即回答"是什么""为什么""怎样"等问题。就老年人生活质量研究而言，较少有专门对此做出理论阐述的研究者。已有的对老年人生活质量概念内涵的探索，要么是根据自身的研究经验和理论储备，不成体系且说服力不强；要么是根据生活质量相关理论发展而来，未就理论对于老年人生活质量的适用性做出解释。然而，总结目前老年人生活质量研究的潜在理论假设，以及纵观国内外心理学、老年学和社会学与老年人口相关的理论，可以从中提炼出与生活质量紧密相关的逻辑链条。此处将总结与老年人生活质量相关的三大理论视角，即生命阶段视角、社会功能视角和养老模式视角，从中能够不同程度引申出影响老年人生活质量的潜在因素和提高老年人生活质量的策略。

1. 生命阶段视角

发展心理学认为，生命是生物体从出生、成长、成熟、衰退到死亡的全部过程，过程中的每个重要节点之间都是一个生命阶段。① 生命阶段的特点之一是阶段性，即每个阶段都有其独有的特征、问题冲突和成长任务，因此处于不同阶段的人们呈现的生命面貌是不一样的。特点之二是连续性，即每个阶段与之前后的阶段是连续的，如果解决冲突、完成成长任务，生命就是积极的，足以顺利走向下一阶段；如果冲突未解决，就会对个体造成困扰，生命呈现消极的面貌。

生命阶段视角从个体人生发展的纵向角度看待老年生活，关乎老年人的自我生命成长，强调其生活质量的内在生命体验。其对于老年人生活质量研究的启示意义在于，由于老年期是人们生命中的最后一个阶段，通过分析老年期的阶段性特征（生理、心理和社会方面的特征、问题和人生任务），找到影响其完成人生成长任务的影响因素，就能帮助其克服困难风险、满足生活需求和完成人生任务，使之拥有幸福的晚年生活。埃里克森的人生八阶段理论②是最广为人知的生命阶段理论，从这一理论出发，老年期面临着自我整合与绝望的冲突，需要解决的任务有面对身体老化和疾病、准备退休生活、适应亲人去世、重建新的人际关系与社会角色行为、面对死亡等。一旦解决不好就可能出现包括适应困难、沮丧、疑心、自

---

① 王思斌：《社会工作导论》，北京大学出版社，2011，第146～151页。
② 王思斌：《社会工作导论》，北京大学出版社，2011，第146～151页；王瑞鸿：《人类行为与社会环境》，华东理工大学出版社，2007，第21～25页。

怜、孤单无依、绝望无助、恐惧死亡等困扰或危机。已有的老年人生活质量研究大多聚焦于健康的质量，因为健康状况的转变对老年人群而言最显而易见，而生命阶段理论提醒我们，躯体的健康状况并非老年期生活质量的唯一重要的影响因素。具体而言，老年期有如下的生命特征和相应生活需求。

第一，生理方面。随着老年人的躯体衰老，其感官系统的机能也逐渐降低，大部分老年人呈现比较明显的生活自理能力下降、慢性病增多、其他健康问题增多及残疾或因病致残增多，即"一降三多"现象，给他们的日常生活及社交活动造成很大问题和障碍。① 总体上看来，老年人群体处于较弱势的健康状况。作为生活质量基础的老年人身心健康是许多老年人的首要要求，是晚年生活质量的根本保证。健康需求对每个人都是重要的，但都不如老年人这样迫切。② 从老年人生理方面的特点出发，其生活需求包括：①在衰老甚至自理能力低下时得到照料；②在患有疾病时有医疗保障，并能优先和平等地享受医疗服务；③安全无障碍的日常生活设施和活动空间；④健康的生活方式等。

第二，心理方面。一是心理功能的下降，包括应对压力的方式和解决处理问题的能力、智力、记忆力以及其他认知能力。这方面功能下降导致的最常见的疾病是痴呆症。二是一些特殊的情绪状况的产生，包括抑郁、衰老感、孤独感、失落感、对儿女的期待与依赖、对疾病的担忧、对死亡的恐惧等。由于老年人在认知功能上的变化，他们需要有家人的照顾和陪伴。同时由于心理脆弱性的增加，对负性生活事件承受力变弱，他们需要家人、朋友、邻居甚至陌生人对他们的情绪状况进行关心和抚慰。

第三，社会方面。首先，老年人扮演的社会角色发生变化。老年人往往因退休或其他原因不再从事本职工作，转而扮演退休老人的角色。而这样的角色转变带来的是社会参与和社会地位的下降，也一定程度上使他们失去了经济收入、尊重和自我实现的主要途径。其次，老年人生活安排发生变化。老年人因退休或其他原因不再从事工作，可自由支配的时间和精

---

① 刘晶：《城市居家老人生活质量评价指标体系研究——以上海为例》，华东师范大学博士学位论文，2005；吕广：《老年人生活质量指标体系探析——基于CHARLS的分析》，北京大学硕士学位论文，2016。

② 邬沧萍：《提高对老年人生活质量的科学认识》，《人口研究》2002年第5期。

力在很大程度上得到了增加,这些时间和精力安排恰当,可以提升老年人的生活质量,如果安排不恰当,则有可能导致一些生理或心理的问题。再次,老年人的社会交往圈变窄,社会支持减少。这可能是由退休、丧偶、朋友去世等因素带来的。最后,老年人由于处于弱势地位,容易受到歧视、虐待和权利被侵犯。从老年人在社会方面的特点出发,其生活需求主要包括:①以不同方式参与社会的需求,不管是工作的方式、参与政治文化生活的方式还是其他,加强社会参与能够防止老年人群体与社会相互孤立、隔绝;②休闲娱乐的需要,即充分安排好闲暇时间以丰富老年人退休之后的生活;③人际交往和社会支持的需要;④受到尊重、权益得到保护、机会平等和自由自主决定等需求。

第四,物质生活方面。老年人在衣食住行等基本物质生活资料方面的变化表现在获取生活资料的方法和途径发生了改变,从工资到主要依靠离退休金、子女供养、配偶及社会救助和保障的方式,也有一些老人仍然需要以劳动获得物质资源。随着经济和社会的发展、生活条件的改善、价值观念的改变,老年人对生活资料的质量和多样性产生了更高的需求。

第五,精神生活方面。老年期的主要任务是自我整合,老年人对自我实现、人生价值和意义会有更多的思考,这个整合过程影响着老年人的精神状态。总的来说,老年人在精神生活方面的需求包括自我实现、自我价值得到社会认同与肯定、参与精神信仰与文化教育活动等。

第六,社会环境方面。老年人由于在生理、心理和社会方面的脆弱性,需要一个支持性的生活环境。① 一个良好的社会环境对所有人群都很重要,但老年人特别需要一个能使其有保障、受尊重、能实现自我价值的支持环境。这种支持环境包括便利的居住环境、温馨的家庭环境、融洽的社会人际关系、良好的治安和社会风尚等,但更有决定性意义的是社会的政策、法律和道德环境。

2. 社会功能视角

尽管社会功能的概念内涵说法不一,但总体而言有狭义和广义上的两种理解。狭义上的社会功能侧重个体的社会适应能力和人际交往能力,例

---

① 邬沧萍:《提高对老年人生活质量的科学认识》,《人口研究》2002年第5期。

如，WHO认为社会功能良好指的是个体行为能够适应外在社会环境变化，能够为他人所理解、为社会所接受，行为符合社会身份，与他人保持正常协调的人际关系①；Blazer②将社会功能定义为社会交往的性质和范围，强调社会角色和社会网络是社会功能的重要组成部分，社会功能可以通过对社会角色的丧失程度和社会支持网络（主要指亲属和朋友）的满意度来评估。医学和心理学领域大多采用狭义的社会功能概念。广义上的社会功能侧重个体与社会之间的互动关系及其社会价值，如Greenberger③指出了社会功能的两面性，即一方面强调个体可以依赖的社会关系和支持，另一方面强调个体对社会的积极参与和贡献。Kane④提出社会功能结构的五个方面是社会支持、社会网络、社会资源、社会角色和角色功能，以及社会活动。社会资源主要指老年人可利用的财物、住房、社区资源等。

　　社会功能视角从个体与他人和社会之间的关系的横向角度看待老年生活，关乎老年人的社会价值，强调其生活质量的外在意义来源。其对于老年人生活质量研究的意义在于，由于老年人社会功能的各个方面发生改变，通过评估各个要素的变化和相互作用机制，就能帮助老年人积极适应变化、调整生活状态，使之拥有良好的社会功能。与老年人社会功能和生活质量相关的理论有撤退理论、活动理论、社会整合与健康连续模型等。

　　撤退理论最早由Cumming和Henry于1961年在《变老》一书中提出，这一理论认为：随着老年人口年龄的增长，个体与他人之间的人际交往量会逐渐减少，性质也会发生某种变化，充当消极的角色增加，这不仅是正常的而且是必要的。撤退主要体现在两个方面：一是来自社会方面的撤退，即社会通过一定的退休制度，使老年人口退出原来从事的工作岗位，由其他人接替，达到撤退的目的；二是来自个人的撤退，即人在成年期形成的各种社会关系，在进入老年期后，因为工作的撤退，许多社会关系减弱。这种减弱，或是因为老人自身觉得所剩年岁有限，该退

---

① 李海峰、陈天勇：《老年社会功能与主观幸福感》，《心理科学进展》2009年第4期。
② Blazer, Dan G., Psychiatry and the Oldest Old. [J]. Am J Psychiatry, 2000, 157 (12): pp. 1915 – 1924.
③ Greenberger, H. B. (2006). Influences on Health Related Quality of Life in Community Dwelling Adults Aged 60 Years and Over. Doctorial Dissertation. Richmond: Virginia Commonwealth University.
④ Kane R. L., Kane R. A., *Assessing Older Persons: Measures, Meaning, and Practical Applications* [M]. Oxford University Press, 2000.

了；或是因为老人体力或智力衰退，难于支撑；或是因为生活的天地缩小，也就清心寡欲了①。从撤退理论出发，随着社会功能弱化，老年人应该适应社会角色的转变，从较高的社会参与水平中撤退出来，更多以内在的自省与整合，而非外在的人际关系或社会参与来获取幸福生活的意义。

与撤退理论相反，活动理论认为②，老年人同样有着活动的愿望，只是活动速度和节奏放慢而已，个体在社会中的角色并不因年龄的增长而减少。一个人只要在生理和心理上有足够的能力，他便可以扮演其角色、履行其义务。但是由于实际生活往往剥夺了许多老人期望扮演社会角色的机会，使得老人所能活动的社会范围变窄，活动程度缩小，从而使得老人对自身的存在价值产生迷茫，因此应有补偿性的活动以维持老人在社会及心理方面的适应。例如，老人退休了，就应有职业以外的活动作为补充；老人的配偶或亲友死亡，就应由其他人际交往的增加来进行弥补。从活动理论出发，老年人社会功能弱化之后，采取的策略应该是补偿而非适应。让老年人保持较高水平的活动、积极参与社会生活，是对弱化了的社会功能的补偿，能够使老年人持续保持对自我价值的肯定，从而提升主观生活质量。

社会整合与健康连续模型③是一个全面的老年社会功能理论，它进一步分析了环境因素是怎样影响社会网络，从而影响人际互动机制，并最终导致健康和幸福感的主观体验。这个模型由上流因素（upstream factor）和下流因素（downstream factor）构成，它试图解释环境和个体是如何相互影响的。上流因素包括社会结构状况（social-structural condition）和社会网络，属宏观水平，下流因素包括心理社会机制和途径（pathway），属微观水平④。四个因素紧密联系：由文化、社会经济因素、政治、社会变迁等构成的社会结构状况是社会网络的基础；社会网络由社会结构演化而来，它包括社会网络的结构和特征；心理社会机制在社会网络下发生作用，主要包括社会支持、社会参与、社会影响力、人际交流等；途径指具体的行

---

① 王裔艳：《国外老年社会学理论研究综述》，《人口与社会》2004 年第 2 期。
② 王裔艳：《国外老年社会学理论研究综述》，《人口与社会》2004 年第 2 期。
③ 李海峰、陈天勇：《老年社会功能与主观幸福感》，《心理科学进展》2009 年第 4 期。
④ Berkman L. F., Glass T., Brissette I., et al. From Social Integration to Health: Durkheim in the New Millennium [J]. *Social Science & Medicine*, 2000, 51 (6): pp. 843 – 857.

为，如健康行为（是否吸烟、饮食和锻炼情况等）、心理行为（自我效能、自尊、抑郁、幸福感体验等）、生理行为（免疫功能、疾病反应等），它主要通过心理社会机制起作用。这个模型一方面强调社会结构和社会网络为老年人提供生存环境和社会资源，另一方面又强调老年人可以主动利用社会资源、积极参与社会活动去改善自己的心理社会机制，从而影响老年人的主观幸福感和身心健康。

3. 养老模式视角

养老的内容通常被认为包括三个方面：经济供养、生活照料和精神慰藉。经济供养为老年人生活提供物质基础，保证老年人在衣、食、住、行、医疗等日常生活方面的基本需要。生活照料为老年人提供日常生活帮助，尤其是由于生理机能退化或疾病而丧失生活自理能力的那部分老年人，生活照料是他们生活质量供给的一个极其重要的方面。精神慰藉满足老年人在精神、心理和情感方面的需要，物质生活需要的满足并不能代替精神需要的满足，还必须为他们的生活创造良好的社会、精神和心理环境[①]。养老方式是不同的养老供给主体通过特定的方式满足老年人在以上三个养老方面的需求，如"家庭养老""社会养老"等是养老方式的不同类别，当某种特定的养老方式成为标准样式后，此种养老方式就成为养老模式。不同养老模式是从微观到宏观层面的老年人生活质量的投入与供给。刘金华[②]认为，老年生活质量的实质是老年人需求的满足程度，养老需求决定养老供给的内容、结构与数量，而养老供需关系又决定着老年生活质量的高低。具体而言，养老需求决定养老供给，而供给的丰裕程度以及对需求的满足程度，决定着老年人对生活的主客观评价，也直接影响和决定着生活质量。

养老模式视角从养老供给的角度看待老年生活，其对于老年人生活质量研究的启示意义在于，老年人生活质量是衡量养老效果的重要指标，不同养老模式及其要素，如养老供给的内容、主体、方式、价值等，都是衡量老年人生活质量的重要方面，会影响该模式下老年人生活质量的高低。

从社会养老层面看，我国的养老制度侧重物质经济供给、提供最基础

[①] 赵喜顺：《论养老方式与老年人生活质量》，《社会科学研究》2003年第2期。
[②] 刘金华：《基于老年生活质量的中国养老模式选择研究》，西南财经大学博士学位论文，2009。

的老年生活保障。随着社会发展,我国越来越重视生活照料和精神慰藉方面的养老供给。在城市,居家养老、机构养老和社区养老等多元养老方式不断发展,养老基础设施建设、老年服务和老年活动等不断完善;而农村仍然以自我养老和家庭养老为主,以物质经济供养为主。城乡二元结构的社会保障制度与老年人生活质量的关系历来受到研究者的关注。城乡二元结构指的是城市和农村在经济类型和经济发展水平、城乡居民的收入水平、享受的社会福利待遇和受教育机会,乃至在政治和社会权利方面存在重大差别的现象[①]。长期存在的城乡二元结构体制使得我国城乡老年人生活质量差别十分明显。其一,从社会保障水平来看,城市居民享受着相对完善的社会保障服务,而农村居民则以家庭保障为主,农村社会保障始终处于中国社会保障的边缘。其二,农村老年人的生活质量存在下降的危险。在城市化、工业化的冲击下,农村土地不断减少,越来越多的年轻人离开农村迁往城市,农村老年人所享有的土地保障和家庭养老保障的功能正在不断削弱。其三,城乡收入悬殊。城乡二元结构通过影响城乡老年人的社会保障情况、经济收入、家庭结构、教育和医疗服务等方面而造成城乡老年人生活质量的不同,同时,影响城市和农村老年人生活质量的因素及其程度都存在差异[②]。

从养老的家庭层面看,家庭养老依然是我国目前最主要的养老方式,我国的传统孝道文化观念,使子女成为老年人重要的生活供给来源和生活意义来源。一方面,子女对父母的经济供养、生活照料和精神慰藉,一定程度上满足了老年人从物质到精神的生活需求;另一方面,对子女是否孝顺的评价,本身就是影响老年人幸福感和生活满意度的重要因素。因此,子女的赡养行为、子女本身的数量和质量都会影响到老年人的生活质量。

石智雷[③]关注到子女数量和质量带给老年人生活质量的影响,并具体分析了父母的生育策略对晚年生活的影响。在儒家文化影响深远的中国,人们历来存在着"养儿防老"和"多子多福"的信念,父母将未来养老问

---

① 王思斌:《社会学教程》(第2版),北京大学出版社,2003,第209页。
② 卫龙宝:《我国城乡老年人口生活质量比较研究》,《浙江大学学报》(人文社会科学版) 2008年第6期。
③ 石智雷:《多子未必多福——生育决策、家庭养老与农村老年人生活质量》,《社会学研究》2015年第5期。

题更多地寄托在子女身上，而子女不仅在道义上而且在法律上也有赡养义务。家庭现代化理论预测，随着现代化进程的深入，扩展的亲属关系纽带将弱化，传统的家庭形式将变得更为松散，核心家庭将成为独立的亲属单位，这些变化必然导致家庭保障功能的弱化[1]。在中国，家庭养老机制更是面临着计划生育政策的挑战。最初以控制人口数量为宗旨的中国计划生育政策，自从20世纪70年代末开始严格执行以来，改变的不仅仅是人们的生育行为，而且影响到家庭的禀赋积累和结构功能。由其导致的负面效应不容忽视，比如失独家庭、性别比失衡和独生子女家庭养老负担等问题，这些负效应都直接或间接地与家庭养老功能的弱化有关。因此，子女数量影响着老年人的赡养情况，从而对老年人的生活质量造成影响。由于家庭规模的小型化和家庭类型的核心化，中国家庭养老功能和家庭保障功能将会弱化。每个家庭的平均子女数下降，从而导致每个子女所赡养的老年人数上升，形成1∶4甚至1∶6的格局。即使子女一代的平均收入持续增加，但人们的生活节奏在加快，职场竞争也更激烈，社会化养老将有所加强，而家庭养老功能则会弱化。所以，子女数量的减少将导致父母老年生活质量的下降。也有部分学者认为多子女老年人并不一定有更多的生活支持[2]。子女数只影响到潜在照料者的数量，潜在照料者成为实际照料者还需要其他一些外部条件，如子女对父母的"孝心"、居住模式、子女所承担的其他角色、子女的社会经济地位等等[3]。子女过多也可能造成安排如何照顾父母时相互推诿。另外，子女的数量和质量之间的替代关系会影响到父母老年的生活质量。一般来说劳动者受教育年限越长，其人力资本回报率也就越高[4]。尤其是那些能够考上大学进城就业的农民子弟，其收入将远高于留在农村务农的兄弟姐妹。子女受教育年限的提高，对父母老年生活的影响不仅是提供物质反馈，而且能够改善父母的生活质量和健康

---

[1] Goode W. J., *World Revolution and Family Patterns*. [M]. New York: The Free Press of Glencoe, 1963, pp.432.
[2] 周律、陈功、王振华：《子女性别和孩次对中国农村代际货币转移的影响》，《人口学刊》2012年第1期。
[3] 夏传玲、麻凤利：《子女数对家庭养老功能的影响》，《人口研究》1995年第1期。
[4] Chiswick B. R., The Effect of Americanization on the Earnings of Foreign-born Men [J]. *Journal of Political Economic*, 1978, 86 (5): pp.897–921.

状况[1]。

因此，石智雷[2]认为重视子女的教育更有利于改善老年生活质量，他将其命名为家庭养老中的子女数量—质量替代效应。但是，他更关注在资源有限的情况下，父母如何在子女数量和质量之间进行平衡，即父母如何选择生育策略，不同的生育策略对于父母晚年的生活质量又有怎样的影响。他认为，从家庭养老的角度讲，父母为了保证自己老年的生活质量，有三种可使用的生育和子女教育投资策略，即单纯多生孩子、重视子女教育和择优培育。不同策略对老年父母的健康状况、经济水平、生活环境和情感慰藉都可能有不同程度的影响。

从养老的个人层面看，老年人自身的经济状况和健康状况决定了其在物质生活条件和生活照料方面的自我供给程度，经济与健康状况对生活质量的影响也被大部分社会学、人口学的老年人生活质量研究者所关注。心理学研究者则关注老年人的心理、情感和精神层面的供给和满足情况，探索个性心理因素对其主观生活质量的影响。其中，老年人丰富的人生经历、由此而来的经验知识和人生成长，使一些研究者关注到智慧对老年人幸福感的影响。

Ardelt 认为智慧综合体现了人格特征和生活经历对主观幸福感的作用。他的研究结果表明，智慧对生活满意度影响显著。在他看来，智慧包含三个成分，即认知、反射和情感。认知是指追求真理或了解事实的能力，包括对自己无知的了解。它不单纯是学术知识的另一种形式，它更指对已有真理或事实的再发现，挖掘它们更深层的意义，即解释性知识。认知具体又可以分解为客观性、逻辑分析、抓住问题的要害等。反射是指当面对事件时能用一定的时间对该事件的各方面进行考察，然后作出反应，而不是对事件作出单纯直线性反应。反射具体包括对具有模棱两可性的事务的忍耐性，无过多的否认与投射，有对动机与行为的自知，不肤浅，没有被生活欺骗的感觉等。情感成分指那些有利于与他人相处的情感与行为特质，具体包括移情，不反复无常，无敌意，不悲观等。他用三个方面的生活满意感来反映幸福度，包括生活各方面的满意感、总体满意感和期望目标的

---

[1] Steelman, Reconsidering Sibling Configuration and Academic Advancement: Recent Advances and Paradoxes [J]. *Annual Review of Sociology*, 2002, 28: pp. 243 - 269.
[2] 石智雷:《多子未必多福——生育决策、家庭养老与农村老年人生活质量》，《社会学研究》2015 年第 5 期。

实现程度。根据他的研究结果，老年人的幸福在很大程度上是预先决定了的，因为智慧是人格与生活经历的结晶，不因一时一地客观环境的改变而改变。①

4. 小结

总的来说，随着医学、心理学和社会学理论与研究的发展，每个学科都有不同程度与老年人相关的各种理论，从这些理论中，人们可以发现并提炼出一些逻辑贯通的用以分析老年人生活质量的视角。对与老年人生活质量相关的理论视角的总结如表6所示。

表6 与老年人生活质量相关的理论视角

理论视角	理论特征	观点描述	理论代表	理论启示
生命阶段视角	从个体人生发展的纵向角度看待老年生活，关注老年人的自我生命成长	老年期是人们生命中的最后一个阶段，有其特定的生理、心理和社会方面的特征、问题和人生任务，克服问题、满足生活需求和完成人生任务，则晚年生活幸福，反之则幸福感低	埃里克森人生八阶段理论等	应将与老年阶段生命特征和人生任务密切相关的指标纳入老年人生活质量评估体系，研究帮助其克服困难、完成任务的影响因素，从而提高其生活质量
社会功能视角	从个体与他人和社会之间的关系的横向角度看待老年生活，关注老年人的社会价值	老年人是否正确处理与他人和社会之间的关系，是衡量其生活质量的重要标准之一，若正确处理，则生活质量高；处理不当，则生活质量低	撤退理论、活动理论、社会整合与健康连续模型等	应将社会功能状况纳入生活质量评估，通过研究社会功能各个要素的变化和相互作用机制，帮助老年人积极适应变化、调整生活状态
养老模式视角	从养老供给的角度看待老年生活，关注物质经济、生活照料和精神慰藉三方面的供给程度和质量	养老供给的丰裕程度及其对需求的满足程度，决定着老年人对生活的主客观评价，也直接影响和决定着老年人生活质量	对社会保障制度、子女赡养和孝道文化、老年智慧等不同主体的养老供给的分析	应将养老供给的内容、结构与数量，以及养老供给纳入老年人生活质量评估，并分析不同养老模式对老年人生活质量的影响

---

① 苗元江:《幸福感:研究取向与未来趋势》,《社会科学》2002 年第 2 期; Ardelt M., Wisdom and Life Satisfaction in Old Age. [J]. *J. Gerontol B. Psychol Sci Soc Sci*, 1997, 52 (1): pp. 15–27.

三 对老年人生活质量理论研究的评述与展望

总的来说，老年人生活质量的相关理论呈现以下几个特点。一是理论不断深化与整合，但尚未形成成熟的老年人生活质量理论，仍需加强相关领域研究者的对话和融合。二是理论由西方主导，这对我国老年人生活质量研究起步较晚的情况而言提供了较多的便利，但是不利于针对我国情况进行本土化理论的发展。三是理论研究较少，而实证研究较多，理论没有充分发挥其对于实证研究的指导作用。

（一）理论的对话与整合

首先，随着生活质量研究的发展，相关理论不断深化与整合。理论的深化一方面体现在后来的研究者通过对已有理论的缺点与不足进行扬长避短的修正，从而使理论不断完善。例如从经济和心理决定论到供需平衡论，单一决定论被综合的、全面的生活需求分析所取代；从单纯的供给与需求相结合的供需平衡论到将其发展为生活质量理想类型，理论的应用价值被进一步提升。理论的深化另一方面体现在理论涉及的层次不断加深，从最开始讨论生活质量的目的意义发展到科学分析生活质量内涵结构和探索变量间的作用机制。罗斯托关于经济增长和生活质量关系的理论并没有将生活质量作为核心，只是在阐述关系的过程中向人们启发了生活质量的重要性，而后来的理论则涉及生活质量内涵结构以及影响因素和前因后果的探讨。理论的整合一方面体现在不同学科之间通过对话交流一定程度上厘清了专业界限内的生活质量研究侧重，与生活质量概念类似的如"生活水平""福利水平""生命质量"等专用学科概念之间得到了一定程度的区分；另一方面体现在不同学科之间的生活质量研究达成了一些共识，例如重视将生活质量主观和客观内涵相结合，需求和供给相结合，社会和个体层面相结合等，并且不同学科之间也相互借鉴和融合。

其次，生活质量相关理论共识度和认同度仍然不高，有待进一步整合。目前为止，我国认同度最高的生活质量理论是供需平衡论。陈义平[①]

---

① 陈义平：《两种生活质量评估方法的比较分析》，《广东社会科学》1993年第3期；陈义平：《关于生活质量评估的再思考》，《社会科学研究》1999年第1期。

最早明确地、成体系地阐述将社会的生活供给和个人的生活需求相结合的理论，即将生活质量"量的质"和"质的量"相结合，并且对相关问题进行了深入思考。后来的研究者如周长城①、刘渝琳②等都不同程度借鉴和发展了这一理论，其对于生活质量概念的解释也得到了最多认同。然而，虽然大部分研究者认同其关于生活质量内涵构成的说法，但未见多少研究者采用相关理论进行生活质量指标建构，而是又提出了新的看法，或根据自身研究需求选择评估测量方法。另外，虽然很多学者没有明确阐述研究所用理论，其背后的逻辑关系却是一致的，出于不同的学科视角和理论背景，他们采用了不同的概念术语来表达同一个内涵意义。例如，陆汉文③将生活质量定义为对实存生活世界的体验状况，其内涵跟大部分研究者所述的主观生活体验几乎相同，即侧重生活质量的主观内涵。然而，陆汉文从生活世界的理论阐述出发，其理论体系逻辑严密、具有哲学深度，却是较多生活质量研究者不具备的。因此，对生活质量的理论进行进一步对话和整合，以达到共识，有助于形成认同度高的、成熟的理论。

最后，老年人生活质量理论发展不足，对已有的生活质量理论对老年人口的适用性探讨较少，老年人口相关理论又缺乏与生活质量之间的联系，因此尚未形成较为成熟的老年人生活质量理论。从生活质量相关理论对老年人口的适用性来看，以物质经济条件为核心的经济决定论对老年人口的适用性值得商榷。考虑到理论适用性，刘渝琳④认为普通人口生活质量研究围绕物质生活，老年人口的生活质量则应围绕健康生活。根据这一观点，结合周长城⑤对于生活质量的供需平衡理论下的定义，她将老年人生活质量定义为"社会提供老年人健康的供给程度和老年人健康的满足程度，是建立在一定物质条件基础上，老年人对生命及社会环境的认同感"。刘晶⑥则考虑到养老模式对于生活质量的影响，将居家养老服务作为老年

---

① 周长城、饶权：《生活质量测量方法研究》，《数量经济技术经济研究》2001年第10期。
② 刘渝琳、王路、赵卿：《中国老年人口生活质量评价指标体系的构造》，《重庆大学学报》（自然科学版）2005年第8期。
③ 陆汉文：《论生活世界的内涵与生活质量测量》，《学术论坛》2005年第11期。
④ 刘渝琳、王路、赵卿：《中国老年人口生活质量评价指标体系的构造》，《重庆大学学报》（自然科学版）2005年第8期。
⑤ 周长城、饶权：《生活质量测量方法研究》，《数量经济技术经济研究》2001年第10期。
⑥ 刘晶：《城市社区生活不能自理老人居家养老生活质量评估指标体系探索》，《人口学刊》2005年第1期。

人生活质量的重要组成部分纳入了居家老人生活质量评价的理论模型。这些都是对发展老年人口特有的生活质量理论的有益尝试，但是尚未引起广泛关注和共识。

因此，基于上述关于老年人生活质量理论发展现状与不足的分析，未来该研究领域理论发展的一个重要任务是进行理论的进一步对话和整合，包括不同学科研究者之间、不同理论流派之间对于相关概念内涵、理论内容的梳理，以便达成共识，同时根据不同理论长处与不足进行取长补短，以便促进理论发展和完善。

（二）理论的西方主导与本土适应

生活质量理论大多来源于西方，由于国内外研究者普遍将老年人口作为普通人口亚群体看待，并未发展专门的老年人生活质量理论。诚然，在生活质量的概念内涵及其评估体系具有包容性、足以容纳大部分主要人群的主要生活需求时，没有必要单独发展某一亚群体生活质量的理论。然而，由于不同国家和地区以及不同人群之间的差异性较大，就目前情况而言，生活质量相关理论不足以解释或指导所有人群的生活质量研究。这就带来了理论的西方主导与本土适应之间的问题。

一方面，经济发展状况不同，一些因素对生活质量带来的影响各不相同。西方国家生活质量研究的兴起建立在经济增长对提高人们生活幸福感遭遇瓶颈的背景基础之上，经济状况对生活质量的边际效应减小，而诸如文化、环境、社会、政治等方面状况的边际效应增加。而我国不论是整体经济状况还是地区间经济差异状况，都使得经济状况仍然占据着生活质量评价的重要位置。然而，这并不是说经济处于绝对地位或者否定发展中国家人们对于非经济因素方面的生活追求，而是应以不同因素对生活质量发挥作用的大小为基础，构建科学合理的、权重分配得当的生活质量评价体系。同时，随着经济社会发展，生活质量评价标准也应随之有所改变。我国正处于经济社会发展的转型期，不同地区、阶层、人群的生活诉求差异性较大，兼顾这些差异化的需求，发展与我国当前及未来相适应的生活质量理论，建立科学的生活质量评价体系，是一个重要任务。

另一方面，社会文化和道德规范不同，人们的生活价值追求和对生活质量评价的标准也不同。美国文化崇尚个人自由，因此注重个人主观体验。在西方很多国家的文化规范里，亲密关系是生活核心之一，而我国更加注重纵向的亲子关系。因此可以推测,对于老年人生活质量而言,我国会更加注重孝道文化、子女的养老供给对老年人生活质量的作用,家庭关系、家庭结构、家庭居住模式等都有可能是重要影响因素。发展本土化的老年人生活质量理论,对社会文化规范的考量必不可少。

(三) 理论与实证研究的关系

就目前的老年人生活质量研究而言,理论研究与实证研究之间处于脱节的状态。相当部分研究是医学、护理学从业者和研究者,采用通用生活质量量表或老年人生活质量重要方面的专用量表,针对老年人群所做的实践性和干预性强的研究,因此往往无须依靠理论作指导,他们对相关理论发展的关注也较少。而目前的老年人生活质量相关理论也没有在较大范围内得到实证研究的应用,理论的广泛性和可操作性还有待加强。在以后的研究中,建构成体系的、具有广泛学科共识的、可操作性强的老年人生活质量理论体系,并发挥理论对于实证研究的指导和解释作用,是又一项重要的目标任务。

关于老年人生活质量的实证研究综述

康厚艳　鄢盛明*

摘　要： 近几十年来，学界对于老年人的生活质量进行了大量的研究。基于相关文献，本文对有关老年人生活质量的实证研究进行了初步的梳理，以期为开展老年人生活质量方面的实证研究提供一个初步的基础。

关键词： 老年人　生活质量　指标建构

一　老年人生活质量的实证研究概况

纵观国内外老年人生活质量实证研究的历史，国外20世纪70年代开始渐渐出现老年人生活质量和主观幸福感的相关研究，到20世纪80～90年代，老年人生活质量研究已经较为普遍；国内的老年人生活质量实证研究起步较晚，始于20世纪80年代末90年代初。归纳国内老年人生活质量实证研究的历史，主要有起步、发展、深化三个阶段，分别为20世纪80年代末到90年代中期、20世纪90年代末到21世纪初期、21世纪头10年以后。归纳老年人生活质量实证研究的主要内容，主要有老年人生活质量测量与评价研究和老年人生活质量影响因素研究两大方面，前者又分为直接利用已有相关量表或问卷进行测量的评价研究和综合评价指标体系的建构研究两个部分。涉及老年人生活质量实证研究的学科有医学、护理学、老年学、心理学、社会学、统计学、人口学等，根据相似的学科属性，可

---

* 康厚艳，女，北京大学社会工作专业硕士，主要研究方向为老年社会工作、精神健康社会工作，现就职于政府机构，从事社区发展、社区治理相关工作。鄢盛明，男，香港大学哲学博士，现为北京大学社会学系副教授。主要研究方向为老年社会工作、精神健康社会工作、医学社会学等。

以将老年人生活质量研究的主要学科归纳为医学和社会学两个学科视角。不同阶段、不同学科的实证研究内容有不同的侧重，现总结如下。

（一）起步阶段

从 20 世纪 80 年代末到 90 年代中期是老年人生活质量实证研究的起步阶段，一方面研究体现出明显的不足，包括研究数量少，研究的广度和深度有限，对已有量表和问卷的依赖性大；另一方面，从医学和社会学的视角出发，不同的学科和学者均做了有益的实证研究探索，且为之后的老年人生活质量研究做出了重要贡献。

1. 医学领域

医学、护理学、心理学领域的老年人生活质量实证研究数量最多，内容最丰富，涉及的老年人群类型最广泛。从研究对象的类型上看，这一阶段的医学领域老年人生活质量实证研究包括如下三类：一是地区性的老年人生活质量和主观生活满意度调查，但是只在一些较为发达的地区如北京[1]、上海[2]进行；二是不同患病老年人群体的生活质量状况调查，如老年心脑血管病患者[3]、老年肾透析患者[4]的生活质量研究；三是不同老年群体的生活质量调查及其影响因素的分析，如农村老人[5]、城市老人[6]、离退休干部[7]、长寿老人[8]和老年妇女[9]等的生活质量研究。

---

[1] 宋新明、陈育德：《老年人群健康功能的多维评价方法》，《中国社会医学杂志》1993 年第 1 期；项曼君：《北京市老年人的生活满意度及其影响因素》，《心理学报》1995 年第 4 期。

[2] 李立明、周杏元、曹卫华等：《上海南市区老年人群生活质量流行病学研究》，《中国慢性病预防与控制》1996 年第 5 期。

[3] 漆宗贮、周波：《老年心脑血管患者生活质量初探》，《中国康复医学杂志》1994 年第 1 期。

[4] Kutner NC、马保民、王铁生：《老年肾透析病人生活质量》，《国际老年医学杂志》1992 年第 4 期。

[5] 王海军、杭结城、贾秀敏等：《农村老年人生活质量构成指标关系的探讨》，《中国老年学》1995 年第 2 期。

[6] 项曼君：《北京市老年人的生活满意度及其影响因素》，《心理学报》1995 年第 4 期。

[7] 许淑莲、王翠华、蒋龙等：《离退休干部的生活质量与自觉幸福度及其影响因素研究》，《中国心理卫生杂志》1993 年第 2 期。

[8] 朱志明、赵国祥、欧琼等：《城市和山区长寿老人生活质量影响因素比较分析（五）》，《中国老年学》1995 年第 1 期。

[9] 于雅琴、王春勇等：《四平市 342 名老年妇女健康因素分析》，《中国老年学》1996 年第 3 期。

医学视角的"生活质量"是狭义的概念，以健康评价为核心，又称"生命质量"。从研究内容的类型上看，这一阶段医学领域的老年人生活质量实证研究涉及如下三方面：一是躯体和精神健康研究，即调查老年人的机能障碍、慢性疾病、健康活动受限、残疾状况、认知功能和心理健康等状况，常用测量工具为日常生活功能（ADL）、工具性日常生活功能（IADL）量表以及其他身心健康相关量表；二是社会功能研究，即评价老年人在社会维度上的健康状况，核心概念包括社会角色、人际交往、社会参与和社会贡献等，常用测量指标为老年人的家庭地位、与亲友的交往程度、再就业情况等；三是综合指标评价，即通过引入生活质量综合评价方法，如生活满意度和主观幸福感量表，在总体上评价包括但不限于健康的老年人生活质量[1]。

这一阶段，医学领域的老年人生活质量研究以评价和测量研究为主，同时关注疾病和身体机能下降对老年人日常生活的影响，具有极强的实践应用价值。但是，由于这些研究直接利用西方已有相关量表或问卷进行测量，一方面只能分别测量生活质量的某些特定方面，不能进行综合评价，另一方面也没有考虑本土适用性。直到1994年，中华医学会老年医学学会流行病学学组会议才编制了适用于我国老年人的《老年人生活质量调查内容及评价标准建议》。由于该评价体系一方面提供了老年人生活质量综合评价的标准和实操工具；另一方面适应了我国本土老年人生活质量研究需求，被我国之后的医学研究者在医学实践中进行了广泛的运用，具有里程碑式的重要意义。随后，李凌江、杨德森等于1995年编制了社区人群生活质量综合评定问卷（GQOLI-74），在我国老年人生活质量研究中也有广泛应用。但是，由于以上两个评价标准仍然是健康评价，以健康相关指标为中心，对于全面综合地评价老年人生活质量来说仍然有其缺陷。

2. 社会学领域

社会学、人口学和统计学领域的老年人生活质量实证研究的内容涵盖最全面，除了健康状况、社会功能、主观幸福感以外，还包括个人、家庭、社区等不同层次，以及经济、文化、社会等不同方面的内容。这一阶

---

[1] 李立明、周杏元、曹卫华等：《上海南市区老年人群生活质量流行病学研究》，《中国慢性病预防与控制》1996年第5期。

段社会学领域的老年人生活质量实证研究开始直接以"老年人生活质量"为主题,有的直接开展某一地区老年人生活质量调查[1],有的在已有生活质量相关统计资料中专门选取并分析老年人群体[2]。这些学者的研究内容涉及老年人家庭生活,如夫妻关系、代际关系和家庭地位等;经济生活,如收入水平、收入来源、社会保障、消费水平和经济负担等;社会生活,如就业、社会参与、人际交往等;精神文化生活,如学习和文化活动、自我价值评价、子女孝道和老年人社会地位等;健康生活,如身心健康、环境与医疗等。除此之外,潘祖光等[3]基于已有调查数据,利用综合评分法建立了老年人口生活质量指数,并用这个指数分析了老年人口生活质量的综合状况以及地区之间的不平衡状况,得出了我国老年人生活质量普遍低下、城乡差异显著的结论。这是早期阶段社会学领域最早的生活质量综合指数研究,有一定参考价值,但是并未引起广泛的应用。

发展阶段,社会学研究者虽然以"老年人生活质量"为主题,但是大部分是从不同生活方面描述性地总结老年人的生活状况,没有说明何为"生活质量"、有何评价标准,也没有对其进行等级优劣的评判,因此称其为"生活状况"调查或许更为确切。学者们对生活质量的内涵理解不同,研究的内容也不尽相同,不如医学研究者对生活(命)质量有较为统一的认识。由于没有对生活质量内涵较为统一的认识,也没有统一的老年人生活质量评价标准,这一阶段社会学领域的实证研究无法进行不同学者、不同对象群体和不同地区的研究之间的比较。然而,起步阶段的社会学领域实证研究的贡献依然是显著的。一方面是比较全面、综合地研究了老年人的重要生活方面;另一方面,学者们关于生活的维度划分为后来的研究提供了理解生活质量概念内涵的重要参考,一些与生活相关的重要指标也为后来的生活质量指标建构研究提供了丰富的指标预选库。

(二) 发展阶段

从20世纪90年代末到21世纪初期是老年人生活质量实证研究的发展阶段,特征为:研究数量逐年递增,研究的地区范围和对象类型不断扩

---

[1] 叶南客:《老年人生活质量初探》,《人口研究》1989年第6期;袁缉辉、张钟汝:《老年生活质量有待提高》,《社会》1994年第8期。
[2] 邬沧萍:《北京市人口老龄化与老年人口生活质量问题研究》,北京燕山出版社,1990。
[3] 潘祖光、王瑞梓:《中国老年人口生活质量研究》,《人口研究》1995年第3期。

大，对研究成果有纵向的继承和发展，老年人生活质量指标建构研究和影响因素研究兴起并盛行。

1. 医学领域

这一阶段医学领域的老年人生活质量实证研究在数量和质量上有了突飞猛进的发展，更多地区相继开展了关于老年人生活质量情况的调查[①]，更多类型的老年人如空巢老人、养老机构老人等的生活质量得到了研究者的关注[②]。研究内容上，一方面，越来越多的研究者采用中华医学会1994年编制的《老年人生活质量调查内容及评价标准建议》进行老年人生活质量的测量与评价，并根据结果分析变量之间的关系[③]；另一方面，不少学者开始关注国内外测量评价工具对评价我国老年人生活质量的适用性，开展了相应工具的信效度研究以及不同工具之间的信效度比较[④]。大部分研究结果显示，总体而言，我国老年人的身体健康状况为一般或较差、生活自理能力较好、心理健康状况不容乐观、总体生活满意度中等或较好[⑤]。同时，老年人的人口社会学特征如性别、年龄、职业、文化程度、婚姻状况、家庭结构和经济条件等，以及个人生活习惯、负性生活事件、身心健康状况、日常生活能力、家庭关系、社会功能等变量都对老年人生活质量

---

① 田立霞、王春梅、周丽萍等：《天津市和平区354名老年人生活质量调查分析》，《白求恩医学杂志》2003年第1期；贾守梅、冯正仪、胡雁等：《上海市社区老年人生活质量及影响因素调查》，《护士进修杂志》2004年第5期。

② 吴雪：《空巢老人生活质量的影响因素及对策》，《护理学杂志》2004年第3期；罗敏：《影响我国老年人生活质量的因素及对策》，《护理管理杂志》2005年第1期；狄文婧：《丧偶老年人主观幸福感及其影响因素》，《中国心理卫生杂志》2009年第5期。

③ 杨远明、施箴吾、张素君：《成都市老年人生活质量调查分析》，《中华流行病学杂志》1998年第1期；钟华荪、肖柳红：《广州城区老年人生活质量的调查研究》，《中华护理杂志》1998年第6期；孟卫平、张镜源、林光辉：《老年人生活满意度与生存质量关系的探讨》，《中华行为医学与脑科学杂志》2000年第3期。

④ 张磊、黄久仪、范凤美、李良寿：《美国简明健康测量量表与中国老年人生活质量调查表的对比研究》，《中华行为医学与脑科学杂志》2001年第6期；刘红波、姜又红、刘延龄：《SF-36健康调查问卷应用于社区老年人的信度和效度评价》，《中国行为医学科学》2001年第3期；孙玉卫、姜宝法、徐涛等：《老年人生活质量调查表的信度和效度研究》，《实用预防医学》2003年第4期。

⑤ 李立明、周杏元、曹卫华等：《上海南市区老年人群生活质量流行病学研究》，《中国慢性病预防与控制》1996年第5期；徐陶钧、欧琼：《广东开平、博罗农村老年人生活质量调查》，《中华流行病学杂志》1998年第1期；钟华荪、肖柳红：《广州城区老年人生活质量的调查研究》，《中华护理杂志》1998年第6期。杨远明、施箴吾、张素君：《成都市老年人生活质量调查分析》，《中华流行病学杂志》1998年第1期。

有不同程度的影响①。

另外,就医学领域的老年人生活质量评价标准而言,其指标的选择越来越具有综合性,而不再是仅仅关注疾病和健康指标,学科融合的趋势日渐明显。中华医学会的老年人生活质量评价标准(1994)中就已经包含家庭和睦、居住条件、经济收入和社会交往指标;姜晶梅等②提出的中国城乡老年人生活质量评价指标体系中,将经济、文化、婚姻和家庭生活,以及社区公益活动参与等指标纳入考察;张姣姣等③又提出了综合性更强的综合评价指标体系,包括生命健康、经济与消费、人居环境、交通状况、社会支持、社会保障、公共安全、医疗卫生和文化休闲等九大系统。

2. 社会学领域

不同于大部分医学研究者直接采用国内外已有的侧重健康评价的专项量表进行测量评价,这一阶段较多社会学研究者深入进行了老年人生活质量综合评价指标体系的建构研究。同时,关于生活质量概念内涵和影响因素的相关理论,以及指标体系建构的方法论的探讨,也推动了老年人生活质量理论和实证研究的发展。可以说,这一阶段社会学领域进行的是真正意义上的老年人生活质量研究。其中,比较有影响力的是叶南客等④的老年人生活质量四要素模型、李永胜⑤对老年人生活质量指标体系建构的设想、蒋志学⑥对城市老年人生活质量指标体系建构研究、刘晶⑦对城市居家老人的生活质量指标体系建构研究和刘渝琳⑧的老年人生活质量综合指数

---

① 李立明、周杏元、曹卫华等:《上海南市区老年人群生活质量流行病学研究》,《中国慢性病预防与控制》1996年第5期;李晓惠:《老年人生活质量与人口社会学特征》,《中国老年学杂志》1997年第1期。
② 姜晶梅、韩少梅、张孔来:《中国城乡老年人生活质量综合评价》,《中国卫生统计》2000年第6期。
③ 张姣姣、曹梅娟:《老年人生活质量评价指标的研究现状与思考》,《护理学杂志》2010年第18期。
④ 叶南客、唐仲勋:《老年生活质量探索》,《社会科学战线》1993年第1期。叶南客:《城市现代化进程中的老年生活考察——南京市老年生活方式与生活质量变迁的个案研究》,《社会学研究》2001年第4期。
⑤ 李永胜:《老年人生活质量指标体系的构建设想》,《四川行政学院学报》2003年第1期。
⑥ 蒋志学:《老年人生活质量指标体系探析》,《人口与发展》2003年第3期。
⑦ 刘晶:《城市社区生活不能自理老人居家养老生活质量评估指标体系探索》,《人口学刊》2005年第1期。
⑧ 刘渝琳、王路、赵卿:《中国老年人口生活质量评价指标体系的构造》,《重庆大学学报》(自然科学版)2005年第8期。

建构研究。医学和社会学领域的老年人生活质量评价指标研究逐渐体现出一些共性，如都注重躯体和心理健康指标的评价，都注重客观与主观指标相结合，以及指标的选取越来越具综合性，不同学科领域有相融合的趋势。但是，二者的研究仍然有其各自的显著特征，如医学领域的研究以减少疾病、疼痛、衰老、功能减退等不良健康状况对其生活的影响为目的，因此以健康评价为中心；而社会学领域的研究以总体性提高老年人生活质量为目的，因此以养老评价为中心。此外，社会学学者关注养老供给对老年人生活的影响，常将养老模式、社会支持、社会资本、社会保障状况、养老服务等自变量纳入影响因素研究①。

（三）深化阶段

从21世纪头10年以后至今是老年人生活质量实证研究的深化阶段，主要特征为：研究具有较高的深度和广度，一是数量庞大、研究类型广泛，二是研究向纵深和细致发展。

1. 医学领域

深化阶段每年都有不同地区的医务工作者对不同类型的老年人进行生活质量的调查研究，远远超过了社会学等其他学科对老年人生活质量的研究数量和普遍性。医学领域的最新研究趋势是具有极强实务性质的干预研究，例如，不少学者研究了护理干预、认知行为和自我效能等心理干预对不同患病老年人群体生活质量的影响②。这类研究不仅能为学术做出理论和实证贡献，还能够直接加以应用从而提高老年患病群体的生活质量，这是医护领域得天独厚的条件与研究特点。然而，虽然医学领域发展至今有一些学者进行过老年人生活质量综合评价指标体系建构的研究，

---

① 李建新：《老年人口生活质量与社会支持的关系研究》，《人口研究》2007年第3期；刘金华：《基于老年生活质量的中国养老模式选择研究》，西南财经大学博士学位论文，2009；韦璞：《贫困地区农村老年人社会资本对生活质量的影响研究——以贵州省黄果树社区为例》，华东师范大学博士学位论文，2007。
② 肖存利、李硕、陈博等：《心理干预对社区老年人生活质量的影响研究》，《中国全科医学》2013年第11期；景丽伟、张超、邢凤梅等：《自我效能干预对社区居家不出老年人心理、外出及生存质量的影响》，《实用医学杂志》2014年第18期；吕新凤、俞颖：《护理干预对老年冠心病患者生活方式和生活质量的影响》，《现代中西医结合杂志》2014年第33期。

但是没有引起医学研究者的共鸣和关注，目前大部分医学领域的研究仍然采用国内外已有的生活质量评价量表、躯体和心理健康评价量表、社会支持量表、生活满意度和幸福度量表等进行老年人生活质量的测量。

2. 社会学领域

深化阶段，社会学领域的老年人生活质量实证研究体现出以下特点：指标研究向纵深发展并具有总结性质；对生活质量影响因素的研究更加深入，探讨变量间相互作用的复杂机制；相继有全国性老年人生活质量研究的出现。首先是指标的建构方面，一方面研究向纵深发展，例如胡妍[①]专门研究了城市社区老年人的精神生活质量的指标体系建构；另一方面研究具有总结性质，例如吕广[②]的指标选取包含了老年人生命健康、经济状况、居住条件、社会保障、社会支持和休闲娱乐等几大方面，囊括了以前的研究者们所选取的大部分指标。其次是影响因素方面，研究者更加深入地探讨了变量之间的关系和相互作用的机制，例如，石智雷[③]将子女数量和对子女的教育投资纳入家庭生育决策模型中，从家庭养老的角度提出几种不同的生育策略，研究生育策略对老年人生活质量的影响，同时考察在面临资源约束时家庭资源怎样在不同的子女间调配能更有利于改善父母的老年生活质量；瞿小敏[④]将躯体健康和心理健康作为中介变量，在此基础上探讨了社会支持对老年人生活满意度的影响机制。最后是越来越多可利用的全国性老年人生活状况的调查数据帮助了学者们进行实证分析，从全国范围来探讨老年人生活质量及其影响因素等[⑤]。

---

① 胡妍：《城市社区居家老年人口精神生活质量指标体系研究》，中南大学硕士学位论文，2012。
② 吕广：《老年人生活质量指标体系探析——基于 CHARLS 的分析》，北京大学硕士学位论文，2016。
③ 石智雷：《多子未必多福——生育决策、家庭养老与农村老年人生活质量》，《社会学研究》2015 年第 5 期。
④ 瞿小敏：《社会支持对老年人生活满意度的影响机制——基于躯体健康、心理健康的中介效应分析》，《人口学刊》2016 年第 2 期。
⑤ 高敏：《老年人生活满意度的影响因素与提升路径分析——基于中国老年人口健康状况调查数据的研究》，《老龄科学研究》2015 年第 11 期；刘吉：《我国老年人生活满意度及其影响因素研究——基于 2011 年"中国健康与养老追踪调查"（CHARLS）全国基线数据的分析》，《老龄科学研究》2015 年第 1 期；杨一帆：《中国老年人生活满意度的社会性别差异研究——基于 CHARLS 2013 年数据的分析》，《老龄科学研究》2016 年第 8 期。

二 老年人生活质量的测量与评价研究

生活质量涉及对生活状况等级优劣的评判,因此,生活质量的测量和评价是整个生活质量研究的核心环节。我国老年人生活质量的测量与评价研究主要有两大类,一是利用已有的国内外生活质量相关评价量表或问卷等测量工具,直接对我国老年人群体进行测量和评价,常见于医学、护理学、心理学领域;二是建构适用于我国老年人生活质量的全面、综合的指标体系,常见于社会学、人口学领域。

(一)老年人生活质量评价指标体系建构的原则

不少学者在建构老年人生活质量评价指标体系时提出了一些相应的原则,具有较强的参考价值。

刘晶[1]在对城市居家老人建立生活质量评价指标时提出应该遵循的原则有:①以老年人为本的原则。②客观评价与主观评价相结合的原则。③增加老年人口心理、社会参与、社会支持、闲暇生活方面的指标。④提高老年人生活质量与国民经济和社会发展水平相适应的原则。⑤循序渐进的原则。⑥因地制宜的原则。

蒋志学[2]认为建立老年人生活质量指标体系除应遵循科学性、系统性、代表性、稳定性和可操作性等一般指标体系所应共同遵循的原则之外,还应特别注意以下各项原则:①简易性。②完整性。③敏感性。④构成指标体系的各项指标基本可分成条件指标和结果指标两大类。

李永胜[3]认为老年人生活质量指标体系的设计应该包含两个原则,即实用性与科学性。实用指:必须具备指标体系在其内容上的完备性;必须具有资料搜集与统计上的可能性;必须具有能为进行综合分析提供条件的可能性。科学指:变量的选择能准确揭示老年人生活质量的特点;对指标的内涵应有明确的界定;在计量分析上应符合数理性质与统计原则。

---

[1] 刘晶:《城市社区生活不能自理老人居家养老生活质量评估指标体系探索》,《人口学刊》2005年第1期。
[2] 蒋志学:《老年人生活质量指标体系探析》,《人口与发展》2003年第3期。
[3] 李永胜:《老年人生活质量指标体系的构建设想》,《四川行政学院学报》2003年第1期。

（二）老年人生活质量评价指标体系建构的方法

总体而言，老年人生活质量评价分为两类，一类是按照指标体系，对多指标进行分别描述和优劣评价；另一类是将多指标合成为一个综合评价指标，总体性描述和评价老年人生活质量的优劣。两者都涉及指标的选取、建立评价的指标体系，后者还涉及指标权重的确定及其相应合成方法的选择。

就指标的选取而言，大部分研究者所采用的办法有：演绎法、经验预选法和专家咨询法。演绎法遵循应然逻辑，强调对老年人生活质量内涵的准确理解；经验预选法遵循实然逻辑，强调实际研究中老年人生活质量相关指标的可测量或数据的可获得性；专家咨询法则介于两者之间，一些专家有背后的理论假设作支撑，一些专家可能基于经验而提出建议。演绎法，即将生活质量的评估目标分为不同的领域（或大类），并由此确定从大类到中类、小类（单项具体指标）的整个指标体系。这种指标体系一般有理论模型的支撑，所建立的指标体系具有科学性。但是，由于在建立过程中较少考虑实际运用时的可操作性问题，往往因为部分指标无时间序列资料而未纳入计算，降低了评估的有效性[①]。因此很多研究者会根据资料的可获得性和便利性，采用经验预选法，即研究者根据自己的实践经验，并参考国内外有关生活质量的研究成果，从现有的统计资料中预选出符合建构原则和层次要求的一定数量的指标，一般比确定的入选指标多50%到1倍组成预选指标集，工作量较大且指标间关系不明。而目前我国生活质量指标研究采用最多的是专家咨询法，将预选指标集制成咨询问卷，征求有关专家对预选指标的意见，请他们对预选指标集之中的指标进行限量选择，通过差额筛选，然后综合各个专家的选择，通过统计分析确定最后的指标体系。然而，由于在专家的选取范围上、在专家的代表性上、在权重体系的精确性上都存在着很大的局限性，因此最后所得到的结果有着很大的差异，即这种计算生活质量综合指数的方法所具有的信度和效度都是比较低的[②]。

---

① 刘晶：《城市社区生活不能自理老人居家养老生活质量评估指标体系探索》，《人口学刊》2005年第1期。

② 周长城、袁浩：《专家的观点可靠吗——对国内生活质量综合指数建构问题的探讨》，《社会科学研究》2002年第1期。

就指标权重的确定而言，主要采用一些统计方法，包括层次分析法[①]、聚类分析法[②]、因子分析法[③]、主成分分析法[④]、结构方程模型[⑤]以及BP神经网络模型[⑥]等。

（三）老年人生活质量评价指标体系建构的理论模型

从老年人生活质量评价的科学性和理想状态来说，指标体系应该建立在对老年人生活质量概念内涵的准确理解和结构的科学分析基础之上，采用演绎法将其进行操作化。尽管实际研究中，由于指标测量和数据获得的障碍，不得不采用经验预选法，但指标体系建构的理论模型仍在理论和实证研究中发挥着不可替代的作用。总结起来，根据老年人生活质量评价理论模型建构的标准，可将其划分为一维、二维和三维的理论模型。

1. 老年人生活质量一维评价理论模型

老年人生活质量一维评价理论模型指的是根据某单一标准，直接将老年人生活质量划分为不同维度的那部分模型。理论结构以及各指标之间的关系比较简单，通常不用考虑指标的性质和指标间的相互作用机制。例如，潘祖光等[⑦]按照老年人生活质量的不同方面，将其划分为物质生活水平、健康水平和文化水平三个一级指标，各自再选取相应二级指标；姜晶梅等[⑧]按照老年人生活质量的不同层次，将其划分为个人生活质量、家庭生活质量和社区生活质量三个一级指标，各自再包含不同方面的生活质量

---

① 刘渝琳、王路、赵卿：《中国老年人口生活质量评价指标体系的构造》，《重庆大学学报》（自然科学版）2005年第8期。
② 刘渝琳、赵卿、陈媛等：《聚类分析法在老年人口生活质量实证中的应用》，《统计与决策》2006年第1期。
③ 刘晶：《因子分析法在城市老年人口生活质量综合评价中的应用研究》，《华东理工大学学报》（社会科学版）2011年第5期。
④ 詹天庠、陈义平：《关于生活质量评估的指标与方法》，《逻辑学研究》1997年第6期。
⑤ 林南：《生活质量的结构与指标——1985年天津千户户卷调查资料分析》，《社会学研究》1987年第6期。
⑥ 陈兴鹏、赵延德、张慧等：《西北城市居民生活质量分级评价的BP神经网络模型研究》，《兰州大学学报》（自然科学版）2005年第6期。
⑦ 潘祖光、王瑞梓：《中国老年人口生活质量研究》，《人口研究》1995年第3期。
⑧ 姜晶梅、韩少梅、张孔来：《中国城乡老年人生活质量综合评价》，《中国卫生统计》2000年第6期。

内容。尽管都是多指标的老年人生活质量评价，但是这些指标都是依据单一标准进行划分，因此仍然是一维的评价理论模型。

2. 老年人生活质量二维评价理论模型

老年人生活质量二维评价理论模型指的是根据两方面标准来划分老年人生活质量维度的那部分模型。通常情况下，这二维标准指的是客观标准和主观标准，前者是生活质量的投入或供给程度，后者是生活质量的产出或需求满足程度，每一个客观标准上的生活质量指标都对应一个主观标准的反馈指标，或反馈指标以总体性主观感受呈现。例如，王树新、高杏华[1]将老年人生活质量按客观标准划分为经济生活、健康生活、文娱生活、居住环境、婚姻家庭、社会参与、接受照料和合法权益保障共8项一级指标，每一项都对应主观标准的满意度指标。刘晶[2]将城市居家老人生活质量按客观标准划分为经济与消费、居住与设施、健康状况、社会支持和闲暇生活5项一级指标，又将每一项对应的满意度和总体生活满意度作为另两项一级指标。叶南客等[3]的研究则稍有不同，他们将消费水平和消费结构作为老年人生活质量的投入维度，而将生活方式和生活感受共同作为产出维度，构成4项一级指标。

3. 老年人生活质量三维评价理论模型

老年人生活质量三维评价理论模型指的是根据三方面标准来划分老年人生活质量维度的那部分模型。在二维理论模型下，客观维度与主观维度，或投入维度与产出维度之间都是直接映射反馈的关系，而没有考虑中间的作用机制。三维理论模型则增加了一个中介维度，中介维度同时具有客观和主观的性质，能够体现客观的投入如何产生某种主观结果。卢淑华等[4]首先提出主客观三级指标作用机制，在生活质量指标研究中占有重要

---

[1] 王树新、高杏华：《评价老年人口生活质量的主要因素指标及原则》，《老龄问题研究》2002年第9期。

[2] 刘晶：《城市社区生活不能自理老人居家养老生活质量评估指标体系探索》，《人口学刊》2005年第1期。

[3] 叶南客、唐仲勋：《老年生活质量探索》，《社会科学战线》1993年第1期。叶南客：《城市现代化进程中的老年生活考察——南京市老年人生活方式与生活质量变迁的个案研究》，《社会学研究》2001年第4期。

[4] 卢淑华、韦鲁英：《生活质量主客观指标作用机制研究》，《中国社会科学》1992年第1期。

地位。在这一理论模型中，中介评价指标是关键一环，指的是人们对一系列客观指标进行综合评判的反映，可被看作影响主观满意度的直接原因，它能解释人们因参照框架和个性特征不同而产生的不同生活需求和期望。从客观指标到中介评价指标再到主观满意度，反映了人们归纳思维的基本模式和人类认识过程的一般规律。中介评价通常是人们对客观指标进行综合考虑之后的评价，因此可替代其对应的客观指标。例如，居住条件包含系列客观指标，如住房面积、是否有单独卧室、有无单独厨房厕所、居家设施的数量和质量等，都可以归纳为住房的拥挤感、便利感、舒适感等中介指标，并且该中介指标直接影响住房满意度。李凌江等[1]在进行社区人群生活质量综合评定问卷编制时，采用了同样的理论构思。除此之外，詹天庠等[2]也提出了自己的三维生活质量指标模型，一维是生活活动系统，即人们从生到死的吃穿住行、学习工作、文娱交际等重要生活方面，也可将其划分为家庭生活、劳动生活、社会生活、政治生活等不同指标领域；二维是包括生活价值和生活目标在内的生活意识系统，包括健康、安全、方便、舒适、自由和充实六个方面；三维是实现生活目标的必要方式和消费，即生活手段系统。

4. 小结

总结起来，目前老年人生活质量指标体系建构的相关理论模型可以总结如表1。

表1 老年人生活质量指标体系建构理论模型汇总

理论模型类别	学者	建构依据	一级指标体系
一维理论模型	潘祖光、王瑞梓（1995）	生活质量不同方面的内容	物质生活水平、健康水平、文化水平
	姜晶梅等（2000）	生活质量不同层次的内容	个人生活质量、家庭生活质量、社区生活质量

---

[1] 李凌江、杨德森：《社区人群生活质量研究——Ⅲ生活质量问卷（QOLI）的编制》，《中国心理卫生杂志》1995年第5期。

[2] 詹天庠、陈义平：《关于生活质量评估的指标与方法》，《逻辑学研究》1997年第6期。

续表

理论模型类别	学者	建构依据	一级指标体系
二维理论模型	叶南客、唐仲勋（1993）	1. 生活质量的投入 2. 生活质量的产出	消费水平、消费结构、生活方式、生活感受
	王树新、高杏华（2002）	1. 生活质量的客观指标 2. 生活质量的主观指标	经济生活、健康生活、文娱生活、居住环境、婚姻家庭、社会参与、接受照料和合法权益保障情况及其满意度
	刘晶（2005）	1. 生活质量的客观指标 2. 生活质量的主观指标	经济与消费、居住与设施、健康状况、社会支持和闲暇生活及其满意度
三维理论模型	卢淑华、韦鲁英（1992）	1. 生活质量的客观指标 2. 生活质量的中介指标 3. 生活质量的主观指标	工作、家庭、居住与环境情况；相应中介评价指标和满意度
	詹天庠、陈义平（1997）	1. 生活活动系统 2. 生活意识系统 3. 生活手段系统	吃穿住行、学习工作、文娱交际等重要生活方面；相应健康、安全、方便、舒适、自由和充实感；相应消费水平

资料来源：①潘祖光、王瑞梓：《中国老年人口生活质量研究》，《人口研究》1995 年第 3 期。
②姜昌梅：《中国城乡老年人生活质量综合评价》，《中国卫生统计》2000 年第 6 期。
③叶南客、唐仲勋：《老年生活质量探索》，《社会科学战线》1993 年第 1 期。
④王树新、高杏华：《评价老年人口生活质量的主要因素指标及原则》，《老龄问题研究》2002 年第 9 期。
⑤刘晶：《城市居家老人生活质量评价指标体系研究——以上海为例》，华东师范大学博士学位论文，2005 年。
⑥卢淑华、韦鲁英：《生活质量主客观指标作用机制研究》，《中国社会科学》1992 年第 1 期。
⑦詹天庠、陈义平：《关于生活质量评估的指标与方法》，《逻辑学研究》1997 年第 6 期。

（四）老年人生活质量评价指标体系汇总

截至目前，我国已有较多学者建立了老年人生活质量评价指标体系，此处将医学相关领域和社会学相关领域学者的指标建构成果分别汇总如下（见表 2、表 3）。

表 2　医学相关领域的老年人生活质量评价指标体系

学者	一级指标	二级指标
中华医学会（1994）	健康状况	疾病症状、畸形、患慢性病情况、视听能力、劳动能力、智力、抑郁情绪
	生活习惯	嗜烟酒、锻炼、文娱活动、睡眠情况
	生活功能	生活自理及日常活动

续表

学者	一级指标	二级指标
中华医学会(1994)	家庭和睦	家庭和睦
	居住条件	住房面积、居住安排、日用设施与安全、噪声和污染
	经济收入	经济收入
	营养状况	偏食情况、营养摄入、用餐情况、肥胖程度
	心理卫生	心理卫生
	社会交往	情感交流、集体活动参与情况
	生活满意度	经济、吃穿、居住、夫妻生活、文娱体育、子女孝顺、家庭和睦、身体健康、医疗保健、家庭生活以及人际关系满意度
	体能检查	体能检查
王海军(1995)	躯体健康	患病情况、健康自评
	功能状况	日常生活能力、工具性日常生活能力
	社会支持	社会支持
	生活满意度	生活满意度
	抑郁状况	抑郁状况
李凌江等(1995)	躯体健康	躯体运动与感官功能、生理功能(性与食)、睡眠与精力、躯体不适感等
	心理健康	情感、认知、自尊、精神应激量等
	社会功能	婚姻家庭、工作、娱乐、生活、社会交往与社会支持
	物质生活	经济收入与消费、住房、社会服务(就医、购物、受教育)、生活环境(安全、绿化、噪声、卫生等)
李立明(1996)	躯体健康	患病情况、机能障碍
	功能状况	日常生活能力、工具性日常生活能力、社会适应能力
	心理健康	负性生活事件、神经心理功能
	社会健康	承担社会角色的能力、社会交往
	生活满意度	生活满意度自评
姜晶梅(2000)	个人生活	健康(患病情况、生活自理水平、健康自评、正负心理感受、认知效能、睡眠食欲)、经济(恩格尔系数、经济生活自我感觉)、文化(识字率、平均受教育年限)
	家庭生活	婚姻状况、子女孝敬程度、独立住房、家庭生活满意度
	社区生活	与他人相处情况、社区公益活动参与率
罗敏(2005)	自然因素	年龄、性别、文化、经济收入
	躯体健康	疼痛、疲劳、慢性病、视力障碍、听力障碍
	心理健康	认知功能障碍、失落感、孤独感、衰老感、对疾病和死亡的负面情绪
	生活方式	吸烟、饮酒、家庭生活、体育锻炼、营养均衡
	婚姻状况	婚姻状况
	功能状况	日常生活能力
	社会关系	参与社交活动情况
	卫生条件	医疗保健情况

续表

学者	一级指标	二级指标
张姣姣（2010）	生命健康	躯体健康状况、患慢性病情况
	经济与消费	收入水平、消费水平、消费结构
	人居环境	社区服务、家居设备
	交通状况	交通便利情况、通信便利情况
	社会支持	政府支持、社区支持、家庭支持
	社会保障	医疗保障
	公共安全	社会公共安全
	医疗卫生	医疗卫生条件、医生护士技能、服务态度
	文化休闲	闲暇、娱乐

资料来源：①中华医学会：《老年人生活质量调查内容及评价标准建议（草案）》，《中华老年医学杂志》1996年第5期。
②王海军：《农村老年人生活质量构成指标关系的探讨》，《中国老年学杂志》1995年第2期。
③李凌江等：《社区人群生活质量研究—Ⅲ生活质量问卷（QOLI）的编制》，《中国心理卫生杂志》1995年第5期。
④李立明、周杏元：《上海南市区老年人群生活质量流行病学研究》，《中国慢性病预防与控制》1996年第5期。
⑤姜晶梅：《中国城乡老年人生活质量综合评价》，《中国卫生统计》2000年第6期。
⑥罗敏等：《影响我国老年人生活质量的因素及对策》，《护理管理杂志》2005年第1期。
⑦张姣姣、曹梅娟：《老年人生活质量评价指标的研究现状与思考》，《护理学杂志（外科版）》2010年第9期。

表3　社会学相关领域的老年人生活质量评价指标体系

学者	一级指标	二级指标
叶南客（1989）	物质和精神生活状态	家庭生活状况及满意度（居住模式、代际互助关系、老人对家庭关系和子女孝顺程度的评价）；职业生活状况及满意度；社交生活状况及满意度（交往对象、交往规模、交往意向）；闲暇生活状况及满意度
	价值实现和幸福感	老人与社会群体的双向认知、人际关系中的自我认知、老人的发展机会、自我完善和自尊的需求与满足
	生活条件和环境质量	经济状况、社会保障、医疗条件
叶南客（1993、2001）	消费水平	经济收入与来源
	消费结构	客观消费结构、主观消费动机
	生活方式	闲暇时间分配、社区参与、人际与社会交往
	生活感受	对物质生活、精神生活、职业生活和人际关系的满意度，总体生活满意度和幸福感
邬沧萍（1990）	经济状况	收入水平、经济来源与保障、生活负担等
	健康与安全	患病情况、生活自理能力、医疗设施与人员供给等
	社会生活	就业情况、社会活动参与情况等
	精神生活	闲暇时间结构、文化活动参与情况等
	环境与服务	生活环境、社会福利与服务等

续表

学者	一级指标	二级指标
袁缉辉 (1994)	家庭生活	婚姻状况、夫妻关系、代际关系、家庭地位、家庭义务、家庭生活满意度
	经济生活	收入水平、消费水平、消费结构、就业情况。
	闲暇生活	闲暇时间、闲暇活动情况
	健康与保健	功能性障碍状况、患病情况、保健方式、健康自评
	心理健康	衰老感受、正负心理感受
潘祖光 (1995)	物质生活水平	人均月消费支出、消费支出构成（恩格尔系数）、至少拥有1间单独住房的百分比
	健康水平	人口余寿、自评健康率
	文化水平	识字率、平均受教育年限
桂世勋 (2001)	生理健康	躯体健康状况、患慢性病情况
	心理健康	收入水平、消费水平、消费结构
	功能状况	社区服务、家居设备
	社会完好性	交通便利情况、通信便利情况
多吉才让 (2002)	经济保障	养老保障、医疗保障、经济收入、生活开支
	身心健康	身体健康状况、营养状况、心理卫生
	精神生活	文化教育、情趣爱好、感情需求
	生活环境	居住条件、家庭环境、社会环境
蒋志学 (2003)	客观指标	月人均可支配收入、人均居住面积
	主观指标	生活满意度
	人的素质	文化程度、健康状况
李永胜 (2003)	物质生活	居住质量、膳食质量、出行质量、拥有家用电器质量、拥有现代通信设备、拥有电脑设备、基本就医保障
	精神生活	参与文化娱乐活动、参与各项科学文化学习、参与自我情趣活动、在精神上具有自主性
	社会生活	继续就业与再就业、继续参与各类社会劳动、婚姻状况、家庭和睦
刘晶 (2005)	经济状况与消费水平	人均家庭可支配收入、人均养老金收入、人均消费支出、恩格尔系数
	居住与设施	居住条件（人均居住面积、拥有单独卧室的老年人比重）、家庭设施（同时拥有自来水、煤气、厕所、洗澡设备的老年人比重等）
	健康状况	生理健康（老年人患慢性病比重、两周患病次数、平均预期健康寿命、患重病而得到医治的老年人比重）、心理健康（乐观的老年人比重、没有或较少孤独感与紧张害怕感的老年人比重）、日常生活能力（ADL分数分布、IADL分数分布）
	社会支持	家人、朋友邻居、居家养老服务（求助门铃安装率、接受上门服务比重、居家老人支援服务支出占社区经济支出的比重等）

续表

学者	一级指标	二级指标
刘晶(2005)	休闲	休闲品质(休闲消费支出占可支配收入比重、参与消遣型和发展型休闲活动的老年人比重)、社会参与(参加老年学校和老年志愿服务的比重)、休闲时间分布
	生活满意度	经济状况、健康、居住状况、子女照料状况、子女沟通交流状况、配偶相处、朋友邻居、社区为老服务、尊重状况、休闲活动状况、公共交通状况和周围生态环境状况满意度,总体生活满意度
刘晶(2005)	经济状况	养老金的覆盖面、经济收入水平
	居住条件与家庭设施	是否拥有单独卧室、是否拥有洗澡设备、是否拥有抽水马桶、人均居住面积、必要照料辅助用具获取率
	健康状况	生理健康(患病医治率、健康自评)、心理健康
	照料状况	家庭照料(日常生活照料、精神慰藉)、亲友邻居支持(交往频率)、社区支持(日常生活照料、医疗保健服务、社区居住环境)、生活满意度
	生活满意度	接受照料满意度、整体生活满意度
刘渝琳(2005)	健康生活	身体健康余量、预期寿命、体型、生活自理能力、心理健康
	物质生活	收入水平、生活消费水平、居住水平、电视普及率、电话普及率
	家庭生活	在婚水平、婚姻满意度、居住方式满意度、子女孝敬满意度
	精神生活	文化程度、业余爱好、参加社交活动程度
	生活环境	空气质量水平、水质、绿化覆盖水平、社会老年人事业支出水平、医疗保健水平
胡妍(2012)	个体精神状态	生活满意度、心理健康状况、精神发展程度、文化娱乐参与和精神信仰
	家庭因素	家庭和谐程度、婚姻状况、家庭结构、经济状况
	邻里因素	邻里与朋友的支持
	社区支持	社区支持的可获得性、社区支持的质量、社区居住环境、社区支持的主观评价
	组织支持	政府因素、社会团体因素
吕广(2016)	生理健康	预期寿命、体型(BMI)、自评健康、身体残疾、视觉听觉功能、慢性病
	心理健康	孤独感、乐观、紧张害怕、抑郁沮丧
	认知功能	记忆力、注意力集中情况、接受新事物能力
	经济保障与消费	个人收入、家庭资产、恩格尔系数、自评生活水平、医疗保障、养老保障
	社会支持	婚姻状况、配偶关系、子女关系、养老来源、居住安排、与朋友联系情况
	居住条件	人均居住面积、房屋结构、自来水、电话、残疾人设施、交通
	休闲娱乐	业余爱好、社交活动、休闲满意度
	生活满意度	生活满意度

资料来源:①叶南客:《老年人生活质量初探》,《人口研究》1989年第6期。
②叶南客、唐仲勋:《老年生活质量探索》,《社会科学战线》1993年第1期。
③叶南客:《城市现代化进程中的老年生活考察——南京市老年人生活方式与生活质量变迁的个案研究》,《社会学研究》2001年第4期。

续表

④邬沧萍：《北京市人口老龄化与老年人口生活质量问题研究》，北京燕山出版社，1990，第45页。
⑤袁缉辉、张钟汝：《金色的晚晴：老年生活质量研究》，学林出版社，1994，第233页。
⑥潘祖光、王瑞梓：《中国老年人口生活质量研究》，《人口研究》1995年第3期。
⑦桂世勋：《中国高龄老人生活质量研究》，《中国人口科学》2001年第C00期。
⑧吕广：《老年人生活质量指标体系探析——基于CHARLS的分析》，北京大学硕士学位论文，2016。
⑨蒋志学等：《城市老年人生活质量分析》，《西北人口》2003年第1期。
⑩李永胜：《老年人生活质量指标体系的构建设想》，《四川行政学院学报》2003年第1期。
⑪刘晶：《城市居家老人生活质量评价指标体系研究——以上海为例》，华东师范大学博士学位论文，2005。
⑫刘晶：《城市社区生活不能自理老人居家养老生活质量评估指标体系探索》，《人口学刊》2005年第1期。
⑬刘渝琳等：《中国老年人口生活质量评价指标体系的构造》，《重庆大学学报》（自然科学版）2005年第8期。
⑭胡妍：《城市社区居家老年人口精神生活质量指标体系研究》，中南大学硕士学位论文，2012。
⑮吕广：《老年人生活质量指标体系探析——基于CHARLS的分析》，北京大学硕士学位论文，2016。

三 老年人生活质量的影响因素研究

（一）影响老年人生活质量的个体因素

1. 社会人口学特征

（1）性别

目前，学者们关于不同性别老年人生活质量的研究结果尚不一致。从老年人群躯体健康状况的性别差异来说，有学者的研究表明，女性患慢性疾病的比例较男性更大，但是男性丧失日常生活能力并因此而需要人照料的比例更大①。贾守梅②利用SF-36健康调查问卷对老年人进行调查，结

---

① 李立明、周杏元、曹卫华等：《上海南市区老年人群生活质量流行病学研究》，《中国慢性病预防与控制》1996年第5期。
② 贾守梅：《上海市社区老年人生活质量及影响因素调查》，《护士进修杂志》2004年第5期。

果发现男性在生命质量的 8 个维度上都较女性更好,其中情感职能、生命活力和躯体疼痛 3 个维度有显著的统计学意义;余桂珍[1]利用李凌江等制定的社区人群生活质量量表对社区老年人生活质量的调查结果显示,男性在躯体功能、心理功能和社会功能 3 个维度的得分均显著高于女性;郑玉仁[2]利用世界卫生组织生活质量问卷的研究结果显示,男性在生活质量的 4 个领域显著高于女性。从老年人心理健康状况的性别差异来说,瓮学清[3]的研究显示女性老人的负性情感较男性老人更多。

从老年人生活质量的主观评价来说,在生活满意度或主观幸福感的性别差异方面,不同学者的研究仍然不一致。刘晶[4]、胡军生[5]、王枫[6]的研究结果显示,老年人的总体生活满意度和主观幸福感并无显著性别差异。姚春生[7]利用幸福感指数量表的研究结果显示,女性的主观幸福感略低于男性;李德明[8]的研究也显示,虽然大多数女性老人的主观幸福感报告为一般或较好,但仍然显著低于男性老人。但也有学者的研究结果显示女性老人的生活满意度显著高于男性[9]。

总的来看,显示女性老人的身心健康状况显著低于男性老人的研究所占比例比其他研究占比更大,对此有学者认为是男性老人的社会适应能力和社会地位比女性老人更高所致[10]。而就主观生活质量评价而言,不同学者的结论不一,可能与所采用的调查工具、调查人群以及样本数量等都有关系,但是很少有学者对这些不同的方面进行解释。刘吉[11]提出了他对于

---

[1] 余桂珍:《社区老年人生活质量调查》,《中华护理杂志》2005 年第 9 期。
[2] 郑玉仁:《老年人生活质量及影响因素分析》,《中国公共卫生》2006 年第 6 期。
[3] 瓮学清:《北京市城市社区老年人生活质量影响因素分析》,《中国全科医学》2002 年第 6 期。
[4] 刘晶:《城市社区生活不能自理老人居家养老生活质量评估指标体系探索》,《人口学刊》2005 年第 1 期。
[5] 胡军生:《农村老年人主观幸福感研究》,《中国老年学杂志》2006 年第 3 期。
[6] 王枫:《老年人主观幸福感及其影响因素分析》,《医学与社会》2010 年第 12 期。
[7] 姚春生:《老年大学学员主观幸福感及有关因素分析》,《中国心理卫生杂志》1995 年第 6 期。
[8] 李德明:《中国农村老年人的生活质量和主观幸福感》,《中国老年学》2007 年第 12 期。
[9] 高敏:《老年人生活满意度的影响因素与提升路径分析——基于中国老年人口健康状况调查数据的研究》,《老龄科学研究》2015 年第 11 期;刘吉:《我国老年人生活满意度及其影响因素研究——基于 2011 年"中国健康与养老追踪调查"(CHARLS)全国基线数据的分析》,《老龄科学研究》2015 年第 1 期。
[10] 李晓惠、李天霖、王滨燕:《老年人生活质量与人口社会学特征》,《中国老年学杂志》1997 年第 1 期。
[11] 刘吉:《我国老年人生活满意度及其影响因素研究——基于 2011 年"中国健康与养老追踪调查"(CHARLS)全国基线数据的分析》,《老龄科学研究》2015 年第 1 期。

女性整体生活满意度高于男性的这一研究结果的解释，认为这与两性在职业生涯变化后的适应过程有关。男性退出职业领域较女性晚，而平均预期寿命较女性短，因此退出工作后的适应期有限、适应不良，从而导致生活满意度低于女性。得出其他研究结果的学者却较少提出自己对于老年人主观生活质量性别差异的解释，因而在这一点上还需要进行更多的对话与进一步调查。

（2）年龄

大部分研究结果表明，老年人生活质量各方面都随年龄的增长而发生显著的变化[1]。比较一致的研究结果是：随着年龄的增长，老年人社会适应的能力、ADL、IADL 得分下降，收入水平下降，患病的数目和慢性病症状数目增多，以及容易受到亲友去世等因素的负面影响[2]。因此，从这一方面讲，年龄对生活质量有显著的负面作用。但是，老年人的主观生活评价却随着年龄增长而趋向于更好，年龄越大，老年人的生活满意度评价也越积极，因而出现了老年人主客观生活质量评价不一致的情况，即老年人生活满意度高于自身客观状态。有学者认为这是由于老年人多以过去为参照标准来评价自己目前的生活，因而会对目前的生活感到满意[3]；也有学者认为是年龄对老年人的生活满意度存在着积极作用，这些积极作用包括年龄的成熟效应、同期群效应和存活效应等，它们随着年龄的增长而超过了其负面作用，因此主观生活质量评价随之而趋向积极[4]。

（3）婚姻状况

国外学者 Wayne 等[5]在老年人生活满意度和社会经济比较的研究中发现：在婚者的生活满意度得分比无配偶者高。国内的调查结果也显示：有

---

[1] 李晓惠、李天霖、王滨燕：《老年人生活质量与人口社会学特征》，《中国老年学杂志》1997 年第 1 期。
[2] 许淑莲、王翠华：《离退休干部的生活质量与自觉幸福度及其影响因素研究》，《中国心理卫生杂志》1993 年第 2 期；冯晓黎：《长春市农村老年人生活质量及其影响因素分析》，《中国老年学》2005 年第 11 期；徐红：《南通市老年人生活质量及其影响因素》，《中国老年学》2012 年第 7 期。
[3] 李凌江：《社区人群生活质量研究——Ⅰ 理论构思》，《中国心理卫生杂志》1995 年第 3 期。
[4] 骆为祥、李建新：《老年人生活满意度年龄差异研究》，《人口研究》2011 年第 6 期；刘吉：《我国老年人生活满意度及其影响因素研究——基于 2011 年"中国健康与养老追踪调查"（CHARLS）全国基线数据的分析》，《老龄科学研究》2015 年第 1 期。
[5] Wayne, M, Usui, et al. Socioeconomic Comparisons and Life Satisfaction of Elderly Adults. [J]. *Journal of Gerontology*, 1985, 40 (1): pp. 110–114.

配偶的老年人生活质量各方面均优于无配偶老年人,其中躯体健康状况、心理健康和生活满意度等指标上的差异最为显著①。并且,丧偶后第一年对老年人的健康影响最大,其患病率和死亡率均比对照组高。

(4)(原)职业

在考察原职业对老年人生活质量的影响情况时,不同的学者对于职业的分类情况不同。有的学者将其分为脑力劳动、体力劳动和无职业三种类型,并得出老年人生活质量在职业上的差异为脑力劳动者大于体力劳动者,体力劳动者又大于无职业者的结论②。有的学者直接将职业类别划分为是否(原)有固定职业,调查结果显示原来有固定职业的老年人表现出较高的生活满意度③。有的学者按照职业名称考察从事不同职业的老年人生活质量的差异,如程志华④的调查资料显示,教师生活满意度、健康状况最低;医务人员的生活满意度、心理卫生和社会角色得分较其他职业人群高;杨正华⑤的调查结果显示:农民及工人的自评生活满意度高于居民和干部。许淑莲⑥对离退休干部生活质量的研究结果显示:行政干部的生活质量优于科技人员。瓮学清⑦的研究显示,职业与老年人生活质量的生理、心理和社会关系方面都有相关关系,将生理、心理领域评分按职业由低到高排序为:农民、服务行业、工人、行政工作者、知识分子;社会关系、周围环境领域的评分由低到高排序为:农民、服务行业、知识分子、工人、行政工作者。

总之,很多研究都显示老年人原来从事的职业对其生活质量会产生影

---

① 程志华:《宁波市离退休老人多向健康评价及健康影响因素分析》,《中国卫生统计》1992年第6期;徐慧兰:《老年人生活满意度及其影响因素研究》,《中国心理卫生杂志》1994年第4期;贾守梅、冯正仪、胡雁等:《上海市社区老年人生活质量及影响因素调查》,《护士进修杂志》2004年第5期;余桂珍、曾琨、陈慧:《社区老年人生活质量调查》,《中华护理杂志》2005年第9期。
② 李立明等:《上海南市区老年人群生活质量流行病学研究》,《中国慢性病预防与控制》1996年第5期。
③ 徐慧兰:《老年人生活满意度及其影响因素研究》,《中国心理卫生杂志》1994年第4期。
④ 程志华:《宁波市离退休老人多向健康评价及健康影响因素分析》,《中国卫生统计》1992年第6期。
⑤ 杨正华:《不同职业老年人的社会现状及医疗保健》,《中国老年学》1992年第6期。
⑥ 许淑莲:《离退休干部的生活质量与自觉幸福度及其影响因素研究》,《中国心理卫生杂志》1993年第2期。
⑦ 瓮学清:《北京市城市社区老年人生活质量影响因素分析》,《中国全科医学》2002年第6期。

响。瓮学清[1]认为，职业不仅仅是社会的不同分工，这种分工在某种程度上反映了不同职业人群文化程度、个人素质、家庭背景、社会关系等方面的差异，反过来，长期的从业经历以及由此形成的观念、习惯又进一步对上述因素产生不容忽视的影响。另外，职业不同、阅历的差异，不可避免地导致老年人对生活的需求层次、期望、体验、适应能力等方面的差异，从而影响老年人的生活质量。并且，不同职业存在着不同程度和种类的健康风险，例如，从事体力劳动少、脑力劳动紧张、经常有紧迫感的工作，较易患冠心病。同时，职业不仅仅是一种身份的体现，在一定的程度上它决定了人们的经济地位。在现代社会中，职业已成为衡量人们生活水平和生活质量的综合性指标[2]。

（5）城乡户籍

诸多研究表明，我国城市和农村老年人的生活质量存在显著差异，总体而言，农村老年人生活质量各方面都显著低于城市老年人。李德明[3]的研究显示，农村老年人在健康状况、生活水平、经济负担和医疗负担、及时就医情况等客观条件方面显著较城镇老年人差；主观生活满意度和情感体验也显著低于城镇老年人。王希华[4]的研究也显示同样的结果，同时还对农村老年人的孤独感状况进行了考察，显示孤独感得分显著高于城市老年人。但是，刘吉[5]的研究显示，农村老年人的整体生活满意度显著高于城市老年人。他用社会比较理论来解释这一结果，即生活满意度可以理解为个体在进行客观生活质量比较的基础上得到的主观评价。城市老年人生活在城市中，对生活质量的期望值更高，与周围人比较、与自己退休前比较后产生的落差也更大，因此容易导致其生活满意度低。

不仅城市和农村老年人的生活质量状况显著不同，二者的影响因素也各不相同。卫龙宝[6]的研究表明，影响城市老年人生活质量的自变量按作

---

[1] 瓮学清：《北京市城市社区老年人生活质量影响因素分析》，《中国全科医学》2002年第6期。
[2] 何文华：《不同职业老年人的社会学比较研究》，《中国老年学》1986年第2期。
[3] 李德明：《中国农村老年人的生活质量和主观幸福感》，《中国老年学》2007年第12期。
[4] 王希华：《老年人生活质量、孤独感与主观幸福感现状及相互关系》，《中国老年学》2010年第5期。
[5] 刘吉：《我国老年人生活满意度及其影响因素研究——基于2011年"中国健康与养老追踪调查"（CHARLS）全国基线数据的分析》，《老龄科学研究》2015年第1期。
[6] 卫龙宝：《我国城乡老年人口生活质量比较研究》，《浙江大学学报》（人文社会科学版）2008年第6期。

用大小依次为：子女孝顺、婚姻、经济状况、对社区工作满意度、自我照料、子女个数、性别；影响农村老年人生活质量的自变量作用大小依次为：子女孝顺、经济状况、权益受侵害后的处理方式、对社区工作满意度、婚姻、收入来源、性别。对此，他得出对城市老年人应该更关注其精神方面的改善，对农村老人要更多给予物质方面帮助的结论。

（6）经济状况

一个人的社会经济地位就可以决定他的生活境况，决定他自己期望过什么样的生活和他实际上能够过上什么样的生活，因此社会经济地位是最强有力的社会学特征[①]。Reed[②]研究结果显示，经济收入高的老人，幸福度高于收入低者；杨彦春[③]的调查也显示出类似的结果：老年人的幸福度随经济收入的增加而增加，尤其对健康状况不良的老人而言，经济收入对他们的影响更为明显；Walter[④]的研究发现，增加收入可以消除健康对幸福度的影响；徐慧兰[⑤]据对长沙市 1000 名 60 岁及以上老年人生活满意度及其影响因素的调查，发现影响老年人生活满意度排在前五位的主要因素分别是：有无固定职业、婚姻状况、经济状况、居住条件、经济来源。有固定的退休金、经济能够自立、婚姻状况好、居住条件较好的老年人其生活满意度高。此外，其他研究也同样证实了这一点。家庭收入高者身体健康状况好于经济收入低者；影响城市离退休老干部生活满意度的主要因素是心理卫生、IADL、家庭收入满意度；影响农村老年人生活满意度的主要因素是：自我评价的经济状况、主观健康、家庭和社会的支持[⑥]。以上调查结果提示：不同老年群体均把经济状况放在生活中比较重要的位置上。这说明老年人的经济状况在其生活中起着非常重要的作用。

（7）离退休时间

有研究显示，离退休年限与老年人的主观幸福感呈正相关，即退休时

---

① [美] 罗杰·A. 斯特劳斯：《应用社会学》，李凡等译，黑龙江人民出版社，1992。
② Larson R. Thirty Years of Research on the Subjective Well - being of Older Americans. [J]. *Journal of Gerontology*, 1978, 33（1）：pp. 109 - 125.
③ 杨彦春、何慕陶、朱昌明等：《老人幸福度与社会心理因素的调查研究》，《中国心理卫生杂志》1988 年第 1 期。
④ Chatfield, W. F., Economic and Sociological Factors Influencing Life Satisfaction of the Aged [J]. *Journal of Gerontology*, 1977, 32（5）：pp. 593 - 599.
⑤ 徐慧兰：《老年人生活满意度及其影响因素研究》，《中国心理卫生杂志》1994 年第 4 期。
⑥ 王海军、贾秀敏：《农村老年人生活质量构成指标关系的探讨》，《中国老年学杂志》1995 年第 2 期。

间越长的老年人生活质量越好①。离退休后，面对个人工作的丧失以及与社会联系的减少，部分老年人对离退休前后的环境及角色的变化极不适应，表现出"失落感"或心理平衡失调。这些变化在低龄退休老年人中表现更为突出，有人将这一时期称为心理危机时期。此外有研究还发现：病退或提前退休让子女顶职的退休人员，其生活质量低于正常退休人员②。

（8）再就业

程志华等③曾对宁波市离退休老年人再就业状况对生活质量的影响进行调查。结果显示，相对于未再就业人群而言，再就业人群离退休时间短、文化素质高、离退休前有职务、离退休前职业为科技人员者较多。经分析比较发现，再就业人群患病少、心理健康得分高，尤其自评健康明显更好。再就业人群对生活的总体感受、经济收入、社会生活和家庭生活满意度均高于未再就业人群。此外，再就业老年人对离退休后生活的计划性、规律性和日常心境情绪也比未再就业人群更好，表明老年人再就业对改善身心健康和提高老年人生活质量具有积极的意义。宋宝安④对吉林省城镇老年人口的调查也发现，退休后再就业老人的幸福感体验要比退休后居家的老人更高，表现出更加积极的乐观态度，同时，73.4%的老人表示选择再就业是为了增加经济收入。因此，再就业对老年人生活质量的影响主要是通过增加老年人的经济收入、促进老年人社会参与和社会交往、缓解退休后的失落情绪等途径实现的⑤。

但也有学者的研究显示，再就业与未再就业两组人群的生活质量无显著性差别，并分析认为此结果可能与再就业率低、样本量少有关，也可能与不同地区居住的老年人群的社会环境、经济收入状况不同有关⑥。

---

① 姚春生：《老年大学学员主观幸福感及有关因素分析》，《中国心理卫生杂志》1995年第6期。
② 李晓惠：《老年人生活质量与人口社会学特征》，《中国老年学杂志》1997年第1期。
③ 程志华等：《宁波市离退休老人多向健康评价及健康影响因素分析》，《中国卫生统计》1992年第6期。
④ 宋宝安、于天琪：《城镇老年人再就业对幸福感的影响——基于吉林省老年人口的调查研究》，《人口学刊》2011年第1期。
⑤ 宋宝安、于天琪：《城镇老年人再就业对幸福感的影响——基于吉林省老年人口的调查研究》，《人口学刊》2011年第1期。
⑥ 许淑莲：《离退休干部的生活质量与自觉幸福度及其影响因素研究》，《中国心理卫生杂志》1993年第2期。

(9) 文化程度

学者们对文化程度这一自变量的研究结果也不完全一致,很多研究结果显示,高文化程度的老年人健康状况比低文化程度的老年人健康状况好①。这一结果可以解释为,教育水平高者接受卫生宣教比例高,自我保健意识强,善于学习新知识、自我调适和保持良好的情绪,因而生活质量较教育水平低者好②。也有的研究结果显示:不同文化程度的老年人群健康状况无差异。③。此外,比较一致的结果是:文化程度的高低对家庭和睦有一定的影响,表现为文化程度高的老年人家庭关系和睦的比例高于文化程度低的老年人④。

2. 生理方面

(1) 健康状况

对老年人来讲,身体健康是影响幸福感十分重要的因素。很多学者的研究显示,有躯体疾病的老年人生活质量显著低于没有躯体疾病的老年人⑤。老年人的健康状况与主观生活满意度呈显著正相关,同时躯体健康本身就是老年人生活质量非常重要的一部分。如前所述,随着年龄的增大,健康的影响力也越来越大。Bowling 等⑥的研究显示,85 岁以上的老年人,只有健康状况对生活满意度有显著影响,而其他因素的影响则均不显著。同时,拥有日常生活自理能力的老年人比不能自理、卧病在床或活动

---

① 姚春生、何耐灵、沈琪:《老年大学学员主观幸福感及有关因素分析》,《中国心理卫生杂志》1995 年第 6 期;郑宏志:《314 名城市老年居民主观幸福感与社会支持的相关性研究》,《中华行为医学与脑科学杂志》2005 年第 9 期。胡军生:《农村老年人主观幸福感研究》,《中国老年学杂志》2006 年第 3 期;王枫:《老年人主观幸福感及其影响因素分析》,《医学与社会》2010 年第 12 期。
② 王枫:《老年人主观幸福感及其影响因素分析》,《医学与社会》2010 年第 12 期。
③ 程志华等:《宁波市离退休老人多向健康评价及健康影响因素分析》,《中国卫生统计》1992 年第 6 期。
④ 徐玉衡:《镇江市八个居委会老年人情况的调查》,《中国老年学》1989 年第 4 期。
⑤ 田立霞:《天津市和平区 354 名老年人生活质量调查分析》,《白求恩医学杂志》2003 年第 1 期;贾守梅:《上海市社区老年人生活质量及影响因素调查》,《护士进修杂志》2004 年第 5 期;刘晶:《城市社区生活不能自理老人居家养老生活质量评估指标体系探索》,《人口学刊》2005 年第 1 期;郑玉仁:《老年人生活质量及影响因素分析》,《中国公共卫生》2006 年第 6 期。
⑥ Bowling A., Farquhar M., Associations with Social Networks, Social Support, Health Status and Psychiatric Morbidity in Three Samples of Elderly People [J]. *Social Psychiatry & Psychiatric Epidemiology*, 1991, 26 (3): pp. 115 – 126.

受限的老人主观幸福感和生活满意度更高①。

（2）日常生活习惯/方式

日常生活习惯/方式对老年人的生活质量也有一定影响，主要是影响老年人的身体健康状况，通过影响身体健康而对老年人的生活质量发生作用。实证研究中常用的自变量有睡眠、食欲、营养状况、吸烟、饮酒和体育锻炼情况等。徐红等②的研究显示，食欲、睡眠和体育锻炼都会影响老年人的生活质量。食欲好的老年人生活质量心理领域得分高于食欲差的老年人。老年人由于体力活动减少及孤独、寂寞等负性情绪的影响，容易引起食欲下降，可能会出现营养不良，从而引起老年人躯体疾病。而且食欲不好还可以影响老年人的精神状况，导致其生活质量降低。睡眠质量好的老年人生活质量生理领域得分高于睡眠质量差者，说明睡眠质量影响老年人群的生活质量，Huang、谢知等③、张秀军等④的研究也得到了同一结果。经常参加体育锻炼的老年人在生理、社会和环境领域的得分高于未参加体育锻炼者，说明体育锻炼是影响老年人生活质量的重要因素⑤。体育锻炼可以强健身体，增强老年人的抵抗力；还可以改善老年人的情绪，有助于老年人保持良好的心境；同时还可扩大老年人的社交活动范围，改善老年人的精神状态。经常参加体育锻炼和文体活动的老年人增加了与周围人群的交流，容易获取信息、知识和技能，可以保持和改善老年人的躯体功能和认知功能，从而提高老年人的生活质量⑥。李金平等⑦的研究也指出，晨起锻炼的老年人能更好地体验自己的价值、能力，在自信自尊、行动能力、日常生活能力、积极感受方面均显著高于不参加锻炼的老年人。张秀

---

① 王海军：《农村老年人生活质量构成指标关系的探讨》，《中国老年学》1995年第2期；陈东：《不同养老模式对我国农村老年群体幸福感的影响分析——基于CHARLS基线数据的实证检验》，《农业技术经济》2015年第4期。

② 徐红、肖静、庄勋等：《南通市老年人生活质量及其影响因素》，《中国老年学》2012年第7期。

③ 谢知、陈立章、肖亚洲：《湖南某县农村老年人睡眠质量与生活质量的相关性》，《中国老年学》2010年第12期。

④ 张秀军等：《安徽省农村老年人群生活质量的综合评价》，《中华流行病学杂志》2005年第1期。

⑤ 张宝荣、葛艳荣、常彦君等：《城市居民休闲体育活动与生活质量关系》，《中国公共卫生》2008年第7期。

⑥ 徐红：《南通市老年人生活质量及其影响因素》，《中国老年学》2012年第7期。

⑦ 李金平、徐德均、邓克维：《体育锻炼对老年人生命质量的影响及相关因素的研究》，《中国老年学》2007年第15期。

军等①的研究结果显示，营养卫生状况对老年人生活质量有显著影响；李亚萍等②的研究显示吸烟、饮酒和锻炼等日常行为都对老年人生活质量有显著影响；刘吉③的研究则显示，喝酒的老年人生活满意度比不喝酒老年人要高，但是吸烟对老年人的生活满意度没有影响。

3. 心理方面

(1) 负性生活事件

国外学者 Cui 和 Vaillant 于 1996 年发表了一项长达 35 年的随访研究，结果表明，负性生活事件对成年晚期的精神健康有着不良影响。我国学者李立明④的研究也显示同样的结果。李立明还指出，对老年人心理健康影响较大的负性生活事件主要为离退休、配偶过世和患了严重的疾病或者慢性病。负性生活事件是老年人的生活经历，而不是心理状态或特征，但是由于它影响老年人的生活质量主要是通过影响老年人心理状况而间接实现的，因此将其总结为心理方面的自变量。

(2) 人格/个性

很多心理学相关理论都强调人的内在因素对其主观幸福感的影响。实证研究中，许淑莲⑤利用艾森克人格问卷所做的调查研究结果显示，个性特点与老年人生活质量密切相关。外向得分与除负性情感外的所有生活质量指标都有正相关关系，神经质得分则恰好相反，与所有指标均呈负相关，精神质得分则只与幸福度呈负相关。外向还与自评健康有关，外向者自评健康较佳，神经质者则相反，其结果和 Avron Spiro⑥ 的研究结果一致。

---

① 张秀军等：《安徽省农村老年人群生活质量的综合评价》，《中华流行病学杂志》2005 年第 1 期。
② 李亚萍、叶芸：《城市老年人生活方式对健康影响的调查分析》，《中国健康教育》2002 年第 6 期。
③ 刘吉：《我国老年人生活满意度及其影响因素研究——基于 2011 年"中国健康与养老追踪调查"（CHARLS）全国基线数据的分析》，《老龄科学研究》2015 年第 1 期。
④ 李立明：《上海南市区老年人群生活质量流行病学研究》，《中国慢性病预防与控制》1996 年第 5 期。贾守梅、冯正仪、胡雁等：《上海市社区老年人生活质量及影响因素调查》，《护士进修杂志》2004 年第 5 期。
⑤ 许淑莲：《离退休干部的生活质量与自觉幸福度及影响因素研究》，《中国心理卫生杂志》1993 年第 2 期。
⑥ Spiro A 3rd, Aldwin CM, Levenson MR, et al. Longitudinal Findings from the Normal Aging Study: II. Do Emotionality and Extraversion Predict Symptom Change? [J]. Journal of Gerontology. 1990, 45 (4): pp. 136 – 144.

刘晶[①]、徐红等[②]的研究显示，具有乐观个性的老年人生活质量更高。个性不仅影响老年人的躯体健康状况和心理，同时还会影响老年人对社会及周围环境的适应能力。徐红将其解释为，这可能是由于个性乐观者能勇于面对生理机能上的改变，积极主动地治疗疾病、参加体育锻炼。同时，个性乐观者能积极地对待生活，愿意与人交流，较少有负面情绪。此外，个性乐观的老年人容易搞好家庭、邻里之间的关系，能够从家人朋友那里获得精神安慰和帮助，社会适应能力良好。

（3）孤独感

前面已经提到，丧偶老人或独居老人的生活质量显著差于在婚和与配偶同住的老年人，很大程度上是由于前者相较于后者而言更加孤独。多数研究表明，孤独感对老年人的生活质量会产生不容忽视的负面影响。刘晶[③]的研究显示，紧张害怕感和孤独感越强烈，对整体生活评价满意的可能性越小；王枫[④]的研究显示，孤独感与负性情感、负性体验呈显著正相关，与正性情感、正性体验及总幸福度呈显著负相关；王希华[⑤]的研究表明，老年人孤独感与老年人生活质量的生理、心理、社会、环境因素呈显著负相关。也就是说，孤独感对于老年人生活质量的主客观各方面都会产生负面影响。研究还发现，农村老人的孤独感显著高于城市老人[⑥]。

（4）其他心理因素

项曼君[⑦]的研究结果显示，老年人的心境和无聊感对其生活满意度产生显著影响。心境越消极，越感到无聊，生活满意度越差。王枫[⑧]的研究结果显示，老年人的应对方式对其主观幸福感有显著影响。积极应对方式与正性情感、正性体验及总幸福度呈显著正相关，与负性情感呈显著负相

---

① 刘晶：《城市社区生活不能自理老人居家养老生活质量评估指标体系探索》，《人口学刊》2005年第1期。
② 徐红等：《南通市老年人生活质量及其影响因素》，《中国老年学》2012年第7期。
③ 刘晶：《城市社区生活不能自理老人居家养老生活质量评估指标体系探索》，《人口学刊》2005年第1期。
④ 王枫：《老年人主观幸福感及其影响因素分析》，《医学与社会》2010年第12期。
⑤ 王希华：《老年人生活质量、孤独感与主观幸福感现状及相互关系》，《中国老年学》2010年第5期。
⑥ 王希华：《老年人生活质量、孤独感与主观幸福感现状及相互关系》，《中国老年学》2010年第5期。
⑦ 项曼君：《北京市老年人的生活满意度及其影响因素》，《心理学报》1995年第4期。
⑧ 王枫：《老年人主观幸福感及其影响因素分析》，《医学与社会》2010年第12期。

关；消极应对方式与负性情感、负性体验呈显著正相关，与正性情感、正性体验及总幸福度呈显著负相关。

（二）影响老年人生活质量的家庭因素

1. 家庭关系

关于家庭关系对老年人生活质量的影响，虽然不同的学者会选择不同的方面和自变量进行考察，但是多数的研究结果都显示家庭关系的和谐融洽程度与老年人的生活质量呈显著的正相关。

有的学者将老年人对整体家庭关系的评价作为自变量来进行考察。徐慧兰[1]、项曼君[2]的研究显示，家庭关系和睦并在家中能够得到尊重的老年人有更高的生活满意度；刘晶[3]的研究也表明，对与家人关系满意的老人生活满意度更高。瓮学清[4]以家庭摩擦为自变量从反面考察家庭关系的作用，结果显示家庭摩擦对老年人的生活质量有负面影响。项曼君[5]还考察了老年人的家庭地位因素的作用，结果发现老年人是否被尊重和参与家庭决策与老年人的生活满意度呈正相关。

也有学者从夫妻关系、与子女的关系等具体方面来考察老年人的生活质量。许淑莲[6]的研究显示，夫妻关系好，老年人的生活质量高；两代人的关系好则老年人负性情感较少。冯晓黎等[7]、胡军生[8]、卫龙宝[9]的研究都显示，与子女关系好或报告子女孝顺程度较高的老年人，其主观生活质量较高。

---

[1] 徐慧兰：《老年人生活满意度及其影响因素研究》，《中国心理卫生杂志》1994年第4期。
[2] 项曼君：《北京市老年人的生活满意度及其影响因素》，《心理学报》1995年第4期。
[3] 刘晶：《城市社区生活不能自理老人居家养老生活质量评估指标体系探索》，《人口学刊》2005年第1期。
[4] 瓮学清：《北京市城市社区老年人生活质量影响因素分析》，《中国全科医学》2002年第6期。
[5] 项曼君：《北京市老年人的生活满意度及其影响因素》，《心理学报》1995年第4期。
[6] 许淑莲：《离退休干部的生活质量与自觉幸福度及影响因素研究》，《中国心理卫生杂志》1993年第2期。
[7] 冯晓黎等：《长春市老年群体生活满意度及其影响因素分析》，《中国老年学杂志》2002年第2期。
[8] 胡军生：《农村老年人主观幸福感研究》，《中国老年学杂志》2006年第3期。
[9] 卫龙宝：《我国城乡老年人口生活质量比较研究》，《浙江大学学报》（人文社会科学版）2008年第6期。

2. 子女数量与质量

国外相关研究主要集中在子女数量和质量之间的替代关系[1]、孩子数量与父母劳动供给[2]等。国内文献则主要关注子女数量对老年人生活质量的影响[3]，直到近年来才有学者关注子女数量和质量与老年人生活质量的内在关系[4]。

单纯就子女数量对老年人生活质量的影响来说，不同学者有不同的研究结果和看法。皮莱等发现子女数提高了老年人的代际支持和福利水平[5]。郭志刚等[6]的测算结果也显示，如果其他条件不变，每多一个子女，就意味着老年人每年能多得到39元子女供养费。刘晶[7]的分性别研究发现，存活女儿的数量对老年人的生活质量有着显著的正向影响，存活儿子数量的影响效应并不显著。也有学者的研究结果显示，老年人生活质量与子女数量成反比。叶勇立等[8]的研究发现，多子女的老年人认为子女不孝顺的比重显著高于子女数较少的老人；Watson和Kivett[9]的研究发现，孩子多会产生更多的代际冲突、经济矛盾等问题，导致老年人的生活满意度与现存子女数量成反比。

子女的数量和质量之间的替代关系也会影响到父母老年的生活质量。

---

[1] Gary, S., Becker. Fertility and the Economy [J]. *Journal of Population Economics*, 1992, 5: pp. 185–201.

[2] Angrist J. D., Evans W. N., Children and Their Parents' Labor Supply [J]. *American Economic Review*, 1996, 88 (3): pp. 450–477.

[3] 郭志刚、张恺悌：《对子女数在老年人家庭供养中作用的再检验——兼评老年经济供给"填补"理论》，《人口研究》1996年第2期；叶勇立、钟莹、伍艳荷等：《农村老年人生存质量与生活状态的相关性研究》，《中国老年学》2007年第1期。

[4] 石智雷：《多子未必多福——生育决策、家庭养老与农村老年人生活质量》，《社会学研究》2015年第5期。

[5] Pei X., Pillai V. K., Old Age Support in China: The Role of the State and the Family. [J]. *Int J Aging Hum Dev*, 1999, 49 (3): 197–212.

[6] 郭志刚、张恺悌：《对子女数在老年人家庭供养中作用的再检验——兼评老年经济供给"填补"理论》，《人口研究》1996年第2期。

[7] 刘晶：《子女数对农村高龄老人养老及生活状况的影响》，《中国人口科学》2004年第S1期。

[8] 叶勇立等：《农村老年人生存质量与生活状态的相关性研究》，《中国老年学》2007年第1期。

[9] Watson, J. A. & V. R., Kivett. Influences on the Life Satisfaction of Older Fathers. *The Family Coordinator*, 1976, 25 (4): pp. 482–488.

一般来说劳动者受教育年限越长,其人力资本回报率也就越高,对父母的回馈就越高。石智雷[①]在考虑了子女数量和质量的替代效应之后,考察了父母的生育策略对其晚年生活质量的影响。研究发现,重视子女教育能够有效提高农村父母老年生活质量,尤其是择优培育的效果更为明显,而单纯子女数量的增长对老年人的生活质量只有负面影响。和儿子相比,女儿受教育年限的提高更有利于农村老年人生活质量的改善。但是在不同年龄段,影响效应存在明显差异。在老年初期和老年中期,女儿受教育年限越长,父母的健康状况和经济状况也就越好,并且女儿给予老年人的照料也更多;但是在老年后期,儿子受教育年限对农村老年人生活质量的积极作用则更为明显。

3. 代际支持

代际支持是社会支持的一种,但是它有互动的一面,即代际支持是父辈与子辈双方相互的支持行为。如前所述,子女对父母的支持对老年人的生活质量有着至关重要的作用。学者通过考察发现,父母对子女的支持也会对其生活质量产生影响。刘西国[②]研究发现,总体而言,为子女提供经济支持能够提升老年人的生活满意度,而照看孙子女则降低了老年人的生活满意度。但对不同群体的老年人而言,这种影响并不具备一致性。为子女提供经济支持能提高老年人的生活满意度,照看孙子女能提高男性老年人的生活满意度,却降低了女性老年人的生活满意度。照看孙子女能提高城市老年人的生活满意度,却降低了农村老年人的生活满意度。70岁以上的老年人为子女提供经济支持更容易提高生活满意度,但照看孙子女降低了其生活满意度。经济条件较好的老年人为子女提供经济支持和照看孙子女,容易产生成就感,有利于生活满意度的提高,但对于经济条件较差的老年人这些则是一种负担。

总之,经济条件较差的老年人为子女提供经济支持会降低其生活满意度,70岁以上老年人以及女性老年人为子女提供经济支持更容易提高自身的生活满意度。经济条件较差的老年人、农村老年人、女性老年人以及70岁以上老年人照看孙子女会降低自身的生活满意度。

---

① 石智雷:《多子未必多福——生育决策、家庭养老与农村老年人生活质量》,《社会学研究》2015年第5期。
② 刘西国:《利还是弊:"啃老"对老年生活满意度的影响》,《南方人口》2014年第2期。

4. 家庭结构

家庭结构是指具有血缘、姻缘及收养关系的成员所组成的生活单位的类型和状态。家庭结构既包括代际结构，也包括人口结构[1]。实证研究中学者们所使用的家庭结构这一自变量的内涵和所划分的类型并不完全相同，但大多包含了家庭居住安排（是否与子女同住）和人口结构（是否有配偶、是否有子女、子女数量等）这两个要素。

王小燕[2]发现，农村空巢老年人在躯体功能、心理功能、物质功能的生活质量维度得分及总分均显著低于非空巢老年人。对独居空巢、夫妇空巢、独身/丧偶非空巢、夫妇非空巢4组老年人生活质量得分进行比较可以发现，在空巢老年人中有配偶的老年人在躯体功能和社会功能维度得分较高，夫妇非空巢老年人在社会功能得分上高于独身/丧偶非空巢；而独居空巢与独身/丧偶非空巢、夫妇空巢与夫妇非空巢老年人之间在各维度得分及总分上没有统计学差异。这与林婷等[3]对福州城市社区老年人的调查结果一致。冉莉[4]的研究发现，与无配偶无子女组比较，有配偶有子女组总体健康、生理功能、生理职能、情感职能、社交功能、生命活力、精神健康显著更好；与有配偶无子女组、无配偶有子女组比较，有配偶有子女组生理职能、生命活力、精神健康显著更好。也就是说，有配偶有子女的老年人生活质量高于其他3个参照组的老年人。

王小燕[5]、林婷等[6]的研究都发现，不同居住安排的老年人之间的生活质量得分没有统计学差异，说明是否与子女同住对老年人生活质量的影响可能不大。赵华硕等[7]也认为夫妇同住的老年人虽然不与子女生活在一起，

---

[1] 曹天舒：《家庭结构对中老年人健康的影响研究》，湖南大学硕士学位论文，2015。
[2] 王小燕：《不同家庭结构对福州市农村老年人生活质量的影响》，《中国护理管理》2014年第4期。
[3] 林婷、黄俊山、姜小鹰：《社区老年人生活质量及其社区护理需求调查分析》，《护理学杂志》2006年第18期。
[4] 冉莉：《铜仁市不同家庭结构老年人健康状况调查及影响因素》，《中国老年学》2012年第8期。
[5] 王小燕：《不同家庭结构对福州市农村老年人生活质量的影响》，《中国护理管理》2014年第4期。
[6] 林婷、黄俊山、姜小鹰：《社区老年人生活质量及其社区护理需求调查分析》，《护理学杂志》2006年第18期。
[7] 赵华硕、许爱琴、金英良等：《徐州市农村空巢老人生存质量调查》，《中国老年学》2009年第8期。

但夫妻间有生活上的相互照应和精神上的相互支撑，这使他们能够保持良好的心理和社会适应状况。刘西国[1]的研究发现，不在一起居住的子女数量越多、子女居住地距离越远，老年人生活满意度越高。

5. 居住条件

中华医学会于1994年制定的老年人生活质量评价标准和杨德森等[2]制定的社区人群生活质量评定问卷都将居住条件作为考察老年人生活质量的指标之一，因此，居住条件的重要性不言而喻。实证研究中，徐红等[3]的研究结果显示，居住条件好的老年人在WHO生活质量量表的环境领域得分显著高于居住条件差的老年人；徐慧兰[4]、胡军生[5]的研究也发现，居住条件较好的老年人有更高的生活满意度和主观幸福感。

（三）影响老年人生活质量的社会因素

1. 社会支持

社会支持对老年人生活质量的不同方面都有非常重要的积极作用，不同来源的社会支持会对生活质量产生不同程度的影响。考察不同来源的社会支持后发现，在生活来源方面，与生活来源主要靠政府或其他亲属的参照组相比，生活来源靠自己和靠子女或配偶的老年人，其生活满意度较高，特别是生活来源靠自己的老年人[6]。在照料支持的来源方面，李建新[7]的研究显示，与那些支持来自其他方面（如社会服务甚至无人照料者）的老人相比，有子女照料的老人，其生活满意度并无统计意义上的差异；而

---

[1] 刘西国：《"常回家看看"是必须的吗？——基于生活满意度视角的实证检验》，《统计与信息论坛》2015年第4期。
[2] 杨德森、李凌江、张亚林：《社区人群生活质量研究——Ⅰ理论构思》，《中国心理卫生杂志》1995年第3期。
[3] 徐红、肖静、庄勋等：《南通市老年人生活质量及其影响因素》，《中国老年学》2012年第7期。
[4] 徐慧兰：《老年人生活满意度及其影响因素研究》，《中国心理卫生杂志》1994年第4期。
[5] 胡军生：《农村老年人主观幸福感研究》，《中国老年学杂志》2006年第3期。
[6] 李德明：《中国农村老年人的生活质量和主观幸福感》，《中国老年学》2007年第12期。
[7] 李建新：《老年人口生活质量与社会支持的关系研究》，《人口研究》2007年第3期。

刘晶[①]的研究结果则不同，显示由家人或者子女来照料的老人，其生活满意度更高。李建新[②]的研究还发现，来自配偶的日常生活照料与老年人的生活满意度呈负相关，且只具有弱显著性。在情感支持的来源方面，与其他人或无人聊天相比，老年人经常与人聊天对其生活满意度的提高有积极正面的影响。特别是与子女或孙子女聊天、与子女经常见面或联系的老年人，其生活满意度明显更高[③]。同时，如果存在可期待得到的情感支持，老年人生活满意度也会有所提高。李建新[④]的研究表明，和有心事与其他人诉说或无人诉说的参照组相比，有心事能与子女诉说或能与其配偶表达的老人，其生活满意度会显著提高。考察不同内容的社会支持类型后发现，无论是实质性或物质性支持、情感性或精神性支持，还是可期待得到的社会支持都对老年人的生活满意度产生积极影响。子女的日常照料和可期待的情感支持显得比较重要，而其他社会支持变量对老年人健康自评则不是太重要。

除此之外，社会保障是老年人非常重要的社会支持力量之一。享有养老保险、医疗保险，享有较为充分的医疗资源和能够及时就医的老年人，生活满意度也较高[⑤]。

2. 人际关系

人际关系和家庭关系事实上与老年人的社会支持密不可分。一般而言，关系性质的好坏与正向和负向的社会支持是一致的。但是，社会支持更加强调基于关系网络的相互支持行为，而关系则是对这种支持行为的后

[①] 刘晶：《城市居家老年人主观生活质量评价及其影响因素研究》，《西北人口》2009年第1期。
[②] 李建新：《老年人口生活质量与社会支持的关系研究》，《人口研究》2007年第3期。
[③] 刘晶：《城市社区生活不能自理老人居家养老生活质量评估指标体系探索》，《人口学刊》2005年第1期；李建新：《老年人口生活质量与社会支持的关系研究》，《人口研究》2007年第3期；刘吉：《我国老年人生活满意度及其影响因素研究——基于2011年"中国健康与养老追踪调查"（CHARLS）全国基线数据的分析》，《老龄科学研究》2015年第1期。
[④] 李建新：《老年人口生活质量与社会支持的关系研究》，《人口研究》2007年第3期。
[⑤] 贾守梅、冯正仪、胡雁等：《上海市社区老年人生活质量及影响因素调查》，《护士进修杂志》2004年第5期；徐红、肖静、庄勋等：《南通市老年人生活质量及影响因素》，《中国老年学》2012年第7期；高敏：《老年人生活满意度的影响因素与提升路径分析——基于中国老年人口健康状况调查数据的研究》，《老龄科学研究》2015年第11期。

果的评价。刘晶[1]、徐红[2]的研究表明，老年人的人际关系，包括与邻居和朋友等的关系，与老年人的生活质量呈显著正相关。刘晶[3]还将家庭关系和其他社会关系对老年人生活质量的作用大小程度进行了排序，依次为与子女的联系频率、与家人的关系、与朋友的关系和与邻居的关系。

3. 社会活动参与

参与活动对老年人生活质量的积极作用已经被很多实证研究证明，不论是以休闲娱乐、社会交往、益养身心还是以志愿服务为目的的社会活动，都对老年人的生活质量有显著的正向作用[4]。王萍[5]认为，社会参与积极程度相对较高的老年人，其精神状态较好，人际交往满意度和情感交流的满意度也相对较高。而身心健康、良好的人际交往和情感交流，都能进一步提高老年人的生活满意度。

4. 养老模式

不同的养老模式对老年人的生活质量会产生不同的作用。陈东[6]根据居住模式、经济来源、生活照料和情感慰藉将养老模式划分为家庭养老、社会养老和自我养老，他发现家庭养老依然是提升农村老人幸福感的重要因素，但其作用正逐步弱化。在社会养老方面，新农保虽然提高了老人的

---

[1] 刘晶：《城市社区生活不能自理老人居家养老生活质量评估指标体系探索》，《人口学刊》2005年第1期。
[2] 徐红：《南通市老年人生活质量及其影响因素》，《中国老年学》2012年第7期。
[3] 刘晶：《城市社区生活不能自理老人居家养老生活质量评估指标体系探索》，《人口学刊》2005年第1期。
[4] 姚春生：《老年大学学员主观幸福感及有关因素分析》，《中国心理卫生杂志》1995年第6期；项曼君：《北京市老年人的生活满意度及其影响因素》，《心理学报》1995年第4期；李立明：《上海南市区老年人群生活质量流行病学研究》，《中国慢性病预防与控制》1996年第5期；冯晓黎等：《长春市老年群体生活满意度及其影响因素分析》，《中国老年学杂志》2002年第2期；余桂珍：《社区老年人生活质量调查》，《中华护理杂志》2005年第9期；刘晶：《城市社区生活不能自理老人居家养老生活质量评估指标体系探索》，《人口学刊》2005年第1期；陈东：《不同养老模式对我国农村老年群体幸福感的影响分析——基于 CHARLS 基线数据的实证检验》，《农业技术经济》2015年第4期；刘吉：《我国老年人生活满意度及其影响因素研究——基于2011年"中国健康与养老追踪调查"（CHARLS）全国基线数据的分析》，《老龄科学研究》2015年第1期。
[5] 王萍：《城市老年人社会参与对其精神生活满意度的影响研究》，中南大学硕士学位论文，2012。
[6] 陈东：《不同养老模式对我国农村老年群体幸福感的影响分析——基于 CHARLS 基线数据的实证检验》，《农业技术经济》2015年第4期。

生活满意度，但是较低的养老金额度对老年人幸福感的作用仍然有限；在自我养老的老年人中，自控经济来源、与配偶同居、日常生活行为能够自理、经常参加社交活动的老人，更倾向于对幸福感做出积极评价[1]。另外，王月惠[2]的研究表明，养老院老年人的生活质量显著低于居家养老的老年人。

四 老年人生活质量实证研究的简短评述与展望

（一）老年人生活质量评价指标建构研究的评述与展望

1. 老年人生活质量指标评价体系的多元现状和融合趋势

目前有关我国老年人生活质量的指标评价体系种类繁多，不同学者往往根据自身研究的需要和理论知识背景选择不同的指标和测量工具，因此尚未形成关于老年人生活质量评价指标体系的统一认识。目前比较权威的是 WHO 的生活质量量表、SF-36 生活质量量表、中华医学会的老年人生活质量评价标准和我国社区人群生活质量综合评定问卷（GQOLI-74），均为医学研究者常用的测量工具，侧重于健康质量评价，认同度也较高。而社会学领域的生活质量评价指标建构研究则呈现多元状态，一方面是理论模型多元，且理论模型之间对话较少，以致无法互相说服并达成共识；另一方面是指标体系的建构结果也多元，导致评价标准不同，最终可能使学者之间的老年人生活质量研究结果失去可比性和可靠性。不过值得注意的是，尽管指标体系多元，但是指标选择的共性越来越大，学科之间也呈现互相融合的趋势。

有鉴于此，老年人生活质量指标评价体系建构的研究者应加强对话与交流，并应为达成共识而在以下方面做出共同努力：一是梳理老年人生活质量指标建构的重要指标，厘清相似指标概念之间的内涵共性与区别，最终形成一套概念清晰、说法统一、共识度高的指标集合，作为发展建构指

---

[1] 陈东：《不同养老模式对我国农村老年群体幸福感的影响分析——基于 CHARLS 基线数据的实证检验》，《农业技术经济》2015 年第 4 期。

[2] 王月惠：《养老院与居家老年人生活质量比较及其相关因素研究》，《中国护理管理》2011 年第 8 期。

标体系的基础；二是总结并发展老年人生活质量指标建构的理论模型，进行对话与整合；三是加强与统计核算和指标研究领域学者的交流，强化老年人生活质量指标体系建构的方法论支持。

2. 老年人生活质量指标评价体系的稳定性和灵活性

老年人生活质量综合评价最基本的功能是比较，比较分为两方面，一是纵向的时间序列上的比较，例如某一地区的不同发展阶段，或某一老年群体的不同生命阶段的生活质量比较，以此来评价生活质量的进步和倒退，生活需求的满足和不断更新。二是横向的空间序列或老年群体类型之间的比较，例如城乡老年人生活质量的比较，以此来考察老年人生活质量供给的公平性和短板。

就纵向的比较而言，老年人生活质量指标体系建构应做到阶段性与连续性相统一。阶段性指的是指标建构应符合社会发展阶段的实际情况，在经济社会发展水平较低的情况下，侧重客观指标；在社会进步到一定程度的情况下，需加大主观指标的比重。同时也意味着，指标体系建构的研究者一方面要对当前我国老年人生活需求有准确全面的分析；另一方面要具有连续性和前瞻性，对未来老年人可能的生活需求有准确的把握。例如，我国传统文化背景下的养老模式注重家庭养老和子女孝道，因此代际的支持、子女的孝敬程度毋庸置疑是构成老年人生活质量的重要指标。而随着社会文化价值观念的转型和社会化养老观念的普及，社区养老服务和社会养老保障等指标将更加重要。刘晶[1]在建构城市居家老人生活质量指标体系时便考虑到这一点，因此将大部分学者忽视的社区养老服务和设施等指标纳入考察。

就横向的比较而言，老年人生活质量指标体系的建构应做到共性与个性相融洽。共性指的是指标的建构应符合大部分老年人群体重要生活需求的共同方面，这样评价出来的结果才具有比较的意义；个性指的是指标的建构应考虑到不同群体的重要且特殊的生活需求，这样评价出来的结果才更可靠和公平。已有的老年人生活质量指标评价体系中，有不少专门针对

---

[1] 刘晶：《城市社区生活不能自理老人居家养老生活质量评估指标体系探索》，《人口学刊》2005年第1期。

城市老年人①、农村老年人②、女性老年人③、生活不能自理老年人④、城市居家老年人⑤、高龄老年人⑥等的生活质量指标建构研究。这些指标体系之间互不相同、可比性小，不利于老年人生活质量研究的发展。

老年人生活质量评价指标体系在纵向上的阶段性和横向上的共性，要求指标的建构需要具有稳定性，即在一定时间和空间范围内，对老年人生活质量的评价是可靠的，且即使需要改动也应保持在小范围内。老年人生活质量评价指标体系在纵向上的连续性和横向上的个性，也要求指标的建构需要具有一定程度的灵活性，即当影响老年人生活质量评价的时空发生变化时，经过一些小的调整仍能够保持指标体系的适用性。总之，未来老年人生活质量指标建构的研究者应同时考虑指标体系的稳定性和灵活性。

（二）老年人生活质量影响因素研究的评述与展望

老年人生活质量影响因素研究的意义在于，找到对老年人生活质量有重要影响的变量及其发生作用的机制，就能一方面从实践运用的层面给出改善其生活质量的建议，或直接进行相应的干预，另一方面从理论发展的层面促进研究深度的拓展。目前我国老年人生活质量影响因素研究的现状呈现研究数量多、探讨的影响因素丰富的特点，然而在研究结果的实践运用和理论提升方面仍然存在着不足。

从实践运用的层面来看，较多医学、护理学和心理学领域研究者的研究结果可以根据需求直接应用于临床干预中，但是这样的实践运用较为分散，不同研究者的干预策略也不相同，因而无法开展有效的评估；而社会学、人口学、统计学领域的研究者还需根据研究结果加强关于老年人生活质量提升策略的建议。从理论发展的层面来看，老年人生活质量影响因素的实证研究与理论的联系还不够紧密。常常出现这样的情况，即关于同一影响因素，不同研究者的研究结果并不相同，而这样的现象却并没有引起

---

① 蒋志学：《老年人生活质量指标体系探析》，《人口与发展》2003年第3期。
② 王海军：《农村老年人生活质量构成指标关系的探讨》，《中国老年学》1995年第2期。
③ 陈薇：《武汉市女性老年人生活质量的实证研究》，华中师范大学硕士学位论文，2005。
④ 刘晶：《城市社区生活不能自理老人居家养老生活质量评估指标体系探索》，《人口学刊》2005年第1期。
⑤ 刘晶：《城市社区生活不能自理老人居家养老生活质量评估指标体系探索》，《人口学刊》2005年第1期。
⑥ 桂世勋：《中国高龄老人生活质量研究》，《中国人口科学》2001年第S1期。

研究者的重视、深究，以及理论间的对话和沟通。

总之，有必要提升老年人生活质量影响因素研究的实践和理论意义。首先，各学科研究者需要通力合作，梳理出对老年人生活质量至关重要的影响因素，并将这些影响因素归纳成一个体系。其次，对一些有争议的影响因素需要进行不断的确证，并在理论脉络中分析其产生争议的原因。最后，需要根据已有的老年人生活质量影响因素的研究结果并梳理整合相关结果，建立起一套全面提升老年人生活质量的策略和实施路径，作为从个人到家庭到政府和社会的行动指南。

研究方法

老年人生活质量问卷（CASP）在老年人群体中的应用价值研究[*]

欧阳铮　刘素素[**]

摘　要：老年人生活质量模型问卷（CASP）作为一个近年来新开发的测量工具，在中国社会尤其是中国内地的应用较为少见，且缺乏足够的认可度。过去在全球范围对CASP的诸多社会研究显示，CASP可以作为一个可供国家、地区甚至全球范围内使用的测量生活质量的量表。本文将全面介绍CASP问卷在老年人群体中的应用价值，为CASP在中国老龄社会中的推广使用提供理论与实证支持。

关键词：老年人　生活质量　CASP

老年人的生活质量一直以来都是一个重要的议题，近十几年来，生活质量（QoL）指标在各大区域性社会调查中的使用频率不断提高。越来越多关于老年人生活质量的研究表明，生活质量这个概念应超越健康范畴，包括更丰富的内涵。国内外医学领域已有较多有关老年人生活质量的评价指标和相关测量工具，在众多测量工具中，老年人生活质量问卷（CASP）自2003年在英国推广使用之后，也在欧洲和亚洲等地获得了探索性因子分析、验证性因子分析和较大样本的实证研究，获得了较高的认可。作为一个近年来新开发的测量工具，CASP问卷在中国社会尤其是中国内地的应

---

[*] 基金项目：本文系科技部国家重点研发计划"我国人群增龄过程中健康状态变化特点与规律的研究"子课题"健康状态影响因素的分析研究"（项目号2018YFC2000303）的阶段性成果。

[**] 欧阳铮，湖南郴州人，中国老龄科学研究中心副研究员，研究方向为老年人精神健康、老龄政策等；刘素素，本文通讯作者，山东莱阳人，苏州大学社会学院副教授，研究方向为老年社会工作、社会工作理论。

用较为少见,且缺乏足够的认可度。本文将从以下几个方面介绍 CASP 问卷在老年人群体中的应用价值,为 CASP 在中国老龄社会中的推广使用提供理论与实证支持。本文第一部分主要介绍老年人生活质量问卷的应用背景,第二部分介绍与老年人生活质量问卷相关的理论基础和概念框架,第三部分介绍老年人生活质量测量工具,第四部分介绍目前通用的老年人生活质量问卷(CASP)的三种版本,第五部分介绍 CASP 在中国及其他地区的应用,第六部分总结 CASP 的评价。

一 老年人生活质量问卷(CASP)的应用背景

因人口平均寿命延长和少子化的缘故,自 20 世纪 90 年代初期以后,我国人口老龄化速度加快和老年人家庭空巢化等问题一并浮现。老年人口数急剧增长,80 岁以上高龄者和失能老人数量所占总人口比例上升。相关研究对老年人生活质量的关注,聚焦在医疗看护、日常生活协助、情感慰藉等方面的需求,对于促进老年人的健康老龄化、积极老龄化和正向老龄化,有重要的理论意义与实践意义。

拥有高的生活质量,可以让老年人在晚年有更高的"获得感"和"幸福感"。幸福是满足人类物质世界和精神世界的一种内心感觉。以往的老年人生活质量研究均包含了生活满意度、主观幸福感等层面,体现出个体对幸福的主观感受是生活质量不可缺少的部分。提到幸福感,"快乐"的哲学思想起源,最早可追溯到古希腊的享乐论(Hedonic)和实现论(Eudaimonic)两种思想,前者认为感观快乐的获取是人生终极目标,而后者认为人生目标应是自我完善。享乐型幸福(Hedonic Well-being)着重主观快乐,涵盖愉悦感体验,并依据愉悦感程度和痛苦的避让效果定义"幸福"的概念[1]。实现型幸福(Eudaimonic Well-being)的核心是借活动得到更好的自我发展,透过获得意义、成就、目的、胜任感和自我提升等让人产生幸福感。实现型幸福感关注发挥个体最大潜能、强调追求自我实现,从"以人为本"角度出发,重视在生命发展过程中个体的应用价值和生命力[2]。基于"实现型"幸福感

---

[1] 姚春序、蒋静静、倪旭东:《追求享乐和自我实现哪个更幸福?——一个文献综述与研究展望》,《浙江理工大学学报》(社会科学版)2018 年第 3 期。

[2] 苗元江、胡亚琳、周堃:《从快乐到实现:实现幸福感概观》,《广东社会科学》2011 年第 5 期。

的内涵,学者从需求满足的视角对生活质量这一复杂的概念提出了新的解读,即本文所要介绍的老年人生活质量问卷(CASP)。与以往老年人生活质量问题的测量内容不同,该问卷测量重点不是传统研究中的健康相关因素,而更多关注老年人如何通过对不同层级需求的满足最终获得自我实现感,即获得"实现型"幸福感。

二 老年人生活质量问卷(CASP)的理论基础及概念框架

(一)老年人生活质量的"客观—主观"二维结构

生活质量(Quality of Life,QoL)的概念包括多种不同维度,因此至今学界仍难赋予其一个统一的界定,也有生活品质、生活素质、生存质量等其他称谓。美国经济学家加尔布雷斯(Galbraith J. K.)在1958年发表的《丰裕社会》为生活质量的内涵作了界定。他表示,主观体验是生活质量的根本,如个人自我价值展现的体验和对自身经历的满意程度等,此番讨论开启了后世对该议题研究的先河[1]。学术界普遍认为,生活质量这一概念存在于两个相互独立的领域,一个是客观性领域,即多数人均可以证实的同一结果;另一个是主观性领域,即由不同个体体验的情感所组成的一种结果[2]。客观生活质量关注与他人共同生活的有形世界,包括个人经济状况、社交网络范围、是否在所在社区有生产性贡献等。这些领域可以由不同的人通过各种方法测量及验证并得到一致的结果。主观生活质量是主观性的,也是个性化的,依个人不同的情感体验呈现不同的结果,如对个人收入、朋友、每天所从事工作的满意度等。

过去关于老年生活质量的研究,着重于讨论健康、情感以及日常三种生活质量维度,既包含客观领域,也包含主观领域,但多聚焦于客观领域。根据不同的理解和角度,不同学者对老年人生活质量作出了独到的解释,[3] 有

---

[1] 张广利、林晓兰:《高龄空巢老人的社区照顾——基于生活质量的视角》,《福建论坛》(人文社会科学版)2012年第8期。
[2] 罗伯特·卡明斯、李敬:《生活质量测量领域的金三角》,《残疾人研究》2017年第2期。
[3] Netuveli G., Blane D., "Quality of Life in Older Ages," *British Medical Bulletin* 85 (2008): pp. 113 – 126.

些认为，生活质量除了健康维度，还应包括社会环境和功能限制。国内学者将老年人生活质量定义为：老人针对生活各方面的主观感受与客观状况作出的综合评价，包括身心健康、物质生活、精神文化、自身素质、应有权利和权益、生活环境等方面[1]。杨中新则认为，我国老年人口的生活质量应包括10个层面，分别为健康、经济、环境、家庭、婚姻、情趣、教育、从业、政治和人文，10个方面中又以健康生活质量较受关注，因其决定老年人总体生活质量[2]。

（二）老年人生活质量的"动态平衡"理论

老年人的身体健康和生活质量两者息息相关，国内关于老年人的研究早期更加侧重描述一般健康状况，而探讨生活质量的研究相对少。近年来，国外很多学者开始从不同的侧面研究了聚焦健康的生活质量（Health-Related Quality of Life，HR-QoL）及其影响因素，用以反映老年人的健康状况。研究者根据过往研究指出，老年人生活质量水平无法完全被客观健康状况指标反映。一些身患疾病的老年人的健康状况与他们感知到的生活质量并不一致，所以，不能仅靠健康状况的测量来评价老年人的总体生活质量[3]。在探究生活质量的主观维度内容过程中，研究者发现，个体对生活质量的自我汇报更加稳定。主观维度的指标通常涉及生活满意度、幸福感、控制能力等，其内容可归为主观福祉（Subjective Well-being）。由于主观福祉的组成取决于心境，心境又被命名为"动态平衡受保护之心境"（Homeostatically Protected Mood，HPMood），所以每个人的主观福祉等级总是围绕着一个设定的点[4]。主观福祉的动态平衡系统稳定在个体设定点周围。也就是说，系统在最适宜条件下对变量的管理是由设定点决定的，如果移位，变量将会回到设定点水平[5]。

在主观福祉的动态平衡理论中，人们自身的主观感受最被重视，实际

---

[1] 邬沧萍：《提高对老年人生活质量的科学认识》，《人口研究》2002年第5期。
[2] 杨中新：《构建有中国特色的老年人生活质量体系》，《深圳大学学报》（人文社会科学版）2002年第1期。
[3] 张继海、杨土保：《老年人生活质量测量与评价研究》，《中国老年学杂志》2004年第4期。
[4] 罗伯特·卡明斯、李敬：《生活质量测量领域的金三角》，《残疾人研究》2017年第2期。
[5] 张继海、杨土保：《老年人生活质量测量与评价研究》，《中国老年学杂志》2004年第4期。

上，很多学者也把它视为生活质量最关键的概念。当然，生活质量的客观维度也与之相关。如果客观生活环境窘迫，身体功能和认知功能也会受到损害。如果严重到一定程度，会导致抑郁，主观福祉的动态平衡就会被破坏。当这种情况发生时，人们就会失去惯常的积极水平而变得压抑和痛苦。因此，研究者对生活质量的主观维度和客观维度的理解是至关重要的，这将有助于关注动态平衡涉及的各类资源对生活质量的影响，如经济水平、教育、社会经济地位、重大生活事件等。动态平衡可保持其功能的稳定，任何增加或减少客观资源的情况都会被动态平衡过程加以调整。具体来讲，当老年人在晚年生活中遭遇身体机能下降、认知能力衰退、慢性疾病增多，或者经历退休、丧亲、子女离家等重大生活事件的冲击时，主观福祉的动态平衡机制会驱使个体从生理及心理层面进行调适，使生活质量的主观层面维持在设定点附近。在过去的实证研究中，客观变量和主观福祉两者间的低关联度关系，被该动态平衡机制所解释。从另一个方向来看，如果影响主观福祉的不利因素长期存在且不可控，则可能导致动态平衡机制运作失效。如果生活质量的主观层面长期低于其当初的设定点，那此类群体便可能是抑郁的高危人群。

基于对主观福祉的动态平衡机制的探索，老年人生活质量的主观领域须引起老年学研究者的重视。老年人生活质量量表（CASP）的制定者采取了与"健康生活质量"（HR-QoL）不同的研究视角，充分考虑了老年人在老化过程中的自我调适功能，采用带有个体主观色彩、表达个体情感的问题来描摹老年人的生活质量。

（三）老年人生活质量的"需求—满足"视角

人类作为"需要满足者"的概念是在心理学中确立的[①]。老年人生活质量问卷（CASP）的研究者在制定生活质量的测量指标时，借鉴了马斯洛的"心理学取向的存在"（Toward a psychology of being）理论。马斯洛的需求层次论对老年人生活质量研究的影响主要体现在两方面。一方面，个体具有共同的人性特点，所有人都有着共同的需求。人们可以衡量个人需求的满足程度，可以对不同个体的需求指标进行比较。另一方面，马斯洛批评了行为主义者对"匮乏需求"（deficiency needs）的过度重视，他认为

---

① Maslow A. H., *Toward a Psychology of Being*. (Princeton, NJ: Van Nostrand, 1968), p.7.

这种做法将目光狭隘地集中在人类生活的基本要求上，例如需要住所、食物和衣服以及免受过度伤害①。

根据马斯洛的理论，人类关心如何维持自身生存这一基本需求，一旦满足了这些基本需求，就会有更高的需求，如自我实现，获得幸福和自尊②。基于此"需求满足"的视角，研究者建构了老年人生活质量模型（CASP）的四个需求领域：控制，自主，自我实现和愉悦。控制被理解为积极干预一个人的能力③。自主被定义为个人不受其他人不必要干涉的权利④。自我实现和愉悦包括人类的积极和反思过程⑤。继 Doyal 等⑥之后，研究者将此生活质量模型的四个维度视为平等且不可分割的组成部分，而不是有梯度的分层结构。

CASP 的理论基础正是需求—满足模型，并且特别注重马斯洛理论中的高阶需求。这个量表将生活质量定义为社会学层面的概念，而非生物学或医学术语中对生活质量的概念化理解，明确将生活质量的概念与健康状况、医疗方向区分开来⑦。

在 CASP 的研究者看来，任何生活质量指标都应该与可能影响它的背景和个体现象区别开来，例如健康、社交网络和物质环境。因此，"需求—满足"视角的采用更有利于突出老龄化过程中个体的需求满足状况。这种方法假设老年人的生活质量应该被评估为满足人类需求的程度——如

---

① Hyde M., Wiggins R. D., Higgs P., et al., "A Measure of Quality of Life in Early Old Age: the Theory, Development and Properties of a Needs Satisfaction Model (CASP-19)," *Aging & Mental Health* 7 (2003): pp. 186-194.

② Maslow A. H., *Toward a Psychology of Being.* (Princeton, NJ: Van Nostrand, 1968), p. 15.

③ Patrick B. C., Skinner E. A., Connell J. P., "What Motivates Children's Behavior and Emotion? Joint Effects of Perceived Control and Autonomy in the Academic Domain," *Journal of Personality and Social Psychology* 65 (1993): pp. 781-791.

④ Patrick B. C., Skinner E. A., Connell J. P., "What Motivates Children's Behavior and Emotion? Joint Effects of Perceived Control and Autonomy in the Academic Domain," *Journal of Personality and Social Psychology* 65 (1993): pp. 781-791.

⑤ Giddens A., *The Consequences of Modernity* (Cambridge: Polity Press, 1990). Turner B., "Aging and Identity, Some Reflections on the Somatization of the Self," *Images of Aging*; ed. Featherstone M., Wernick A. (London: Routledge, 1995), pp. 245-260.

⑥ Doyal L., Gough I., *A Theory of Human Need* (Hong Kong: Macmillan International Higher Education, 1991), p. 80.

⑦ Higgs P., Hyde M., Wiggins R., et al, "Researching Quality of Life in Early Old Age: The Importance of the Sociological Dimension," *Social Policy & Administration* 37 (2003): pp. 239-252.

果个体的需要可以通过另一种方式满足，功能本身就变得不那么重要了。比如，我们不应专注于个体具体的身体移动能力上，而应将重点放在个人可能想要走路或移动的原因上，例如购买食物或用于娱乐①。在 CASP 创立之初，此"需求—满足"的理论已被用于研究酒精依赖受试者的生活质量和生长激素缺乏的成人②等，但在老年人生活质量研究中并未广泛应用，因此亟待研究者的验证与推广。

（四）老年人生活质量与"第三年龄"

"第三年龄"，是一个源自法国的概念，由法国第三年龄大学创始人之一彼得·拉斯里特（Peter Laslett）提出，是"老年期"的隐晦提法。在西方，人们将人生划分为四个相继的年龄段。

第一年龄，一般指未成年人口（0~14岁），即儿童及青少年期，是人开始社会化和接受教育的阶段。

第二年龄，为劳动年龄人口（15~59岁或至64岁），即职业及谋生期，是立业、成家、养育子女和赡养父母的阶段，这是人生精力最充沛的时期，但由于社会的压力和家庭的牵制而使这种力量的发挥受到一定的制约。

第三年龄，为老年活动年龄人口（60岁或65岁以上），即退休期，是人生的顶峰。人在这一年龄阶段，一方面具有丰富的知识和经验；另一方面，拥有供自己安排的足够时间，可以按照自己的愿望，发挥自身潜力，达到自我实现的境界。

第四年龄，为高龄且生活不能自理人口（因地区人口平均预期寿命的不同，个体差异较大），即依赖期，依赖他人照料直至死亡的阶段。

Lastett 认为，老年期不应再被视为生命历程中只关注衰老和死亡的阶段。相反，老年活动年龄人口在退休期，若能处于良好的状态，就能有效地减少生活中的不适，提高生活质量，缩短第四年龄期——依赖期的时间。因此，第三年龄意味着处于此阶段的老年人应该被视为人生自由发展

---

① McKenna S. P., Doward L. C., Alonso J., et al., "The QoL-AGHDA: An Instrument for the Assessment of Quality of Life in Adults with Growth Hormone Deficiency," *Quality of Life Research* 8 (1999): pp. 373-383.

② McKenna S. P., Doward L. C., Alonso J., et al., "The QoL-AGHDA: An Instrument for the Assessment of Quality of Life in Adults with Growth Hormone Deficiency," *Quality of Life Research* 8 (1999): pp. 373-383.

和利益的"生命之冠"①。虽然这一观点也受到了一些质疑②，但确实说明了人们由于对年龄的理解而忽略了更多积极的衰老维度的问题。

老年人生活质量模型（CASP）旨在反映老年人在"第三年龄"内以摆脱工作和家庭约束为特征的积极自主性生活，而不仅仅是传统观念中"第四年龄"所带来的衰退和依赖。

三 老年人生活质量测量工具

目前，老年人生活质量的专用测量工具仍比较匮乏。比较常见的量表为世界卫生组织（WHO）编制的生存质量测定量表 WHOQOL 和简明健康状况量表 SF-36。

（一）WHO 生活质量测定量表（WHOQOL-100 和 WHOQOL-BREF）

依据 WHO 的定义，生活质量是一个内涵广泛的概念，它涵盖了个体的生理健康、心理状态、独立能力、社会关系、个人信仰和与周围环境的关系。WHOQOL-100 和 WHOQOL-BREF 是世界卫生组织根据上述生活质量的概念研制的测定量表。其中，WHOQOL-100 是在近 15 个具有不同文化背景的地区经过数年研究与合作而形成的，并已在数十个地区进行了验证。它含有 100 道题目，内容涉及生活质量的 24 个方面，每个方面包含 4 个问题。WHOQOL-100 的问题可以归为 6 个领域：生理（PHYS）、心理（PSYCH）、独立性（IND）、社会关系（SOCIL）、环境（ENVIR）和精神/宗教/信仰（DOM6）。目前，WHOQOL-100 已在全世界被翻译成 29 种不同的语言版本，应用范围非常广泛。

虽然 WHOQOL-100 能够详细地评估生活质量的各个维度，但是在使用中耗费较多时间。过于冗长的问卷，不适用于流行病学研究。因此，世界卫生组织发展了一个简化的版本，即 WHOQOL-BREF。该量表由生理、心理、社会关系和环境 4 个领域及 2 个询问个体关于自身生活质量和自身健康状况主观感受的独立条目，共 26 个条目组成，采用 1~5 分评分，部

---

① Laslett P., *A Fresh Map of Life* (London: Macmillan Press Ltd., 1996), p.142.
② Bury M., "Ageing, Gender, and Sociological Theory," *Connecting Gender and Ageing*; ed. Ginn S., Arber J. (Philadelphia: Open University Press, 1995), pp. 15-30.

分条目反向记分，得分按［（原来得分－4）×（100/16）］转化为百分制，与 WHOQOL-100 量表具有可比性和等价性，得分越高，说明生活质量越好。实证研究对 WHOQOL-BREF 进行了信度及效度等心理指标考核，发现该简表具有较好的内部一致性、较好的区分效度和结构效度。WHOQOL-BREF 与 WHOQOL-100 量表相应领域的得分具有较高的相关性，Pearson 相关系数最低为 0.89（社会关系领域），最高为 0.95（生理领域）[1]。

WHOQOL 量表是全球范围内较为系统的研究生活质量的测量工具，因其所测量的维度较广、信效度较高，得到医学、社会科学学者的广泛应用。但该系列量表也因一些方面（如独立性、宗教信仰）与中国社会的文化与习俗有冲突而受到质疑。特别是在经济欠发达的农村地区，中国社会传统的集体主义与社群团结会对个人的独立性产生影响，此影响在该系列量表中无法体现。

（二）简明健康状况量表（SF－36）

简明健康状况量表（Medical Outcomes Study 36－Item Short-Form Health Survey，SF－36）由美国波士顿健康研究所研制，从量化的角度，比较直观、全面地反映人群的健康状况。简明健康状况量表中文版第二版（SF－36V2）包括与健康有关的 8 个维度，即生理功能（PF）、生理职能（RP）、躯体疼痛（BP）、总体健康（GH）、活力（VT）、社会功能（SF）、情绪职能（RE）、心理功能（MH）。其中 PF、RP、BP 和 GH 属于生理健康（PCS），而 VT、SF、RE 和 MH 属于心理健康（MCS）。SF－36 量表被广泛应用于人群健康状况检测、疗效评价、慢性病患者的健康监测、疾病相对负担的评估[2]。SF－36 相对于那些针对特定年龄、疾病或治疗组的研究来说，简短，有较高的信度、效度，是一个一般的健康状况测量量表[3]。

---

[1] 郝元涛、方积乾：《世界卫生组织生存质量测定量表中文版介绍及其使用说明》，《中国组织工程研究》2000 年第 8 期。

[2] 张磊、徐德忠、黄久仪等：《SF－36 量表中文版的应用及分级截断点选择的研究》，《中华流行病学杂志》2004 年第 1 期。

[3] 鲁建民、张晓娜、刘艳红等：《西安市老年人健康相关生活质量及其影响因素》，《中国老年学杂志》2017 年第 24 期。

总体来说，SF-36主要为主观题，内容简明扼要，涵盖较广层面，加上西方心理学发展历史较久，研究较为全面，因此在心理测定方面也比较准确；基本上被试能自行完成问卷；所需填答时间在15~20分钟，操作简易、快速，效率较高。刘红波等[1]向社区老年人发放SF-36简明健康状况量表，调查结果证明SF-36在信度和效度方面皆高，但是为了适应老年人群的特性，个别条目需作修改。

（三）其他老年人生活质量量表

目前，测量老年人生活质量的量表还包括OPQOL[2]。此问卷最早由Bowling等编制，并将其应用于评估英国老年人生活质量。为了在中国老年人口中运用此问卷，Chen等将OPQOL翻译成中文，制成老年人生活质量量表中文版，同时根据我国国情进行适当调整[3]。中文版量表共36个条目，涵盖社会活动、心理健康、躯体健康、经济状况、社会关系、家庭与生活环境、文化与信仰、安全8个维度。采用Likert 5分法评分（1~5分），计算总分，总分越高反映生活质量越好[4]。

在长期照护领域，长期照顾生活质量评估量表（LTCQOL）受到采用。LTCQOL包括9道题目，含5个维度：社交活动、自我效能、支持关系、展望和安全，每条目以1~5分进行打分，最后将9个条目得分加总除以9作为总分（范围应落在1~5分）。该量表具有较高的信度与效度。

近年来，随着学术界对老年人生活质量的关注度日益提高，已形成从不同理论视角测量老年人生活质量的量表，但不同的测量工具仍然面临着理论和方法上的挑战[5]。一方面，生活质量是一个多维度的复杂概念，包

---

[1] 刘红波、姜又红、刘延龄：《SF-36健康调查问卷应用于社区老年人的信度和效度评价》，《中华行为医学与脑科学杂志》2001年第3期。

[2] Bowling A., Stenner P., "Which Measure of Quality of Life Performs Best in Older Age? A Comparison of the OPQOL, CASP-19 and WHOQOL-OLD," *Journal of Epidemiology & Community Health* 65 (2011): pp. 273-280.

[3] Chen Y., Hicks A., While A. E., "Validity and Reliability of the Modified Chinese Version of the Older People's Quality of Life Questionnaire (OPQOL) in Older People Living Alone in China," *International Journal of Older People Nursing* 9 (2014): pp. 306-16.

[4] 陈瑜：《上海市独居与非独居老人健康状况、社会支持与生活质量比较》，《中国老年学杂志》2017年第24期。

[5] Sim J., Bartlam B., Bernard M., "The CASP-19 as a Measure of Quality of Life in Old age: Evaluation of Its Use in a Retirement Community," *Quality of Life Research* 20 (2011): pp. 997-1004.

括了个人生活的客观和主观方面因素。另一方面，一旦形成了一个量表，它必须表现出心理测量的特性。

四 老年人生活质量问卷的版本（CASP-19，CASP-12 和 CASPP-19）

CASP-19 量表是由英国学者 Hyde 等人在 2003 年编制而成，最开始应用于 264 位 65~75 周岁的英国老年人样本。量表由 19 个条目组成，涵盖四个维度：控制力（control），自主性（autonomy）、自我实现（self-realization）和愉悦感（pleasure）[1]。控制力为个体对环境产生影响的能力，自主性表示个体行为不被外界所干扰，自我实现的内涵是人类主动性的表现，愉悦感的概念代表对周遭情境的积极正向反应。

量表的问题包括"我的健康阻止我做我想做的事情"和"资金短缺阻止我做我想做的事情"等。根据题目描述情境出现的频率，要求被试以 4 点量表作答，每个分数分别代表：0 分为"从来没有"，1 分为"偶尔"，2 分为"有时"，3 分为"经常"。第 1、2、4、6、8 和 9 题需反向计分。CASP-19 的英文版详见附件。CASP-19 已被翻译成 12 种语言，并开展了大量研究，以使其标准化并评估其在不同地区和文化中的心理测量特征，包括巴西、中国台湾、爱尔兰和埃塞俄比亚等。该量表在欧洲和北美诸多大型社会调查中也得到验证。在 2007 年的一项研究中，CASP-19 用于评估生活在 10 个欧洲国家的老年男性和女性，包括瑞典、奥地利、德国、荷兰、西班牙、意大利、法国、丹麦、希腊和瑞士。根据以往大多数研究的结果，CASP-19 被认为是评估不同文化中老年人生活质量的有效可靠工具。

CASP 量表有一个 12 个条目的简化版本（CASP-12）。许多研究者推荐使用 CASP-12，特别是在研究者想具体看某些子量表的情况时此表更加有效。在一项针对中国老年人生活质量的研究中，谭云飞等[2]发现，相

---

[1] Hyde M., Wiggins R. D., Higgs P., et al., "A Measure of Quality of Life in Early Old Age: the Theory, Development and Properties of a Needs Satisfaction Model (CASP-19)," *Aging & Mental Health* 7 (2003): pp. 186-194.

[2] 谭云飞、朱俊鹏、仇雅菊等：《老年人生活质量问卷（CASP-19）适用性的初步研究》，《浙江医学》2013 年第 23 期。

对于CASP-19，CASP-12具有更好的稳定性，且问卷简短，适用性更强。后续研究考量到因子敏感性问题，将控制力以及主动性两者整合为"控制力与主动性"的新因子①。

基于CASP的四个维度，Wu等学者②在台湾地区发起了研究，提出五个维度的量表更适合台湾人，即在原有的4个维度基础上，加上"参与"（participation）这个维度，也因此将新的量表命名为CASPP-19。经过调整，CASPP-19的控制力因子包含2个条目，自主性因子包含2个条目，愉悦因子包含6个条目，自我实现因子包含5个条目，参与因子包含4个条目。经过验证性因子分析，CASPP-19在台湾人群中被证明具有很好的模型拟合度。

五 老年人生活质量问卷（CASP）在中国及其他地区的应用

CASP在世界范围诸多社会调查中得到验证。在欧美地区，Sim、Bartlam和Bernard③于2011年收集了英国120名退休居民的CASP-19数据，发现该量表的因子分布合理，符合量表设计要求，CASP-19信效度达到统计标准。尽管控制力因子和自主性因子中部分条目相关度较低，但各因子组合信度系数维持在0.52~0.84。CASP-19的建构效度，也通过和Diener生活满意度量表（$r=0.66$）、SF-12躯体满意度（$r=0.53$）与心理满意度（$r=0.49$）相关得到支持。Wiggings、Higgs、Hyde和Blane④在有关286名处于第三年龄老年人的研究中指出，CASP-19与一系列环境影响因素相关，尤其是社会支持、社会接触、社区信任、

---

① 谭云飞、朱俊鹏、仇雅菊等：《老年人生活质量问卷（CASP-19）适用性的初步研究》，《浙江医学》2013年第23期。
② Wu T. Y., Chie W. C., Kuo K. L., et al., "Quality of Life (QOL) among Community Dwelling Older People in Taiwan Measured by the CASP-19, an Index to Capture QOL in Old Age," *Archives of Gerontology and Geriatrics* 57 (2013): pp. 143–150.
③ Sim J., Bartlam B., & Bernard M., "The CASP-19 as a Measure of Quality of Life in Old age: Evaluation of Its Use in a Retirement Community," *Quality of Life Research* 20 (2011): pp. 997–1004.
④ Wiggins R. D., Higgs P. F. D., Hyde M., et al., "Quality of Life in the Third Age: Key Predictors of the CASP-19 Measure," *Ageing & Society* 24 (2004): pp. 693–708.

健康和财政安全等,证明生活质量非单一因素。老年人生活品质不仅由过去经历决定,也与他们的社会参与、居住环境中老年歧视的程度有密切关系。

爱尔兰的老龄化纵向研究中,研究者以结构方程模型检验慢性疾病相关变量,例如身体功能、活动、积极情感等对老年人生活质量的影响。该研究显示,慢性疾病对 CASP 中控制力和自主性维度的总效应(effect = -0.16),由身体损伤(effect = -0.86)和身体损伤与积极情感(effect = -0.45)的间接效应构成,而在 CASP 的自我实现和愉悦感维度方面,也得到相似的结论[1]。由此可见,CASP 除了能够体现心理满意度与客观环境因素外,也能反映健康问题,提示生理缺陷可以透过直接与间接路径降低老年人生活质量。在另一项样本为 6482 人的纵向研究中,研究者采用多元线性回归分析 CASP-19 和 8 个锚定变量的关系。通过比较 28 个月前后两波数据的变化发现,对多数锚定变量而言,变量类别获得改善时,CASP-19 的平均变化约提高 1 个单位,反之则降低 1 个单位。由于这些变化都达到统计上显著,证实 CASP-19 对锚定变量的反应,代表其反映生活质量内涵[2]。Howel 除纵向研究之外,也可以横向研究阐明 CASP-19 的判别力,例如 CASP-19 平均分在锚变量"是否独居"的差距为 1.9,而在"是否有慢性疾病"上差距为 7.2。

此外,由于 CASP 最初被广泛用于欧洲以及北美地区,所以亚洲学者纷纷修订不同语言版本问卷。鉴于亚洲缺乏 CASP-19 文献研究,中国台湾的 Wu 等学者[3],将已有的 CASP-19 粤语版本修改为中文版本,并收集了 699 名中国台湾老年人的数据。对 CASP-19 及其简版 CASP-12 的得分分布、探索性和验证性因子结构、可靠性和临床有效性进行了检验。受试者的平均年龄为 75.5 岁,一半为女性。CASP-19 的平均评分为 38.2,

---

[1] Sexton E., King-Kallimanis B. L., Layte R., & Hickey A., "CASP-19 Special Section: How Does Chronic Disease Status Affect CASP Quality of Life at Older Ages? Examining the WHO ICF Disability Domains as Mediators of This Relationship," *Aging & Mental Health* 19 (2015): pp. 622-633.

[2] Howel D., "Interpreting and Evaluating the CASP-19 Quality of Life Measure in Older People," *Age and Ageing* 41 (2012): pp. 612-617.

[3] Wu T. Y., Chie W. C., Kuo K. L., et al., "Quality of Life (QOL) among Community Dwelling Older People in Taiwan Measured by the CASP-19, an Index to Capture QOL in Old Age," *Archives of Gerontology and Geriatrics* 57 (2013): pp. 143-150.

（范围 11~56，标准差 7.1），比西方国家低。经过探索性因素分析，研究者提出一个另外的因子，"参与"即文化适应。除了控制力外，心理测量的子量表有令人满意的内部一致性（Cronbach's A = 0.63~0.85）。对于 19 项量表，一阶五域模型（CASP - 19）产生了最佳拟合。对于 CASP - 12，一阶和二阶原始 CASP - 12 模型同样表现良好。CASP 总分与虚弱、慢性病和抑郁性疾病，过去 12 个月的单独生活和跌倒事件，支持所有版本的 CASP 量表（CASP - 19、CASPP - 19、原始和新 CASP - 12）具有良好的临床有效性。原来的 CASP - 12 可能是目前在中国大陆、中国台湾或其他讲华语的人群中使用的最佳选择，因为它简洁和模式简约。中国台湾地区老年人的生活质量较英国低，这可能和中国台湾的社会态度改变相关。过去中国社会强调老年人的贡献，但现在老年人可能多认为自己是负担，这影响了他们生活质量认知。

CASP 在中国大陆地区运用较少。谭云飞等人[1]在 2013 年通过问卷调查，对 45 名病人进行调查，考察病人生活质量和抑郁情绪的关系。尽管 Wu 等学者[2]提出 5 因子概念，谭云飞等同样借由验证性因子分析，指出划分成"控制力与自主性"、"愉悦感"和"自我实现"3 因子的模型拟和度最高（chi-square/df = 1.11，GFI = 0.84，CFI = 0.96，RMSEA = 0.05）。控制力与自主性的内部一致性信度为 0.58，自我实现和愉悦感则分别达到 0.71 和 0.79。从信度部分来看，和 Sim 等[3]得到的结果相似，并且两项研究同样证实 12 个条目缩减版有较好表现。该研究还表明，女性因易产生焦虑或沮丧情绪，因此在 CASP 总分和愉悦感维度得分上低于男性，同时抑郁程度亦显著与生活质量负相关。

同在亚洲地区，Nalathamby 等[4]将 CASP - 19 翻译成马来语，并验证马来西亚当地三种惯用语言版本（英语、马来语、繁体中文）的效度。Wu

---

[1] 谭云飞、朱俊鹏、仇雅菊等：《老年人生活质量问卷（CASP - 19）适用性的初步研究》，《浙江医学》2013 年第 23 期。

[2] Wu T. Y., Chie W. C., Kuo K. L., et al., "Quality of life (QOL) among Community Dwelling Older People in Taiwan Measured by the CASP - 19, an Index to Capture QOL in Old Age," *Archives of Gerontology and Geriatrics* 57 (2013): pp. 143 - 150.

[3] Sim J., Bartlam B., & Bernard M., "The CASP - 19 as a Measure of Quality of Life in Old age: Evaluation of Its Use in a Retirement Community," *Quality of Life Research* 20 (2011): pp. 997 - 1004.

[4] Nalathamby N., Morgan K., Mat S., et al., "Validation of the CASP - 19 Quality of Life Measure in Three Languages in Malaysia," *Journal of Tropical Psychology* 7 (2017): pp. 1 - 8.

等人修订的中文版，被认为适用于完全接受繁体中文教育的华人；英语版本由精通双语（英语以及马来语）的心理学家翻译。研究共收集432份有效样本，受试者平均年龄73.1岁，女性占63.9%。57份问卷以中文作答，64份以马来语作答，其余皆用英语作答。其中部分英语作答者同时回答SF-12问卷，以检视效度，统计结果显示CASP-19和SF-12呈现中度相关性（Spearman's rho = 0.396）。此外，在三种语言间，CASP-19的重测信度（Spearman's rho = 0.769）和内部一致性信度（Cronbach's A = 0.834）也令人满意。最后经验证性因子分析，Wu等[1]的五域模型最为合适。不同人种间CASP-19得分存在显著差异，可能反映文化差异，伊斯兰、儒家等不同文化背景影响他们的情绪表达。

CASP在巴西和非洲也得到了印证。Lima等[2]将CASP-19翻译成葡萄牙语，测试87名巴西社区老人样本。受试者平均年龄为75.66岁，主要特征为女性（52.9%）、无伴侣（54%）和白人（52.9%）。翻译问卷内部一致性在控制域和愉悦域有良好表现，验证性因子分析表明16个条目的四因子模型拟合性最好，表现出较好的跨文化适用性。非洲也面临着人口老龄化的现实挑战，而非洲老年人往往处于孤立与贫穷状态，且缺乏对其生活质量的测量。一项研究评估埃塞俄比亚老年人的生活质量，调查了214名55岁以上样本，用CASP-12数据进行验证性因子分析和回归分析，结果指出，比起CASP-12（CFI = 0.917，RMSEA = 0.093），删减"缺乏金钱"条目后的四因子模型最恰当（CFI = 0.954，RMSEA = 0.075），适配度提升；多元回归表明宗教和社会支持与非洲老年人生活质量正相关[3]。这些研究帮助学者有效比较各地老年人口生活质量与其预测因子。

CASP最初由西方学者提出，后经世界各国学者翻译并验证其在不同国家的适用性。在跨文化情境下，CASP都能良好反映老年人生活质量。尽管不同研究显示，改变量表维度数目，或调整题目数量，能使结果拟合

---

[1] Wu T. Y., Chie W. C., Kuo K. L., et al., "Quality of Life (QOL) among Community Dwelling Older People in Taiwan Measured by the CASP-19, an Index to Capture QOL in Old Age," *Archives of Gerontology and Geriatrics* 57 (2013): pp. 143–150.

[2] Lima F. M., Hyde M., Chungkham H. S., et al., "Quality of Life amongst Older Brazilians: A Cross-cultural Validation of the CASP-19 into Brazilian-Portuguese," *PloS One* 9 (2014).

[3] Hamren K., Chungkham H. S., Hyde M., "Religion, Spirituality, Social Support and Quality of Life: Measurement and Predictors CASP-12 (v2) amongst Older Ethiopians Living in Addis Ababa," *Aging & Mental Health* 19 (2015): pp. 610–621.

更佳。总结上述研究，CASP 确实可以为老年人生活质量提供稳定且可靠的测量工具。

六 老年人生活质量问卷（CASP）的评价

CASP 强调了老年人在老化过程中的正向和获益的方面，而不是简单聚焦于医疗和社会照料等传统的老龄学研究层面。控制力和自主性反映了老年人独立和主动的行为能力，而自我实现和愉悦感则包含需求满足、积极心理的概念。CASP 得分会受到慢性疾病和身体健康的影响[1]，并能用来评估老年痴呆症患者的心理特性[2]，但它同时也和满意度[3]，社会互动[4]，文化背景[5]等非医疗因素产生影响。CASP 将生活质量的概念分成四个同等重要的部分，从不同层面拓展对此研究议题的认识。

过去在全球范围对 CASP 的诸多社会研究显示，CASP 可以作为一个可供国家、区域甚至全球范围内使用的测量生活质量的量表。但因文化、地域性或其他个别研究的差异，有些研究认为简化过后的 CASP - 12 量表表现最好，有些将原本的四因子缩减至三因子[6]，同时也有人提出加入第五

---

[1] Sexton E., King‐Kallimanis B. L., Layte R., Hickey A., "CASP‐19 Special Section: How Does Chronic Disease Status Affect CASP Quality of Life at Older Ages? Examining the WHO ICF Disability Domains as Mediators of This Relationship," *Aging & Mental Health* 19 (2015): pp. 622‐633.

[2] Stoner C. R., Orrell M., Spector A., "The Positive Psychology Outcome Measure (PPOM) for People with Dementia: Psychometric Properties and Factor Structure," *Archives of Gerontology & Geriatrics* 76 (2018): pp. 182‐187.

[3] Sim J., Bartlam B., & Bernard M., "The CASP‐19 as a Measure of Quality of Life in Old Age: Evaluation of Its Use in a Retirement Community," *Quality of Life Research* 20 (2011): pp. 997‐1004.

[4] Wiggins R. D., Higgs P. F. D., Hyde M., et al., "Quality of Life in the Third Age: Key Predictors of the CASP‐19 Measure," *Ageing & Society* 24 (2004): pp. 693‐708.

[5] Hamren K., Chungkham H. S., Hyde M., "Religion, Spirituality, Social Support and Quality of Life: Measurement and Predictors CASP‐12 (v2) amongst Older Ethiopians Living in Addis Ababa," *Aging & Mental Health* 19 (2015): pp. 610‐621; Nalathamby N., Morgan K., Mat S., et al., "Validation of the CASP‐19 Quality of Life Measure in Three Languages in Malaysia," *Journal of Tropical Psychology* 7 (2017): pp. 1‐8.

[6] Sim J., Bartlam B., & Bernard M., "The CASP‐19 as a Measure of Quality of Life in Old Age: Evaluation of Its Use in a Retirement Community," *Quality of Life Research* 20 (2011): pp. 997‐1004；谭云飞、朱俊鹏、仇雅菊等：《老年人生活质量问卷（CASP‐19）适用性的初步研究》，《浙江医学》2013 年第 23 期。

个"参与"因子,并得到后续研究支持①。虽然"参与"在慢性病、抑郁症、独居等项目中具有良好的判别力,但 Wu 等学者②解释,相比 CASP-19 或 CASP-12,五因子模型(CASPP-19)有更好的心理计量特质,在临床效度上三者并无差异,出于项目成本、时间考虑,CASP-12 已是一个实用性较强的问卷。

CASP 最早被应用于西方社会,与西方老年人相比,亚洲华人普遍得分较低,而马来人得分较高③,这可能与文化因素有关。例如,西方老年人因具有独立型自我概念而更重视自主性,而东方老年人因具有依赖型自我则对自主性重视较弱。信奉伊斯兰教的马来人尊崇教义,将一生境遇视为恩惠,导致其对所处环境的接纳度高,这一特点体现在他们较高的 CASP 得分上。而儒家强调中庸之道,避免大喜大悲,受此教育的老年人,愉悦情绪受到抑制,与前两个群体相比,快乐和满意的表达更为含蓄。文化因素如何影响老年心理,这是一个有待进一步研究的方向。

最后,尽管此量表的信度和效度都已经得到广泛的验证,可用于测量生活质量,但仍然存在其局限性。老年受试者的选取比青壮年群体难,因此要注意降低样本选取偏差。自评的主观量表无法避免受到个人主观判断、情绪状态等因素的影响,必然存在着一些误差。以后的研究中应使用更多纵向数据来降低误差。

---

① Wu T. Y., Chie W. C., Kuo K. L., et al., "Quality of Life (QOL) among Community Dwelling Older People in Taiwan Measured by the CASP-19, an Index to Capture QOL in Old Age," *Archives of Gerontology and Geriatrics* 57 (2013): pp. 143-150; Nalathamby N., Morgan K., Mat S., et al. Validation of the CASP-19 Quality of Life Measure in Three Languages in Malaysia [J]. *Journal of Tropical Psychology*, 2017, 7: e4.

② Wu T. Y., Chie W. C., Kuo K. L., et al., "Quality of Life (QOL) among Community Dwelling Older People in Taiwan Measured by the CASP-19, an Index to Capture QOL in Old Age," *Archives of Gerontology and Geriatrics* 57 (2013): pp. 143-150.

③ Wu T. Y., Chie W. C., Kuo K. L., et al. Quality of Life (QOL) among Community Dwelling Older People in Taiwan Measured by the CASP-19, an Index to Capture QOL in Old Age [J]. Archives of Gerontology and Geriatrics, 57 (2013): pp. 143-150. Nalathamby N., Morgan K., Mat S., et al. "Validation of the CASP-19 Quality of Life Measure in Three Languages in Malaysia [J]. *Journal of Tropical Psychology*, 7 (2017): e4.

附 件

附件1　CASP 19 英文版

	Often	Sometimes	Not Often	Never
My age prevents me from doing the things I would like to				
I feel that what happens to me is out of my control				
I feel free to plan for the future				
I feel left out of things				
I can do the things I want to do				
Family responsibilities prevent me from doing what I want to do				
I feel that I can please myself what I do				
My health stops me from doing things I want to				
Shortage of money stops me from doing the things I want to do				
I look forward to each day				
I feel that my life has meaning				
I enjoy the things that I do				
I enjoy being in the company of others				
On balance, I look back on my life with a sense of happiness				
I feel full of energy these days				
I choose to do things that I have never done before				
I am satisfied with the way my life has turned out				
I feel that life is full of opportunities				
I feel that the future looks good for me				

附件2　CASP 12 英文版

		Often$_1$ ▼$_1$	Sometimes$_1$ ▼$_1$	Rarely$_1$ ▼$_1$	Never$_1$ ▼$_1$
a)	My age prevents me from doing the things I would like to	□$_1$	□$_2$	□$_3$	□$_4$
b)	I feel that what happens to me is out of my control	□$_1$	□$_2$	□$_3$	□$_4$
c)	I feel left out of things	□$_1$	□$_2$	□$_3$	□$_4$
d)	I can do the things that I want to do	□$_1$	□$_2$	□$_3$	□$_4$
e)	Family responsibilities prevent me from doing what I want to do	□$_1$	□$_2$	□$_3$	□$_4$

续表

		Often ▼$_1$	Sometimes ▼$_1$	Rarely ▼$_1$	Never ▼$_1$
f)	Shortage of money stops me from doing the things I want to do	□$_1$	□$_2$	□$_3$	□$_4$
g)	I look forward to each day	□$_1$	□$_2$	□$_3$	□$_4$
h)	I feel that my life has meaning	□$_1$	□$_2$	□$_3$	□$_4$
i)	On balance, I look back on my life with a sense of happiness	□$_1$	□$_2$	□$_3$	□$_4$
j)	I feel full of energy these days	□$_1$	□$_2$	□$_3$	□$_4$
k)	I feel that life is full of opportunities	□$_1$	□$_2$	□$_3$	□$_4$
l)	I feel that the future looks good for me	□$_1$	□$_2$	□$_3$	□$_4$

Here is a list of statements that people have used to describe their lives or how they feel. We would like to know how often, if at all, you think this applies to you.

(Please tick one box in each row)

Source: Survey of Health, Ageing and Retirement in Europe. http://www.share-project.org/.

附件3　CASP 19 台湾版

	经常	有时	很少	从不
1.我的年纪妨碍我做我想做的事情	□	□	□	□
2.我感到我无法控制发生在我身上的事情	□	□	□	□
3.我感到可以自由地计划将来	□	□	□	□
4.我感到被周遭事物冷落	□	□	□	□
5.我可以做我想做的事情	□	□	□	□
6.家庭的责任阻碍我做我想做的事情	□	□	□	□
7.我觉得我可以随我喜欢做的便去做	□	□	□	□
8.我的健康阻碍我做我想做的事情	□	□	□	□
9.金钱短缺阻碍我做我想做的事情	□	□	□	□
10.我期待每一天的来临	□	□	□	□
11.我感到我的生命有意义	□	□	□	□
12.我享受我所做的事情	□	□	□	□
13.我享受和他人在一起	□	□	□	□
14.总的来看,我带着愉快的心情回望我的一生	□	□	□	□
15.在这些日子当中,我感到干劲十足	□	□	□	□
16.我选择做一些我从未尝试过的东西	□	□	□	□
17.我对我一生所发生的一切感到满意	□	□	□	□
18.我感到生命充满机会	□	□	□	□
19.我感到未来对我来说是好的	□	□	□	□

注：长者生活品质（CASP-19）问卷。

这里所列出的句子是人们用作描述他们的生活或对生活的感受。我们想知道这情况有无经常在你身上发生。

每项只可选择一格。

附件4 CASP 12 台湾版

	长者生活品质问卷(CASP–12)	经常	有时	很少	从不
1	1. 我的年纪妨碍我做我想做的事情	□3	□2	□1	□0
2	2. 我感到我无法掌控发生在我身上的事情	□3	□2	□1	□0
3	4. 我感到被周遭事物冷待	□3	□2	□1	□0
4	5. 我可以做我想做的事情	□3	□2	□1	□0
5	7. 我觉得我可以随我喜欢做的便去做	□3	□2	□1	□0
6	9. 金钱短缺阻碍我做我想做的事情	□3	□2	□1	□0
7	10. 我期待每一天的来临	□3	□2	□1	□0
8	11. 我感到我的生命有意义	□3	□2	□1	□0
9	12. 我享受我所做的事情	□3	□2	□1	□0
10	15. 这些日子以来，我感到干劲十足	□3	□2	□1	□0
11	18. 我感到生命充满机会	□3	□2	□1	□0
12	19. 我感觉到未来是美好的	□3	□2	□1	□0

质性研究方法在老年人生活质量研究上的应用

李 晶*

摘 要：老年人生活质量是指老年人的客观生活状况以及老年人对此的主观感受。结合2017年中国老龄科研中心课题组在全国15个省份进行的老年人生活质量质性调查研究，本文论述了应用质性研究方法进行老年人生活质量研究的必要性。通过引导老年人对自己的生活状况进行讲述、思考和评价，我们在调查中不仅了解到老年人客观生活状况的不同方面，还了解到老年人对于影响自己生活状况的社会因素和个人因素的理解，以及老年人对自己生活状况的感受和评价，从而能够对老年人的客观生活质量与主观生活质量之间的关联和相互影响机制做进一步的分析和讨论。质性研究不仅是指搜集资料的方法，还包括应用相关概念和理论进行资料分析。本文采用以社会发展理论、社会分层理论、生命周期理论、家庭关系理论为基础的分析框架，对老年人生活质量进行综合分析。这个综合分析框架，既重视社会发展和社会结构等宏观因素对老年人生活质量的影响，又注重健康状况和家庭关系等微观因素对老年人生活质量的影响，从而揭示出老年人更加真实的生活状态和更加丰富的生活感受。

关键词：老年人生活质量 质性研究 社会发展 社会分层 生命周期 家庭关系

---

* 李晶，博士，中国老龄科学研究中心老龄社会与文化研究所所长，副研究员。

一 应用质性研究方法进行老年人生活质量研究的必要性

中国自2000年进入人口老龄化社会以来，老年人数量快速增长，老年人占总人口数的比例不断提高。根据国家统计局发布的数据，截至2019年底，中国60岁及以上的老年人数达到2.54亿，占总人口数的比例为18.1%。进入老龄化社会的20年间，我国的老龄政策体系逐步建立，社会保障制度不断完善，社会福利服务水平持续提升，老年人的生活质量有了显著改善。但也存在很多问题，如保障制度不均衡问题明显、保障水平城乡差异显著、社会服务可及性区域差异巨大等。因此，在老年人生活水平不断提高的情况下，仍然存在老年人生活满意度不高甚至较低的现象。在此背景下，对老年人生活质量进行研究，特别是对老年人生活满意度进行研究，十分必要。

老年人生活质量是指老年人的客观生活状况以及老年人对此的主观感受。目前，我国大部分研究主要采用问卷调查和量化方法对老年人生活质量进行研究。问卷调查的优势是，调查样本量较大、调查内容较全面、标准化程度较高，可以在有限的时间内对老年人的生活质量获得总体性的了解。基于这样的特点，问卷调查较适合应用于研究老年人的客观生活质量状况，而在了解老年人对自己生活状况的主观感受时有较大的局限性。譬如，问卷调查可以询问老年人是否感到孤独、幸福，但回答只能是肯定、否定及其程度，而难以了解到老年人为何有此种感受。又如，问卷调查可以了解老年人的家庭构成、健康状况、经济收入、社会活动等基本生活情况，却难以获得老年人对自己的家庭关系、健康水平、收入水平、社会活动和交往等生活事件的感受和评价等方面的资料。

为了更深入地了解中国老年人的主观生活质量状况，中国老龄科研中心课题组采用质性研究方法对老年人生活质量特别是主观生活质量进行专项调查研究。2017年7~12月，课题组在15个省份的城市和农村地区开展老年人生活质量调查。这15个省份是：天津、江苏、浙江、宁夏、湖北、甘肃、安徽、黑龙江、重庆、山东、湖南、广东、广西、贵州和云南。调查中，课题组根据老年人的年龄、性别、职业、健康状况和经济水平等，在城市和农村分别选取 5~10 位 60 周岁及以上的老年人进行深度访谈。为保证调查的规范性，课题组制订了统一的调查方案和访谈提纲，对访谈时间、翻录方法、签订被访者知情同意书等都提出了具体要求。最终，在这 15 个省份对 190 名老年人进行了面对面的深度访谈，其中男性老人 103 人，女性老人 87 人。

定性研究的实质在于如何通过研究对象的视角来理解研究对象[①]。此次调查站在老年人的角度，通过深度访谈等调查方法，请老年人详细讲述他们心目中的"好的生活"是什么、包括哪些内容、他们对自己生活状况的感受和评价，以及他们对于影响自己生活质量的主要因素的认识等。通过引导老年人对自己的生活状况进行讲述、思考和评价，我们不仅了解到老年人客观生活状况的各个方面，还了解到老年人对于影响自己生活状况的社会因素和个人因素的理解，以及老年人对自己生活状况的感受和认识，从而能够对老年人客观生活质量与主观生活质量之间的关联和相互影响机制进行分析和讨论。

二 概念和理论架构

生活质量研究将总体生活质量分为客观生活质量和主观生活质量，而主观生活质量的主要研究内容是考察生活满意度，即，个体对客观生活条件和环境的感受及其评价。

生活满意度源自心理学概念，通常被认为是主观幸福感的认知成分，是个体对其生活质量作出的主观评价。如有学者认为，生活满意度是指对自己生活质量的主观体验，是衡量一个人生活质量的综合性心理指标[②]。本文认为，人们的生活体验始终受到社会发展和社会环境的极大影响，因此生活质量研究中的生活满意度不仅是个人的心理指标，还是反映经济、社会发展的综合性概念。

与其他年龄群体的生活质量相比较，老年人生活质量的特殊性首先体

---

① 郭金华：《医疗和健康服务定性研究的理论视角》，《中国心理卫生杂志》2015 年第 7 期。
② 陈世平、乐国安：《城市居民生活满意度及其影响因素研究》，《心理科学》2001 年第 6 期。

现在健康状况对其生活质量的影响上①。其次，体现在家庭关系和家庭支持上。社会心理学和社会人口学的研究显示，老年人的健康状况和家庭关系对于老年人的生活质量有最直接、最重要的影响。研究显示，老年人的经济状况、健康状况和代际关系是影响其生活满意程度的重要因素②。相对于经济支持，家庭成员提供的生活照料、精神慰藉等方面的支持对老年人生活满意度的影响更大③。而老年人对客观生活条件的主观感受才是生活满意度的关键因素④。

生活满意度是一个主观概念，因此也是一个相对概念。这就意味着，主观生活质量水平的高低并不总是和相应的客观生活质量水平相一致。如果将老年人的生活质量分为客观生活质量和主观生活质量，对于老年人综合生活质量的分析，可大致分为四种类型。第一种是客观生活质量高，主观生活质量也高；第二种是客观生活质量低，主观生活质量也低；第三种是客观生活质量高，但主观生活质量低；第四种是客观生活质量低，但主观生活质量高。前两种类型为正相关的关系，后两种类型为负相关的关系。

量化研究通常能够找出客观生活质量与主观生活质量的相关关系的性质，即二者是正相关还是负相关，但在对相关性特别是负相关问题的解释上，往往因缺乏直接的调查资料，研究者一般都是根据自己过往掌握的理论、文献和资料去阐释和分析，有时未必能做出真正有解释力的分析。而这一点，正是质性研究更具优势的地方。在此次老年人生活质量质性研究

---

① 邬沧萍：《提高对老年人生活质量的科学认识》，《人口研究》2002年第5期；刘渝林、王路、赵卿：《中国老年人口生活质量评价指标体系的构造》，《重庆大学学报》（自然科学版）2005年第8期。

② 熊跃根：《我国城市居家老年人晚年生活满意程度研究——对一项调查结果的分析》，《人口与经济》1999年第4期；金岭：《老年人生活满意度的影响因素及其比较分析》，《人口与经济》2011年第2期。

③ 张文娟、李树茁：《子女的代际支持行为对农村老年人生活满意度的影响研究》，《人口研究》2005年第5期；郭志刚、刘鹏：《中国老年人生活满意度及其需求满足方式的因素分析——来自核心家人构成的影响》，《中国农业大学学报》（社会科学版）2007年第3期；高歌、高启杰：《农村老年人生活满意度及其影响因素分析——基于河南省叶县的调研数据》，《中国农村观察》2011年第3期；向运华、姚虹：《城乡老年人社会支持的差异以及对健康状况和生活满意度的影响》，《华中农业大学学报》（社会科学版）2016年第6期。

④ 李德明、陈天勇、李贵芸：《北京市老年人生活满意度及其影响因素分析》，《中国临床心理学杂志》2006年第1期；金岭：《老年人生活满意度的影响因素及其比较分析》，《人口与经济》2011年第2期。

的调查设计中，对于老年人的访谈，一方面注重了解老年人的现实生活情况，同时更加注重老年人对于自己生活状况的感受和评价。通过老年人对自己生活状况的讲述和评价，我们不仅可以了解到老年人生活质量状况，更能了解到造成老年人生活现状的原因，以及他们对于自己生活现状的感受和理解。其中就包括我们所希望了解的主观生活质量与客观生活质量为何不一致的解释和说明。

心理学主要采用量表对生活满意度进行测量，注重个体特质等微观层面的因素。社会学对生活满意度的研究，则更加重视宏观层面的社会发展和中观层面的社会支持等问题，及上述因素是如何影响人们的生活质量的。而质性研究不仅是指搜集资料的方法，还包括陈述资料的方法，以及应用相关概念和理论进行资料分析。① 本文采用以社会发展理论、社会分层理论、生命周期理论、家庭关系理论为基础的分析框架，对老年人生活质量进行综合分析。社会发展理论用于分析老年人将现在的生活与过去的生活进行比较，而得出的对于现在生活是否满意的感受。社会分层理论用于分析老年人将自己的生活与他人的生活进行比较，而得出对于现在生活是否满意的感受。生命周期理论分析老年人在不同年龄阶段对自己的健康状况和家庭支持的预期及满意程度。家庭关系理论分析家庭关系对于老年人生活质量的影响。这个综合分析框架既重视社会发展和社会结构等宏观因素对老年人生活满意度的影响，又注重健康状况和家庭关系等微观因素对老年人生活质量的影响，从而揭示出老年人更加真实的生活状态和更加丰富的生活感受。

因此，本文中老年人的生活满意度是指，老年人在纵向比较、横向比较、健康预期以及家庭关系预期中，对于目前自己生活状况的感受和评价。本文对于老年人主观生活质量的分析主要集中在，老年人基于纵向比较和横向比较而得出的对于当前生活质量的评判，以及在不同年龄阶段，对于自己的健康状况和家庭关系的期望和满意程度。

三 社会发展理论及其应用

从社会发展理论看，"二战"后以西方中心主义为核心的现代化理论

---

① 关于质性研究从搜集资料到应用相关概念和理论进行资料铺陈和资料分析的方法，可参看本书第六篇文章《老年人的慢性病及其生活意义》。

逐渐演变为包括解释后发展国家经验的依附理论、世界体系理论、社会转型理论等的多元现代化理论。20世纪是中国由传统社会向现代社会过渡的关键时期。纵观自20世纪至今一百多年的发展，中国社会基本完成了从传统社会向现代社会的转型。尤其在新中国成立后，中国共产党政权从基层开始，建立了与国家政权相联结的各级组织，完成了国家政权建设任务[1]，建立起独立的比较完整的工业体系和国民经济体系[2]。以1949年新中国成立为分界，可将20世纪中国社会的发展分为前后两大阶段。而新中国成立后的历史，以中国共产党的十一届三中全会为界可分为两个阶段，第一阶段是社会主义革命和建设时期，第二阶段是改革开放和社会主义现代化建设新时期：第一阶段确立了社会主义基本制度，对适合中国国情的社会主义建设道路进行了初步探索；第二阶段反思了第一阶段的经验教训，在改革开放的实践中开辟了中国特色社会主义道路[3]。2009年是新中国成立60周年，郑杭生提出将新中国成立后的历史分为前30年和后30年。前30年从1949年中华人民共和国成立到1978年十一届三中全会，后30年从1979年到2009年。郑杭生认为，"前30年"既为"后30年"打下了基础，又为"后30年"留下了问题；中国"后30年"的发展显示出一条从初级发展到科学发展的轨迹，在取得伟大成绩，特别是经济取得快速增长的同时，也付出了巨大的代价[4]。

为保障人民的基本生活水平和生活质量，在城市工业化发展的进程中，我国建立起以工作身份为基础的单位保障和福利制度。所有在国家机关事业单位和企业工作的职工，可以获得不同水平的经济保障、医疗保障和福利待遇。单位保障福利也照顾到职工家庭，包括职工直系亲属的住房、就业、就医、入学等问题。由于计划经济时期实施工业优先的发展战略，农村居民的保障和福利仍主要依赖基于家庭和村落组织的传统模式。20世纪80年代之后，随着经济改革的逐步深入，市场经济对人们生活的影响越来越大，一方面，原有的企业办社会模式逐步改革，越来越多的人

---

[1] 杜赞奇：《文化、权力与国家——1900-1942年的华北农村》，王福明译，江苏人民出版社，1996，第238~241页。
[2] 张启华：《用历史唯物主义观点正确书写党的历史》，《求是》2011年第3期。
[3] 张启华：《用历史唯物主义观点正确书写党的历史》，《求是》2011年第3期。
[4] 郑杭生：《改革开放三十年：社会发展理论和社会转型理论》，《中国社会科学》2009年第2期。

在非公有制单位从业。工业化和城镇化快速推进，大量农村青壮劳力到城市寻求发展，传统的家庭保障功能弱化。2000 年，中国的人口年龄结构由年轻型转变为老年型，中国迈入老龄化社会。此后的二十年，恰好也是中国社会保障制度和社会服务体系快速发展的二十年。覆盖全体居民的社会养老保险制度和医疗保险制度已经建立，针对特殊困难老年人的社会救助和医疗救助制度基本形成，老年社会福利从特殊困难老人扩展至全体老年人，养老服务和医疗服务体系逐步完善。在此期间，涉老法律法规、社会政策、经济政策和相关文件密集推出。中国的社会保障体系初步建成。总体看，大部分老年人在收入、医疗、福利、服务等方面的保障都得到较大提升。

可以说，近一个世纪以来，中国社会发生了翻天覆地般的巨大变化。在这个时代中出生、成长、生活的老年人，必然受到社会环境的影响。如前所述，主观生活质量是一个相对概念，人们对当前生活质量的认知不仅包括对现状的评价，还包括纵向比较下产生的体验和感受。因此，研究老年人生活质量必须将上述历史发展脉络纳入研究视野，考察在急剧变迁的社会发展中，老年人过往的生活体验对当前主观生活质量产生的影响。

我们在老年人生活质量专项调查中发现，老年人对于当前生活的满意程度，不仅取决于当下物质生活水平高低，也很大程度上受到以往生活经历的影响。以此次调查进行的 2017 年为时点，80 岁及以上的高龄老人在 1937 年及之前出生，70~79 岁的中龄老年人在 1938~1947 年出生，60~69 岁的低龄老年人在 1948~1957 年出生。也就是说，现在的高龄老人在新中国成立前的生活超过 10 年，中龄老年人经历了新中国成立前的一些年，而低龄老年人基本是在新中国成立后成长的。生长在不同历史时期的老年人，其童年和青少年时期不同程度地经历了战乱和物质匮乏的时代。调查发现，经历过战争动荡年代的高龄老人对现在的安定生活感到非常满意；中低龄老年人对新中国成立前期的艰苦生活记忆犹新，对现在衣食无忧的生活感到非常满意。可见，老年人对当前生活质量的评价不是简单判断为好或不好，其中包含着十分复杂的情感和生活经历。换言之，基于社会发展和个人生命历程去理解老年人的生活满意度，可以获得更加丰富立体的理解。

此次调查发现，和过去的艰苦生活相比，老年人普遍对现在的生活条件和社会保障感到满意。根据老年人的讲述，他们感到满意的方面主要有：生活安定、生活温饱和生活条件改善。

一是对生活安定感到满意。从中国的社会发展阶段来看，在新中国成立前的一二十年间，政治局势动荡，战争连年不断，人民生活漂泊不定。1937年到1945年的日本全面侵华战争给中国人民带来了深重的灾难，很多人生活贫困，食不果腹、衣不蔽体，有的人更是家破人亡、流离失所。抗战结束后，国家很快陷入国共内战的纷乱当中。现在的高龄老人在那个时期度过了他们的童年和青少年阶段。在访谈中，很多高龄老年人都对那时的艰苦岁月记忆犹新。和那时相比，他们对于现在社会安定、衣食无忧的生活都感到非常满意。

二是对生活温饱感到满意。新中国成立后的第一个30年，中国绝大部分居民的生活还是比较艰苦的。现在的中低龄老年人，在此期间度过了他们的青少年时代。青少年正处在读书求学阶段，但很多学龄儿童和青少年因家境贫困而被迫辍学。访谈中，一些老人或是为自己没能读书感到极为遗憾，或是对那时为了求学而付出的艰辛感慨万千。因为农村经济发展落后，教育资源短缺，农村老年人的此种经历更加刻骨铭心。由于严格的城乡户籍分隔制度，升学是极少的几条可以改变农民身份、提升社会地位的途径之一。农村适龄儿童辍学不仅意味着失去学习的机会，还意味着阻断了今后可能提升社会经济地位的道路。

三是对生活条件改善感到满意。在今昔对比中，老年人对于衣食住行各方面生活条件的改善都感到非常满意。以住房为例，新中国成立前的一二十年间，连年战争使很多人居无定所，人们的居住条件和生活环境都受到极大破坏。在新中国成立后的第一个30年间，人民的居住条件得到一定改善，但水平仍然不高。在部分农村地区，农民的住房破旧、设施简陋。在新中国成立后的第二个30年，无论在城市还是在农村，居民住房条件的进步都是巨大的。在社会主义新农村建设中，农村居民的居住设施和生活环境进一步得到改善。随着住房改革的推进和住房市场化的发展，城市居民的居住和生活条件也得到很大优化。

四 社会分层理论及其应用

社会分层理论是社会学的一个基础理论，反映了社会成员间因资源分配不均衡而形成的一种结构性不平等，主要表现为社会经济地位的差异，这种差异一方面是客观存在的差别，另一方面是主观的阶层意识。目前我国最主要的社会分层机制是户籍制度和单位制度，个人因拥有不同户籍、不同单位而获得不同的社会身份。户籍是先赋性地位，单位是自致性地位，但前者对后者影响极大，如城市居民比农村居民有更多机会获得较高层级的单位身份。根据户籍和单位，人们拥有不同的社会身份，大致可分为：机关事业单位职工、城镇企业职工、城镇居民、农村居民等。

用社会分层理论分析我国老年人的生活质量，一方面可以显示由身份分层而带来的待遇差异，以及较低阶层老年人因此产生的不满意情绪；另一方面，当结合社会发展理论对老年人生活质量进行分析时，我们也看到了不满意中存在的满意和知足。这方面最明显的例子是农村老年人对于社会保障制度的态度。虽然目前我国农村居民的社会保障水平相对较低，但相比于以前农民没有任何社会保障的情况，我们访问的大部分农村老年人都表示对农民现在能够享受社会保障感到非常满意。因此，下文就以我国的社会保障制度为例，应用社会分层理论分析老年人的生活满意度。

我国的社会保障制度是分层化的社会保障体系，不同身份的人员适用于不同的社会保障制度。与社会分层相一致，养老保障制度大致分为：机关事业单位离退休制度、企业职工养老保险制度、城镇居民社会养老保险制度、新型农村社会养老保险制度等。与养老保障制度一样，长期以来，我国的医疗保障制度也建立在户籍和单位身份的基础上。我国的医疗保障制度于20世纪50年代逐步建立起来，可分为针对城镇企业职工的"劳保医疗制度"和针对机关事业单位工作人员的"公费医疗制度"，以及针对农村居民的"合作医疗制度"三部分。进入21世纪，我国又建立了城镇居民基本医疗保险制度，建立了新型农村合作医疗制度，老年人享有医疗保障的比例大幅上升。目前，覆盖城乡居民的基本医疗保障网已经建立起来，基本实现了社会医疗保险全民覆盖。

虽然实现了制度全覆盖，但是不同保障体系之间的待遇差异十分显著。结合此次老年人生活质量专项调查的研究发现，本文以最为显著的城乡差异和单位差异为例，说明不同社会保障体系之下人们对于自身保障的主观感知。

首先讨论城乡差异带给农村老年人的感受。因为农村居民长时间以来都无法享受社会保障,当农村实现了社会保障制度从无到有的转变,大部分农村老年人都对现在可以享受到养老保险以及国家其他补贴感到非常满意,由衷表达了对于党和政府的感激之情。但是当与城市职工进行比较时,农村老年人则会产生"不公平"的负面感受。目前看,农村居民享受社会保障最晚,待遇也最低。我们在调查中发现,农村老年人对于城乡差异过大的不满,主要集中在养老保障、医疗保障和医疗服务等方面。当谈及农村医保时,大部分农村老年人认为,农民看病从完全自费到能够报销一部分医药费,比以前已经好很多了;同时他们也觉得,报销的比例还是比较低,如果有了大病,负担还是比较重的。有的老人反映,由于收入跟不上医药品费用的上涨,有些必备药还不在医保报销范围内,有时看同样的病,报销之后自己所负担的医药支出还是增加了不少。因此,仍然有不少老年人不敢轻易去医院看病。当与城镇老年人进行比较时,很多农村老年人感到明显的不平等,他们也提出了进一步提高待遇、改善服务的希望。总的看,当农村老年人进行纵向的今昔对比时,有较强的幸福感;与城镇职工进行横向比较时,则有明显的不公平感;纵向比较产生的满足感在很大程度上消弭了横向比较的负面感受,"知足常乐"是农村老年人化解不公平感的主要观念基础。

再来讨论单位差异对老年人的主观感受的影响。在城镇,我国的社会保障制度主要基于单位体制,不同单位的老年人享受的保障待遇也有差异。虽然目前我国已经建立起覆盖城乡居民的基本社会保障和医疗保障网,但不同保障体系之间待遇差异过大是一个现实问题。在农民、企业职工、机关事业单位人员这三大阶层中,企业职工处于中间位置。当企业职工与农民比较社会保障待遇时,他们感到满足;但当与机关事业单位人员进行比较时,他们就会产生较强的不公平感,或相对剥夺感。这种不公平感令他们感到不满意,一定程度上降低了他们的生活质量。

总之,户籍制和单位制是中国最主要的社会分层机制。近年来,中国的社会保障制度和医疗保障制度逐步建立健全,取得了巨大的进步。但目前依然延续了计划经济时期建立起来的分层保障体系,不同保障体系之间的待遇差距较大问题依旧突出。农村居民保障待遇低于城市职工,城市职工待遇低于机关事业单位人员。当进行纵向比较时,老年人普遍对生活感到比较满意。然而,当进行横向比较时,很多老年人都因城乡差距和阶层差异过大而感到不满。

五　生命周期理论及其应用

老年人主观生活质量研究主要研究老年人的生活满意度，必然涉及老年人的社会心理层面。按照发展心理学的生命周期理论，各个年龄阶段有其特定的任务和挑战。许多心理学家从不同角度对人生的生理心理生命进行分期。其中，美国发展心理学家埃里克森（Erikson）提出的八阶段生命周期理论影响最大。按照埃里克森的生命周期理论，人的心理发展分为：婴儿期（0~1.5岁），儿童期（1.5~3岁），学龄初期（3~5岁），学龄期（6~12岁），青春期（12~18岁），成年早期（18~25岁），成年期（25~65岁），成熟期（65岁以上）[1]。这八个阶段的划分依据是机体成熟、自我成长和社会关系三个过程的演化。埃里克森认为，每个阶段都有特定的危机解决任务，危机的积极解决能够增强自我力量，形成积极品质，使心理健康发展，有利于个体对环境的适应。在埃里克森看来，虽然生物基础决定了心理社会性发展八个阶段产生的时间，但社会环境却决定了每个特定阶段危机能否顺利解决[2]。老年期需要解决的任务有适应退休生活、重建人际关系、接受身体老化、面对疾病和死亡等。其中，健康问题是老年期要应对的主要问题。本部分应用生命周期理论，分析老年人在不同年龄阶段对自身健康状况的感知。

老年期是个人生命周期的最后一个阶段。在老年人口学领域，通常又将老年期分为低龄（60~69岁），中龄（70~79岁）和高龄（80岁及以上）三个阶段。在老年期的不同阶段，老年人对于自己的健康水平的预期不同，其满意度也会随之变化。此次调查发现，随着年龄增长，大部分老年人都会调整对自身健康的预期。以刚刚进入老年期的低龄老人为例，如果经历了一次患病，在治疗和康复的过程中，老年人在心理上逐渐认识到并接受自己正在变"老"的现实，并随之调整自己的心理状态和生活方式。进入老年期后，经历了患病以及治疗、身体功能的退化、记忆力下降等问题，中低龄老年人逐渐感受到自己的健康状况和年轻时相比在逐步衰

---

[1] 张海钟：《生命周期理论与人生心理周期及老年心理问题臆说》，《社会心理科学》2014年第2~3期。

[2] 俞国良、罗晓路：《埃里克森：自我认同与心理社会性发展理论》，《中小学心理健康教育》2016年第7期。

退。这期间,大部分中低龄老年人的健康状况在走下坡路,但尚未影响生活自理能力。在这个渐进的过程中,他们中的大部分人能够接受健康随年龄增长而衰退的自然规律,并以顺其自然的态度来应对。到了高龄阶段,身体健康会出现更多问题,但是参照自己的年龄,大部分老人并未表现出太多的忧虑和不满意。

然而,当老年人将自己的身体状况与其他同龄人进行比较时,则会产生满意或不满的感受。一般来说,在随年龄调整健康预期的基础上,如果老年人认为自己比大部分同龄人的健康状况更好,他们对自己的健康状况就会感到比较满意。越到高龄阶段,老年人的健康风险越大,如行动不便、听力视力下降等,即使已经影响到日常生活和出行,但参照同龄群体的一般状况,他们中的很多人仍然认为自己目前的健康状况还算不错。但是,不论在哪个年龄阶段,如果认为自己的身体较身边的同龄人更差,老年人就会感到失落和不满。尤其是健康不佳的低龄和中龄老年人,在这种情况下失落和不满的感受会更加强烈。

总的来看,不同年龄阶段的老年人对自己的健康状况有不同的预期;在从低龄阶段到高龄阶段的生活过程中,大部分老年人逐渐接受带病生存状态。随年龄增长和健康问题出现,老年人对于自身的健康预期和健康评价也在不断调适。一般来说,老年人通常能够接受与年龄相符的健康状况。如果老年人认为自己比大部分同龄人的健康状况更好,他们对自己的健康状况会感到比较满意;如果认为自己比大部分同龄人的健康状况更差,他们对自己的健康状况就会感到不满意。

此外,不同健康状况的老年人对社会服务和医疗卫生服务的满意程度也不相同。相对而言,健康状况较差的老年人,对于社会服务和医疗服务的要求较多;如果相关服务不能得到满足,他们的不满就会增强,这对其生活质量就会有更多负面影响。

六 家庭关系理论及其应用

从家庭结构及其关系的演变看,在传统中国社会,父子关系是家庭关系的主轴,夫妻关系是服务于父子关系的副轴。随着现代社会发展,家庭制度发生了很大变化,如家庭规模缩小、成员居住离散、人口迁移频繁、空巢和独居家庭增多等。在上述变化过程中,夫妻关系在现代家庭中的重要性逐渐增强。这与家庭现代化理论认为夫妇核心家庭将会是现代社会的典型家庭类型的阐释相一致。与此同时，由于中国的家族文化传统源远流长，传统的家庭观念仍然深深地影响着现代中国人的家庭生活，亲子关系仍然是现代家庭的重要组成部分。夫妻关系和亲子关系都是老年人最重要的人际关系，对老年人的生活质量产生重要影响。

从家庭权利结构看，在传统家庭中，父辈是家庭的权威和管理者。发展至现代社会，代际的权利关系发生了较大的改变，由传统的父代权威转向父子平权。在部分老年人家庭中，甚至出现了代际新的不平等关系，即子代逐渐成为强势的一方，年轻一代成为向父辈发号施令的角色。这种关系模式的一般表现为，子女向父母过度索取，并认为是理所当然的；较为极端的表现有，子女对父母不孝，甚至有虐待父母的行为。

从家庭价值观看，传统家庭伦理的特点是集体取向的价值体系，与之比较，现代社会价值观的一个重要变化是个体意识增强。一方面，成年子女的生活较少受到父母的干预；另一方面，老年人也被期望能够更加独立地生活。由于我国社会保障制度基本建立，老年人在经济上的独立性日益增强。老年人在低龄阶段，或在健康状况较好时期，的确可以不依靠子女而生活。但由于目前我国的社会保障水平总体较低、社会服务相对短缺，当老年人罹患重疾或步入高龄后，仍然需要子女在经济来源、生活照料、精神慰藉等方面给予支持和帮助。

此次调查发现，平衡的代际关系是高质量老年生活的必要条件。在大部分家庭中，亲子之间是相互依赖的关系。从老年人的角度看，特别是农村社会保障水平较低的老年人，对与儿子的关系最为在意。一方面，老年人在力所能及的情况下尽量帮助儿子做事；另一方面，"养老防老"的传统思想根深蒂固，老年人在心理上对儿子的依赖性仍然很强。从子女的角度看，成年子女对老年父母也有一定的依赖性。这种依赖一方面是子女在经济上依赖父母，这在城市经济较独立的老年人家庭中表现得尤为突出；另一方面是子女依赖父母帮助照顾孩子，这种情况在城市和农村都比较普遍。在与老年人的访谈中，有的老人讲述了子女孝心减少和"啃老"的行为，并表达了他们的不满和失望。但即使如此，老年人最为关切的仍然是子女。

调查还发现，夫妻关系对老年期生活质量的影响日渐重要。在低龄老年阶段，老年夫妇生活能够自理时，大多与子女分开居住，保持一定的独立性和自由度。当老年夫妇中的一方或双方出现了健康问题，甚至其中一人的生活不能自理时，只要夫妇双方还能够彼此照顾，他们大多仍然独立居住，由身体稍好的一方承担照顾工作和日常家务。出于子女的工作和生活压力较大、离父母居住地较远、女性就业比例提高等原因，子女为老年人提供生活照料变得越来越困难。不过，如果父母一方去世，或父母因高龄、患病或失能独自生活困难，大部分子女能够承担起照顾父母晚年生活的责任。

总之，随着老年人的物质生活得到基本保障，家庭关系对于老年人生活质量的影响越来越显著。即使现代家庭制度发生了巨大转变，家庭关系仍然是影响老年期生活质量的核心要素。亲子关系和夫妻关系是老年人最主要的家庭关系，而家庭里的夫妻关系和亲子关系是相互影响的。通常，夫妻关系比较融洽的家庭，亲子关系也比较好；而夫妻关系比较冷淡甚至冲突较多的家庭，亲子关系也会存在较多问题。有的老年夫妇身体不好，但恩爱和谐，子女也都很孝顺，他们仍然对自己的生活感到满意。相反，如果夫妻关系不好或亲子关系不好，不论老年人健康状况怎样，老年人的生活质量都不会太高。

七 总结和讨论

本文讨论了质性研究方法在老年人生活质量研究上的应用。通过应用社会发展理论、社会分层理论、生命周期理论及家庭关系理论于老年人生活质量研究，我们看到老年人更加真实的生活状况和更加丰富的生活感受，其中一些是我们在进行调查之前所没有预期到的。正因为质性研究强调从研究对象的立场观察和思考，对研究问题和社会现象持更为开放的态度，才有可能窥见更多现实生活背后的意义世界。由此可见，质性研究不仅是一种调查方法，更为重要的是研究者对研究问题和研究对象所持的态度。

这种态度首先体现在搜集资料的过程中。在进行质性调查时，研究者始终持开放的态度，尽量站在被调查者的立场思考问题，随时准备打破先入为主的偏见、修正现有的研究框架。因此，应用深度访谈、焦点小组、参与观察等质性调查方法，时常能够突破先前的框架，获取更加丰富的资料，特别是表面看上去相互矛盾的资料。当研究者分析其中的关联时，往往会收获由新发现带来的惊喜。其次，这种态度还体现在描述资料和分析资料时。质性研究通常应用一定的理论框架对资料进行深入分析。在某些情况下，如果现有的概念和理论不足以解释复杂的社会现象，研究者还有可能概括提炼出新的概念、建构新的理论。正是在这个意义上，质性研究是一种探索性研究、发现性研究，而不只是验证性研究。

生活质量是一个主观概念，同时也是一个相对概念。老年人生活质量质性研究发现，主观生活质量和客观生活质量之间有时会呈负相关关系，这主要是由"比较"引起的。亦即，老年人对当下生活的不满意未必是因为物质生活水平较低，而是与他人比较而产生的主观感受；同样，老年人对当下生活的满意也未必是因为物质生活水平较高，而可能是与过去生活比较而产生的主观感受。因此，可以把老年人对自己生活是否满意的衡量方式大致分为两种类型：第一种是纵向比较，老年人将现在的生活和过去对比所得出的满意感受；第二种是横向比较，老年人将自己的生活与其他人比较所得出的满意感受。此次老年人生活质量调查发现，我国现代以来巨大的社会变迁对老年人如何评价现在的生活质量有极大的影响；同时，我国目前的阶层差异较大，老年人对于因属不同社会阶层而产生的横向比较差异较敏感，这是影响他们主观生活质量感受的重要因素。

就老年人生活质量研究而言，根据老年期的特点，健康状况和家庭关系是影响老年人生活质量的最重要因素。从个体纵向比较看，在不同年龄阶段，老年人对于自己的健康状况和家庭关系的期望不同，其满意度也不同。随年龄增长，老年人对自己的健康预期降低，而家庭支持预期提升，实际状况与预期之间的差距决定了老年人的满意程度。从横向比较看，与同辈群体的比较感受也会影响老年人的满意程度。此外，老年人通常会根据自己的健康水平和服务需求来评判社会服务及医疗服务状况。

任何研究方法都有其特点，也有其局限性。量化研究注重资料的规范性、分析的科学性，研究目标通常是寻找一般性规律、建立模型等。而质性研究强调站在被调查者的立场看问题，突出被调查者的认知和感受。不过，相对于标准化程度较高的量化研究，人们对质性研究的疑问比较多。例如，对生活质量的主观评价是否稳定存在一定的争议，即老年人对于自己生活的讲述和评价可能会因时间、心情、环境等因素的变化而变化。但从上述对于质性研究方法的介绍可见，即使老年人对于某些问题的讲述和回答存在某种不确定性，但这种变化仍然是有迹可循的；如果能够找到这种不确定性的原因或变化的轨迹，反而能够更深入地理解他们对于自身生活状况的复杂体验和感受。这也是质性研究的意义和价值所在。

经验研究

中国老年人生活自理能力发展轨迹研究*

伍小兰　刘　吉**

摘　要： 生活自理能力是影响老年人健康及生活质量的能力。本文利用"中国城乡老年人口状况追踪调查"十年追踪数据，对老年人的生活自理能力（ADL 和 IADL）的发展轨迹进行了深入研究分析。研究发现，老年人的 ADL 自理能力发展轨迹呈现低起点快速下降型、高起点急速下降型、高起点平稳下降型三种类型，老年人的 IADL 自理能力发展轨迹则分为低起点快速下降型和高起点缓慢下降型两种类型，不同社会经济特征老年群体在生活自理能力发展轨迹类型上存在显著差异。老年人生活自理能力发展轨迹的形态受到人口社会学特征、健康状况、社会交往、家庭支持等多方面的影响。基于实证研究结果，本文认为应加强社会政策的公平性导向，动员家庭和社会力量广泛介入，同时应基于老年人生活自理能力动态发展的模式和特点，构建适合的社会照护服务体系。

关键词： 生活自理能力　发展轨迹　老年人

目前，生活质量研究更加注重老年群体的主体能力因素及其对老年生活质量的影响机理，能力、独立、积极、活动、功能及参与等概念取代收入、健康、福利及幸福等概念得到了更多使用。[①] 因此，老年人生活自理能力对个人健康、生活质量有着重要影响。然而，老年人的功能性残障不

---

* 本文系科技部国家重点研发计划"我国人群增龄过程中健康状态变化特点与规律的研究"子课题"健康状态影响因素的分析研究"（项目号 2018YFC2000303）的阶段性成果。
** 伍小兰，女，湖南邵阳人，中国老龄科研中心研究员；刘吉，男，山西长治人，艾美仕市场调研咨询公司高级统计分析师。
① 王昶：《国外老年生活质量研究的重心转移及其启示》，《国外社会科学》2009 年第 1 期。

是一个静止的状态,而是一个动态化和多样化的过程。① 同时,由于老年人本身并不是一个同质性群体,不同特征老年群体健康状况的变化也很可能呈现不同的发展过程。因此在残障动态研究中,要特别注意总体异质性问题,关注这种异质性背后的原因及其需求的差异。本文旨在利用中国老年人十年追踪数据,考察老年人生活自理能力不同的发展轨迹,深入探索轨迹类型和发展走势的影响因素,为整体提升老年人功能健康水平和生活质量、推进健康老龄化提供实证依据。

一 文献回顾

ADL、IADL等指标测量的是老年人的生活自理能力,而这个状态是随时间而改变的,为了更好地把握和理解老年人失能发生的动态变化机制,研究者开始研究失能轨迹或残障发展轨迹,以探寻老年人失能状态的开始和变化情况。② 利用多期追踪调查数据,"轨迹"既包含了个体功能障碍状态随时间发展的动态过程,也可包含样本的死亡结果,还可以对追踪调查数据中失访样本进行统计分析,以构建无偏的模型分析。

随着追踪调查资料的丰富以及研究方法的发展,国外相关研究不断丰富和深入,国内的相关讨论也在不断增加。研究者们最先关注的是高龄老年群体,利用"中国高龄老人健康长寿追踪调查"1998年至2005年四期纵向调查资料,对高龄老年人的残障变化轨迹类型及其影响因素进行了分析。Zimmer的研究发现,农业就业的老年人反而更有可能归属于较健康的"低起点慢速发展"组。对于女性老年人而言,居住在农村、生育过更多孩子且拥有一个从事非农业就业的父亲则更有利于其自理能力的保护。③ 巫锡炜将高龄老人的残障发展轨迹区分为身体健全型、低起点快速发展型和高起点平稳发展型三个明显异质的子类型,基线调查时的年龄、性别、

---

① Gill T. M., Kurland B., The Burden and Patterns of Disability in Activities of Daily Living among Community-Living Older Persons [J]. *Journals of Gerontology*, 2003, 58 (1): pp. 70 – 75.
② Wolf D. A., Freedman V. A., Ondrich J. I., et al. Disability Trajectories at the End of Life: A "Countdown" Model [J]. *Journals of Gerontology*, 2015, 70 (5): p. 745.
③ Zimmer Z., Martin L. G., Nagin D. S., et al. Modeling Disability Trajectories and Mortality of the Oldest-old in China [J]. *Demography*, 2012, 49 (1): pp. 291 – 314.

民族和60岁之前的职业等因素都会显著地影响其轨迹类型的归属。[①]

随着国内老年人纵向数据的逐步丰富，研究对象范围开始从高龄老年人拓展到其他老年群体。研究者利用"中国老年健康影响因素跟踪调查"2005年、2008年和2011年3期65~105岁老年人追踪数据，发现中国老年人失能轨迹以低起点高龄期迅速发展型为主，不同性别、出生队列、职业地位、居住地的老年人失能轨迹存在明显差异，[②] 同时存活、死亡和失访老年人的失能轨迹亦存在明显差异。[③]

总体来看，与国外研究相比，国内老年人失能轨迹的研究起步较晚，全年龄段老年人失能轨迹及其影响因素的深入研究总体还较为缺乏。此外，几乎所有研究都集中在ADL领域，对IADL的深入研究很少，事实上IADL的状况和变化关乎老年人能否独立生活，同样具有重要意义。研究者们尚需立足现有研究基础，积极开发国内纵向数据资料，推进对于老年人生活自理能力动态变化规律的认识。

二 数据来源和模型设定

（一）数据来源

本研究所用数据来自由全国老龄办主办、中国老龄科学研究中心承办的"中国城乡老年人口状况追踪调查"数据。该调查以2000年12月1日零时为调查时点，开展中国城乡老年人口状况一次性抽样调查，先后以2006年6月1日零时和2010年12月1日零时为调查时点，完成了两次中国城乡老年人口状况追踪调查，实现了从一次性抽样调查到追踪调查的有效衔接和跨越。三期调查共计获得三套老年人个人信息的时点截面数据，其中2000年有效样本为20255人，2006年为19947人，2010年为19986人。本报告的分析只针对三期调查都参与了的老年人，有效样本数共计

---

① 巫锡炜：《中国高龄老人残障发展轨迹的类型：组基发展建模的一个应用》，《人口研究》2009年第4期。
② 魏蒙、王红漫、王晓军：《中国不同特征老年人失能轨迹差异分析》，《中国公共卫生》2017年第3期。
③ 魏蒙、王红漫：《中国老年人失能轨迹的性别、城乡及队列差异》，《人口与发展》2017年第5期。

3627 人，由于研究者不掌握失访和死亡老年人的匹配信息，而只能在研究中将那些在任意一次追踪调查中失访或死亡的老人加以排除。在这些被追踪的老年人当中，他们在基期（2000 年）时的年龄在 60~69 岁组的占 72.5%，70~79 岁组的占 25.1%，80 岁及以上组的占 2.5%；从性别来看，男性占 54.7%，女性占 45.3%；农村老年人占 61.8%，城市老年人占 38.2%。

（二）变量测量

1. 老年人生活自理能力

研究中，通常将生活自理能力（ADL）分为基本日常生活自理能力（BADL）和工具性生活自理能力（IADL）两个部分。基本日常生活自理能力是指人们为独立生活而每天必须反复进行的最基本的活动，如进食、梳洗、穿衣、上下床、洗澡、上厕所、大小便控制等，反映了最基本的自我照顾能力。由于研究者最先关注的 ADL 测量层面实际上就是 BADL，因此后来文献中一般将 BADL 直接称为 ADL。为便于与以往文献进行对话，同时也为了避免混乱，本文也将 BADL 直接称为 ADL。工具性生活自理能力是指个人用以应付其环境需要的基本社会性活动的能力，如做饭、打扫、洗衣、购物、乘车、打电话、理财等。这些活动虽然不是每天必须做，且协助时不需发生人身接触，但对维持独立生活很重要。

三期调查问卷中，老年人的基本日常生活自理能力（ADL）均用吃饭、穿衣、洗澡、上厕所、上下床、室内走动这六项活动来测量。三期调查问卷中都有的工具性生活自理能力（IADL）包括扫地、做饭、洗衣、买菜（日常购物）、管理财务这五项，但后两项缺失值较高，故仅将前三项纳入分析范围。每一项活动都分成不费力、有点困难和做不了这三个选项。可见，中国城乡老年人生活状况调查在日常生活自理能力的测量上，不是评估其实际表现，而是用自我报告的方法，测量老年人在生活自理能力上的自觉困难程度。有研究指出，ADL 自觉困难程度的评估重点是个案本身的主观感受，专业人员较能以个案本身的观点来进行评估及治疗，符合"以个案为中心"的发展趋势，不仅可作为临床决策的依据，亦可作为成效评量的指标。

不同的研究对于日常生活能力的测量方法并不相同。有些将日常生活自理能力测量的多个指标综合为一个是否失能的二分变量，有些将日常生活能力划分为一个三分类（完全失能、半失能、完全自理）的有序变数，有些则采用失能的项目计数来衡量日常生活能力。从尽可能减少信息损失的角度考虑，本研究选择的处理方式是对每个问题进行赋值，对所有问题得分进行加总，将总分作为连续变量以进行进一步分析。对各个项目回答的赋分标准为：做不了为0分，有些困难为1分，不费力为2分。ADL各个项目得分的加总就是老年人ADL自理能力评分，IADL各个项目得分的加总就是老年人IADL自理能力评分，得分越高，表明老年人自理能力越好，得分越低，则自理能力越差。因为本文采用分值这一测量方式，反映的是老年人生活自理能力高低的变化，因而称为生活自理能力发展轨迹而不是失能或残障轨迹，更为准确。

2. 自变量

在进行轨迹类型归属和发展形态的影响因素分析时，除基于已有研究结论进行变量选择外，还要考虑三期调查的延续性，即仅选择存在于三期调查中且提问方式和选项设置变化不大的变量。本研究选入模型的自变量涉及基本人口学信息、社会经济情况、健康情况、社会交往和家庭支持、居住环境情况，按其与时间的关系又可以分为随时间恒定变量和随时间变化变量。考虑到问卷问题设计和数据的实际情况，本研究构造了"身份"这一变量（分为退休前单位为机关/事业单位/部队、退休前单位为企业及其他、老年农民及城市从未有过正式工作的老年人三种情况），与受教育年限这一指标一起来反映老年人的社会经济地位。长期以来，我国从业人员在社会管理体系中被划分为干部、工人和农民三种身份。身份可以解释为个体在社会中所处的位置或地位，或个体在整体中的权利和义务，通常被用来对社会结构进行分层分析。对于老年人来说，不同的身份意味着享有不同的社会保障制度安排。由于三次调查问卷中，经济自评这一问题的问法和选项都不尽相同，故这里根据实际情况，统一将经济自评这一问题处理为有困难和无困难两分类变量。

需要说明的是，出于保持三期调查中变量的一致性、减少稀疏数据效应以及减少哑变量的考虑，首先要对原始变量重新编码，对部分问题选项进行合并。同时，为了减少模型系数，在后面的模型分析中，所有回答是有序的多分类变量，都被当作连续变量加入模型，无序的分类变量被当作哑变量进行编码。具体选入的自变量及编码规则如表1所示。

表1 变量编码

分类	变量	编码
随时间恒定变量	性别	0. 男;1. 女
	民族	0. 汉族;1. 少数民族
	受教育年限	连续变量
	身份	1. 农民和城市从未有过正式工作的老年人 2. 退休前单位为党政机关/事业单位/部队 3. 退休前单位为企业及其他
	基期年龄	连续变量
随时间变化变量	户籍	0. 农业;1. 非农业
	婚姻状况	1. 有配偶;2. 丧偶;3. 未婚或离婚
	经济自评	0 有困难;1 无困难
	是否有慢性病	0 没有;1 有
	经常感到孤独	1 否;2 不好说;3 是
	健康自评	1 很差;2 比较差;3 一般;4 比较好;5 很好
	抽烟情况	0 不抽;1 抽
	喝酒情况	0 不喝;1 喝
	闲暇活动参与数量	连续变量
	是否经常去邻居家	1 从不;2 偶尔;3 经常
	子女孝顺	0 一般或不孝顺;1 孝顺
	室内厕所	0 无;1 有
	自来水	0 无;1 有
	燃气/煤气	0 无;1 有

3. 模型选择

在纵向数据中，个体某些特征的重复测量构成了这些特征随时间变化的发展轨迹。在模型建构过程中，研究者面临的一个首要问题，就是如何处理发展轨迹的异质性问题？[1] 在已应用的方法和模型中，组基发展建模相对较为简单，出于简便的考虑，很多研究者在分析中都采用了这一方法，本研究也将采用这一方法。组基发展轨迹模型实际上是有限混合建模的专门化应用，目的是识别具有相似轨迹的个体的聚类，从而确定若干个具有不同轨迹类型的子群体。[2] 在社会科学的研究中，有些结果变量测量

---

[1] Zimmer Z., Martin L. G., Nagin D. S., et al. Modeling Disability Trajectories and Mortality of the Oldest-old in China [J]. *Demography*, 2012, 49 (1): pp. 291–314.

[2] 巫锡炜:《中国高龄老人残障发展轨迹的类型：组基发展建模的一个应用》,《人口研究》2009年第4期。

数据可能聚集在测量的最大值（高端）和最小值（低端），这时结果变量的测量就存在删截（censored）现象，如果在分析时忽略这一现象，则模型估计会出现偏倚。根据结局变量分布的不同，组基础模型可以分为不同的类型，因此，首先对结局变量的分布进行探索，结果如图1和图2。

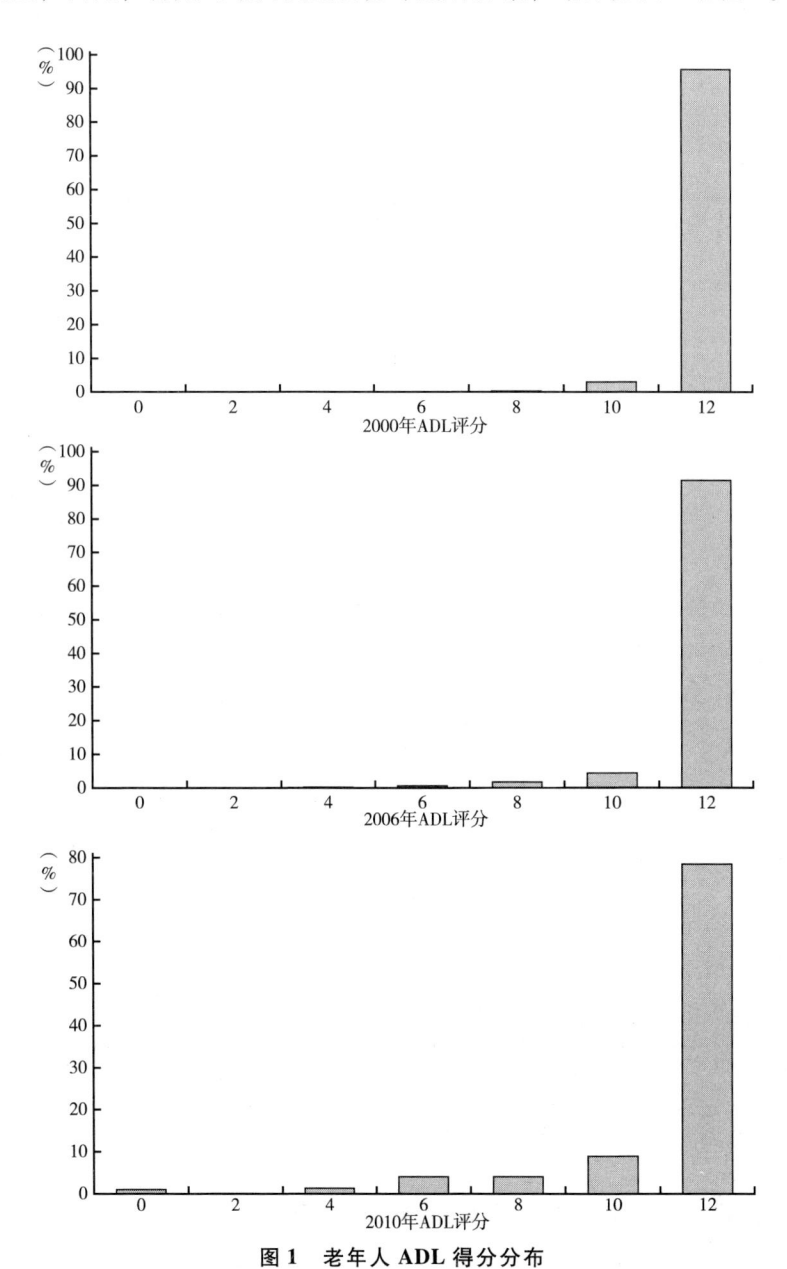

图1 老年人ADL得分分布

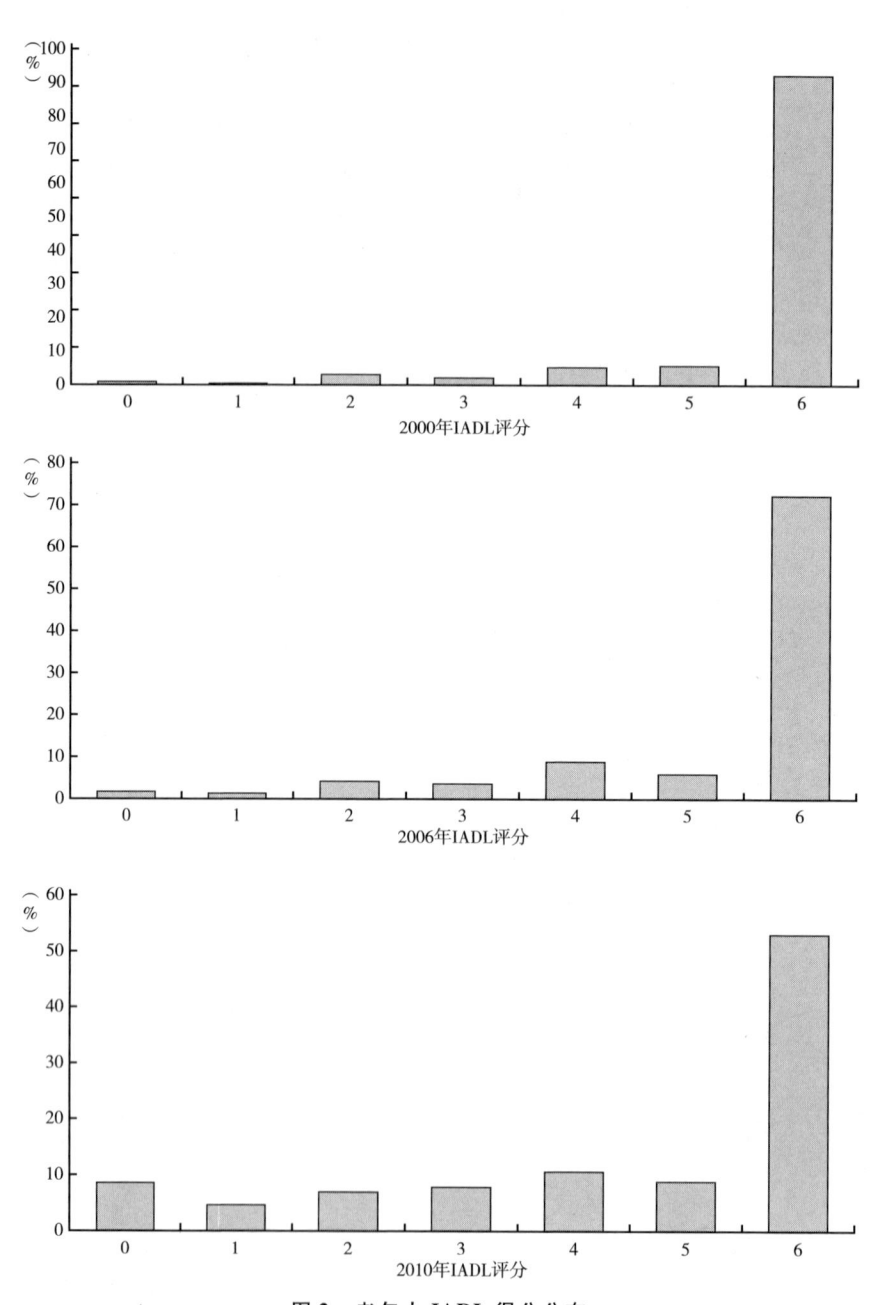

图 2　老年人 IADL 得分分布

可以看出，无论是 ADL 评分还是 IADL 评分，随着时间的推移，得满分的比例均在下降，而得低分的比例在上升。ADL 得分的分布聚集在测量值"12",IADL 得分的分布聚集在测量值"6",均呈现明显的高端截断,因此,本文采用组基础删截正态模型进行分析。

三 ADL 发展轨迹分析

(一) 确定组群数量

由于调查两次追踪时间间隔不同,因此,时间变量 T 按实际时间间隔设定为:$T_1=0$,$T_2=6$,$T_3=10$。同时,该调查数据仅有三期,因此,出于模型拟合的考虑,在设定模型时仅考虑一次项的时间函数,而不考虑多次项。在此基础上,对于不同组数分别建立模型,并通过比较不同模型的 BIC 值确定组群数量。发现当组数为 3 时,BIC 绝对值达到最小,因此 ADL 评分发展轨迹类型数的最优数量为 3 类,以此建立模型。

(二) 不同类型特征的描述

根据各亚总体的观测分类,可以将全部个体分为三种类型。分别计算各亚总体 ADL 评分的观测值和估计值。图 3 是 ADL 评分的观测值和估计值随时间变化的轨迹图。为更好地描述不同亚总体的特征,将 ADL 评分的观测值和估计值按照时间展示为表 2。

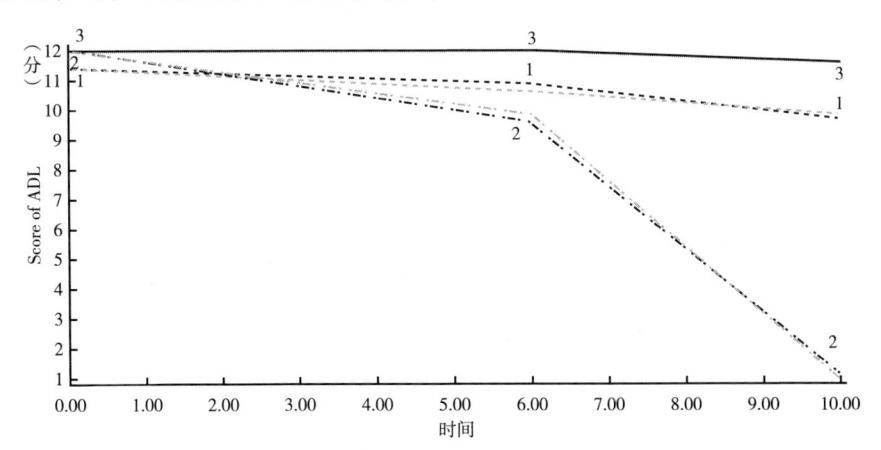

图 3 观测和模型估计的 ADL 评分发展轨迹

注:实线表示观测值,虚线表示加入协变量后 ADL 评分的预测值。

表 2　ADL 评分的估计值和观测值

单位：分

年份	观测值			估计值		
	轨迹类型 1	轨迹类型 2	轨迹类型 3	轨迹类型 1	轨迹类型 2	轨迹类型 3
2000	11.39	12.00	12.00	11.40	12.00	12.00
2006	10.89	9.61	11.99	10.62	9.85	11.99
2010	9.69	1.16	11.61	9.84	1.08	11.61

由此可以看到，ADL 评分的估计值和观测值很接近，不同亚总体 ADL 评分均呈现不同程度的下降趋势，但变化的特点又有所不同，可以归纳如下。

轨迹类型 1：个体基期 ADL 评分较低，且随时间变化下降较快，呈现低起点快速下降的特点，可以定义为"低起点快速下降型"。接近 1/4 的老年人（24.87%）的 ADL 自理能力发展轨迹属于这一类型。

轨迹类型 2：个体基期 ADL 评分较高，但随时间变化下降很快，尤其是第二期到第三期，下降幅度很大，可以定义为"高起点急速下降型"。这部分个体比例较低（1.43%），很可能是遇到突发性疾病或事件导致失能。

轨迹类型 3：个体基期 ADL 评分较高，随时间下降并不明显，大部分老年人属于此类情况，可以定义为"高起点平稳下降型"。超过七成（73.70%）老年人的 ADL 自理能力发展轨迹属于这一类型。

（三）模型拟合评价

为进一步对模型进行探索，分别建立组基础模型和组基础删截正态模型，其中，组基础删截正态模型相对于组基础模型 BIC 值由 -18067.56 变为 -7734.47。说明组基础删截正态模型拟合效果优于组基础模型，选择组基础删截正态模型是合适的。

表 3　轨迹类型成员资格概率、样本组分类、总体比例估计

单位：%

	第一组（n = 902）	第二组（n = 52）	第三组（n = 2673）
第一组	90.86	1.36	7.78
第二组	12.21	87.46	0.34
第三组	12.93	0.01	87.06
观测分类	24.87	1.43	73.30
模型估计分类	32.30	1.50	66.10

根据后验概率最大的组成员资格分类标准,第一组成员被正确分配的概率为 90.86%,第二组成员被正确分配的概率为 87.46%,第三组成员被正确分配的概率为 87.06%(见表 3)。三组成员被正确分配的概率均远高于 70%,按照组成员分类的可接受标准,可以认为模型较好地拟合了 ADL 评分发展轨迹。

(四) 时间恒定变量对轨迹类型归属的影响

在组基础模型中,随时间恒定变量的作用是预测轨迹类型归属。因此,在确定组基础模型组数的基础上,将 2000 年基线调查时点上反映老年人基本人口社会背景的时间恒定变量纳入模型,以预测轨迹类型的归属。表 4 反映了预测组成员资格的多项 logit 模型结果。模型包含三个轨迹类型,轨迹类型 1 为参照组。

表 4 组成员身份预测模型参数

轨迹类型	变量	参数估计值	标准误	T-value	P-value
轨迹类型 1					
轨迹类型 2	常数项	-13.20678	1.78014	-7.419	0.0000
	基期年龄	0.15953	0.02500	6.382	0.0000
	女性(参照:男性)	0.23102	0.27663	0.835	0.4037
	少数民族(参照:汉族)	0.34542	0.48008	0.719	0.4718
	受教育年限	0.01473	0.25692	0.057	0.9543
	党政机关/事业单位/部队(参照:农民和未正式工作过城市老年人)	0.95985	0.65777	1.459	0.1445
	企业及其他(参照:农民和未正式工作过城市老年人)	-0.18036	0.42146	-0.428	0.6687
轨迹类型 3	常数项	10.36860	1.18751	8.731	0.0000
	基期年龄	-0.15935	0.01698	-9.383	0.0000
	女性(参照:男性)	-0.62850	0.14257	-4.408	0.0000
	少数民族(参照:汉族)	-1.53210	0.35205	-4.352	0.0000
	受教育年限	0.44081	0.10605	4.157	0.0000
	党政机关/事业单位/部队(参照:农民和未正式工作过城市老年人)	1.22166	0.39317	3.107	0.0019
	企业及其他(参照:农民和未正式工作过城市老年人)	0.78713	0.18170	4.332	0.0000

年龄的影响。基线调查时年龄越大，相对于轨迹类型1，老年人被分配到轨迹类型2的可能性越高（参数为正），被分配到轨迹类型3的可能性越低（参数为负）。且轨迹类型2、轨迹类型3与轨迹类型1的差异与年龄的关系均具有统计意义。也就是说，基线调查时年龄越大，ADL自理能力的起点越低，且ADL自理能力急速下降的可能性越高。

性别的影响。相对于男性老年人，女性老年人被分配到轨迹类型3的优势比[1]为0.53倍，而且这种差异具有统计显著性。也就是说，男性老年人ADL自理能力随时间的变化模式更可能倾向于高起点平稳下降态势。

民族的影响。相对于汉族老年人，少数民族老年人被分配到轨迹类型3的优势比为0.21倍，而且这种差异具有统计显著性。根据轨迹类型的定义，汉族老年人ADL自理能力随时间的变化模式上更可能呈现高起点平稳下降的特点。

社会经济地位的影响。不同社会经济地位的老年人，其ADL残障发展模式存在显著差异。受教育年限越高的老年人，被分配到轨迹类型3的可能性比分配到轨迹类型1的可能性高（参数均大于0），而且这种差异具有统计显著性。也即，受教育年限高的老年人ADL自理能力发展轨迹更可能呈现高起点平稳下降特点。从老年人身份看，轨迹类型3与轨迹类型1的差异与老年人身份的关系具有统计意义。与其他老年群体相比，老年农民和城市从未有过正式工作的老年人被分配到"高起点平稳下降型"轨迹的可能性最低。而对已有高龄老年人研究表明，农村高龄老人的残障发展轨迹更可能属于理想型，这可能是由于城乡老人受到的选择性生存力量在程度上有所不同，农村老年人的生活医疗条件普遍要比城市老人差，身体虚弱的农村老人可能更早死亡，这样存活下来的高龄农村老人自理能力状况会更好。

（五）随时间变化变量对轨迹发展的影响

在组基础模型中，随时间变化变量的作用是预测残障发展轨迹的发展形态。因此，在确定模型分组的基础上，将随时间变化变量纳入模型。根据组基础模型，不同轨迹类型随时间变化变量对结果变量的影响不同，差异体现在参数估计中（见表5）。

---

[1] 优势比为模型参数的指数函数。

表 5 随时间变化变量影响轨迹发展的模型估计结果

	轨迹组 1		轨迹组 2		轨迹组 3	
	参数	P 值	估计	P 值	估计	P 值
截距项	4.1088	0	6.6907	0	11.2492	0
时间	-0.6943	0	-0.2515	0	-0.017	0
非农业(参照:农业)	-1.5707	0	-0.1628	0.075	-0.0077	0.78
丧偶(参照:有配偶)	-0.083	0.5196	0.2191	0.0106	-0.1039	0.0001
未婚或离婚(参照:有配偶)	3.6629	0	0.2665	0.0182	0.0042	0.8913
经济自评(参照:无困难)	0.1769	0.1653	0.1327	0.1174	0.0277	0.2423
有慢性病(参照:无)	0.7546	0	0.0198	0.8209	-0.0651	0.0043
孤独感	-0.0556	0.3607	0.0745	0.0838	-0.0471	0.0001
健康自评	1.712	0	1.0828	0	0.1433	0
抽烟(参照:不抽烟)	0.5958	0	-0.6171	0	0.0055	0.8097
喝酒(参照:不喝酒)	-0.1486	0.3104	0.5012	0	0.0393	0.0895
闲暇活动数量	0.1743	0	0.1958	0	0.0226	0
去邻居家串门	0.7377	0	0.4633	0	0.049	0.0003
子女孝顺(参照:一般或不孝顺)	0.4592	0.001	0.3815	0	0.0532	0.0219
有室内厕所(参照:无)	0.3188	0.0206	-0.1184	0.2228	0.0508	0.0535
有天然气/煤气(参照:无)	-0.238	0.0578	0.3218	0.0001	0.0651	0.0065
有自来水(参照:无)	0.5919	0.0001	-0.1378	0.0854	0.0446	0.0881

时间是最基本的变化协变量,时间对于 ADL 评分的影响在三个轨迹类型中都有统计意义 ($p<0.01$),且对 ADL 评分均为负效应。

从人口和社会经济情况看,相对于农业,户籍为"非农业"的老年人 ADL 评分下降更快(参数估计均小于 0),这种差异在轨迹类型 1 中具有统计意义;婚姻的保护作用在老年期仍然存在,相对于有配偶,丧偶的老年人在轨迹类型 3 中对 ADL 评分有显著的负效应。经济自评在三个轨迹类型中对于 ADL 评分的影响均不显著。

从健康情况看,相对于无慢性病,有慢性病的老年人在轨迹类型 1 中对 ADL 的评分有显著的正效应,轨迹类型 3 中对 ADL 评分有显著的负效应。孤独感在轨迹类型 3 中对 ADL 评分的影响具有显著的负效应。健康自评对 ADL 评分在三个轨迹类型中均有显著正效应,即健康自评越高,ADL 下降越慢。可见,对于老年群体中的大多数,属于"高起点平稳下降型"的这些老年人来说,没有慢性病、情绪状况好有助于他们维持较好的自理能力状况。而在那些自理能力状况一开始就不太好,而且下降比较快的老年人当中,一些人可能因为身患慢性病经常看病吃药,健康状况反而可能比其他人维持得更好。

从健康行为看,相对于不抽烟,在轨迹类型 1 中抽烟对于老年人 ADL 评分有显著的正效应,在轨迹类型 2 中有显著的负效应。这反映出问题的复杂性,老年人 ADL 自理能力是生活习惯与自然环境、社会经济环境相互博弈的最终结果,生活习惯是否会对老年人 ADL 评分产生影响,还有赖于老年人的生活环境是否会激化生活习惯对于健康的影响。[①]

从社会交往和家庭支持情况看,去邻居家串门越频繁,闲暇活动参与数量越多,ADL 评分下降越慢,这种影响在 3 个轨迹类型中均有统计意义。当然这也可能是由于功能健康状况维持较好,从而能够更多地外出活动,形成一个互为促进的关系。在 3 个轨迹类型中,子女孝顺对 ADL 评分均具有显著正效应。

从住房室内设施情况看,在那些 ADL 自理能力状况一开始就不太好,而且下降比较快的老年人当中,住房内有室内厕所、有自来水的老年人,其 ADL 自理能力下降更慢;而对属于"高起点急速下降型"和"高起点平稳下降型"的老年人来说,室内有燃气/煤气对于其 ADL 自理能力具有正效应。

四 IADL 发展轨迹分析

(一)确定组群数量

与 ADL 评分轨迹相同,IADL 评分轨迹的分析将时间变量 T 按实际时间间隔设定为:$T_1=0$,$T_2=6$,$T_3=10$。同时,在设定模型时仅考虑一次项的时间函数,而不考虑多次项。在此基础上,对于不同组数分别建立模型,并通过比较不同模型的 BIC 值确定组群数量。发现当组数为 2 时,BIC 绝对值达到最小,因此 IADL 评分发展轨迹类型数的最优数量为 2 类,以此建立模型。

[①] 尹德挺:《中国高龄老人生活自理能力纵向动态研究》,《人口学刊》2007 年第 6 期。

（二）不同类型特征的描述

根据各亚总体的观测分类，可以将全部个体分为两种类型。分别计算各亚总体 IADL 评分的观测值和估计值。图 4 是 IADL 评分的观测值和估计值随时间变化的轨迹图。为更好描述不同亚总体的特征，将 IADL 评分的观测值和估计值按照时间展示为表 6。

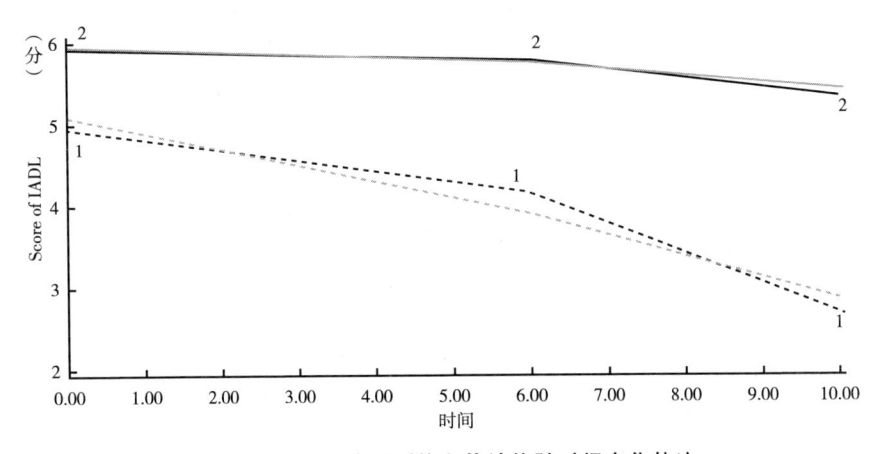

图 4　IADL 评分观测值和估计值随时间变化轨迹

注：实线表示观测值，虚线表示加入协变量后 IADL 评分的预测值。

表 6　IADL 评分的观测值和估计值

单位：分

年份	观测值		估计值	
	轨迹类型 1	轨迹类型 2	轨迹类型 1	轨迹类型 2
2000	4.9415	5.91927	5.0877	5.94549
2006	4.16931	5.77929	3.89384	5.74974
2010	2.70051	5.34724	2.89066	5.43446

由上可见，IADL 评分的观测值和估计值很接近，不同亚总体 IADL 评分均呈现不同程度的下降趋势，但变化的特点又有所不同，可以归纳如下。

轨迹类型 1：个体基期 IADL 评分相对较低，平均为 4.9 分（最高为 6 分），且随时间推移快速下降，在 2010 年第三期时平均分下降为 2.7 分，低于 3 分，因此该轨迹类型可以归纳为"低起点快速下降型"。超过三成的老年人（32.17%）属于这一类型。

轨迹类型 2：个体基期 IADL 评分较高，为 5.9 分，接近满分，随时间推移下降较慢，在 2010 年第三期平均分下降为 5.3 分，仍高于 5 分，因此该轨迹类型可以归纳为"高起点缓慢下降型"。大部分老年人（67.83%）属于这一类型。

（三）模型拟合评价

为进一步对模型进行探索，分别建立组基础模型和组基础删截正态模型，其中，组基础删截正态模型相对于组基础模型 BIC 值由 -18926.8 变为 -11713.63，说明组基础删截正态模型拟合效果优于组基础模型，选择组基础删截正态模型是合适的。

根据后验概率最大的组成员资格分类标准，第一组成员被正确分配的概率为 86.91%，第二组成员被正确分配的概率为 90.82%（见表 7）。两个轨迹类型成员被正确分配的概率均远高于 70%，按照组成员分类的可接受标准，可以认为模型较好地拟合了老年人 IADL 评分发展轨迹。

表 7　轨迹类型成员资格概率、样本组分类、总体比例估计

单位：%

	第一组（n=1160）	第二组（n=2446）
第一组	86.91	13.09
第二组	9.18	90.82
观测分类	32.17	67.83
模型估计分类	34.2	65.8

（四）时间恒定变量对轨迹类型归属的影响

表 8 反映了预测组成员资格的 logit 回归模型结果。模型包含两个轨迹类型，轨迹类型 1 为参照组。

表 8　群体成员身份预测模型参数

轨迹类型	变量	参数估计值	标准误	T-value	P-value
轨迹类型 1					
轨迹类型 2	常数项	15.43407	0.93061	16.585	0.0000
	基期年龄	-0.23383	0.01345	-17.382	0.0000
	女性（参照：男性）	0.86626	0.13394	6.468	0.0000
	少数民族（参照：汉族）	-1.79599	0.27588	-6.510	0.0000

续表

轨迹类型	变数	参数估计值	标准误	T-value	P-value
轨迹类型2	受教育年限	0.27570	0.09418	2.927	0.0034
	党政机关/事业单位/部队(参照:农民和从未正式工作过城市老年人)	0.82799	0.26163	3.165	0.0016
	企业及其他(参照:农民和未正式工作过城市老年人)	0.84884	0.42146	4.944	0.0000

在控制其他变量的情况下,基期年龄越大,基期IADL自理能力越低,且IADL自理能力快速下降的风险也越高。与汉族老人相比,少数民族老年人IADL基期评分更低,且随时间下降的速度更快,更可能呈现"低起点快速下降型"特征。较男性老年人,女性老年人IADL自理能力随时间的发展更可能呈现高起点缓慢下降特征,而在ADL自理能力发展轨迹上则相反。这很可能是由社会文化和习俗造成的,很多男性老年人在年轻时就不从事家务活动,但这不代表老年人该项能力的退化或丧失。老年人的IADL残障发展轨迹类型在社会经济地位上存在显著分化。受教育程度越高的老年人,归属于"高起点缓慢下降型"的可能性也越高。与其他老年群体相比,老年农民和城市从未有过正式工作的老年人被分配到"高起点缓慢下降型"轨迹的可能性最低。

(五) 随时间变化变量对轨迹发展的影响

根据组基础模型,不同轨迹类型随时间变化变量对结果变量的影响不同,差异体现在参数估计中(见表9)。

表9 随时间变化变量影响轨迹发展的模型估计结果

变量	轨迹类型1		轨迹类型2	
	参数	p值	估计	p值
截距项	-0.2002	0.7049	5.11816	0
时间	-0.16757	0	-0.44582	0
非农业(参照:农业)	-0.26466	0.2119	-0.06101	0.7963
丧偶(参照:有配偶)	-0.64623	0.0009	-0.15289	0.429
未婚或离婚(参照:有配偶)	-0.0218	0.9217	-0.39799	0.12

续表

变量	轨迹类型1		轨迹类型2	
	参数	p值	估计	p值
经济自评(参照:无困难)	0.24874	0.1502	0.18088	0.3122
有慢性病(参照:无)	-0.45909	0.0145	-0.98627	0
健康自评	1.21076	0	1.93658	0
抽烟(参照:不抽烟)	-0.18993	0.2781	-0.43767	0.0474
孤独感	-0.06945	0.4373	-0.27049	0.0044
喝酒(参照:不喝酒)	0.06085	0.7289	0.27309	0.2024
闲暇活动数量	0.36288	0	0.51799	0
去邻居家串门	0.8498	0	0.34777	0.002
子女孝顺程度	0.85903	0	0.32471	0.0784
有室内厕所(参照:无)	0.45101	0.0346	0.46544	0.0248
有天然气/煤气(参照:无)	0.21212	0.2613	0.2707	0.1758
有自来水(参照:无)	-0.13644	0.4733	0.04008	0.8399

时间是最基本的随时间变化协变量,与ADL轨迹模型相同,时间对于IADL评分的影响在两个轨迹类型中均有统计意义($p<0.01$),且对IADL评分均为负效应。

从人口和社会经济情况看,户籍对于IADL评分的影响不显著;对于属于低起点快速下降型的老年人来说,相对于有配偶,丧偶对老年人IADL自理能力有显著的负效应。

从健康情况看,相对于无慢性病,有慢性病对IADL评分均有显著负效应;在两个轨迹类型中,健康自评对IADL评分均有显著正效应,即健康自评越高,IADL下降越慢。对于属于高起点缓慢下降型的老年人来说,情绪状态好、不抽烟老年人的IADL自理能力维持得更好。

从社会交往和家庭支持情况看,去邻居家串门越频繁,参与闲暇活动数量越多,IADL自理能力下降越慢,这种影响在两个轨迹类型中均有统计意义。当然这也可能是由于老年人自理能力较好,而能够更多地外出和活动,形成一个互为促进的关系。对于那些属于"低起点快速下降型"发展轨迹的老年人来说,子女孝顺对于其IADL自理能力具有正效应。

从室内设施情况看,对所有老年人来说,相对于住房内无厕所的老年人,住房内有厕所的老年人IADL自理能力下降更慢。

五　总结

（一）结论和建议

第一，老年人自理能力发展轨迹存在明显的群体差异。研究表明，老年妇女、少数民族老年人、低教育程度者、老年农民和城市从未正式工作过的老年人这些老年群体，他们的生活自理能力发展轨迹属于较差模式的可能性更高。可见，社会经济地位对老年人功能健康的发展具有持续性影响。研究者们也普遍同意社会经济地位是人们健康水平的重要影响因素，健康不平等主要由社会不平等形塑。① 因此，要加强社会政策的公平性导向，缩小不同社会群体在收入和教育上的差距，积极扩展社会经济地位对健康的正向作用。不同群体的健康差距也反映了医疗卫生服务资源分布的不平等，需要加强医疗卫生服务提供、筹资和利用三个方面的公平性，保证每一个人特别是社会弱势群体都能公正和平等地获得所需的医疗卫生服务。

第二，老年人功能健康状况的改善需要家庭和社会力量的广泛介入和支持。社会支持（社会网络、交往、支持和服务）的数量和质量会显著形塑残障的发展和后果，② 本研究表明在控制其他变量的情况下，与邻里保持密切来往、参与闲暇活动、没有孤独感对老年人 ADL 和 IADL 的发展具有正向作用，这是因为社会交往既与社会资本和社会支持相关联，也与人际层面的情感支持相联系，因而对于健康具有正效应。③ 家庭支持和代际关系对于老年人功能健康的发展也具有重要影响。对于 ADL 发展属于高起点平稳下降型轨迹的老年人来说，有配偶老年人的 ADL 维持得更好。不管属于何种轨迹，子女孝顺的老年人，他们的 ADL 评分下降更慢。对于 IADL 发展属于低起点快速下降型轨迹的老年人来说，有配偶老年人、子女孝顺的老年人，他们的 IADL 维持得更好。对于老年人来说，特别是缺乏社会经济资源的群体而言，通过增加与家人、邻里和朋友的联络、交流来改善健康状况是相对容易采用的路径。当然当前家庭养老和子女

---

① 王甫勤：《社会经济地位、生活方式与健康不平等》，《社会》2012 年第 2 期。
② 王袥：《国外老年生活质量研究的重心转移及其启示》，《国外社会科学》2009 年第 1 期。
③ 郭惠玲：《由心至身：阶层影响身体的社会心理机制》，《社会》2016 年第 2 期。

孝顺面临越来越多的挑战，有研究指出，在老人赡养方面最重要的变化是中国传统文化养老机制的关键——孝道的衰落。[①] 因此，在老龄社会背景下，还需要基于老年人功能健康的发展规律构建适合的社会照护服务体系。

第三，健康老龄化是发展和维护老年健康生活所需的功能发挥的过程。中国老年人生活自理能力发展轨迹以高起点平稳或缓慢下降为主，为预防为先、低成本推进健康老龄化提供了现实基础。研究表明，超过七成（73.30%）老年人的 ADL 发展轨迹呈现高起点平稳下降的特点，接近七成（67.83%）老年人的 IADL 发展轨迹属于高起点缓慢下降型。没有慢性病、情绪状态好有助于老年人生活自理能力的维持。这凸显了开展社区预防照护服务的重要性和必要性，社区预防照护服务是以健康和比较健康老年人为重点，所关注的焦点是如何减缓老人生理功能退化。预防照护的目标不只是改善老年人的运动功能及营养状况等，更是透过身心功能的改善与环境的调整等，来提升老人的生活功能与社会参与，并以此来支持深化老人的生命意义与自我实现，提高老人的生活质量。[②] 在服务体系搭建上，应由街道办事处和乡镇政府这一级地方政府机关进行主导，针对区域内老年人的特性与需求，整合地方资源，与社区居民共同合作，形成稳定的服务团队和资金支持。积极借鉴先进经验，日本在都市地区平均 4000 位老人居住的生活圈，设置一个"社区整体支援中心"，自觉体衰问题者可向"社区整体支援中心"申请介护预防服务。在服务理念上，融入"自立"观念，不是"帮老人做"，更要"教老人做"，不是"限制老人出门"，而是要"鼓励老人外出"。

第四，大力推进长期照护体系建设，对功能已丧失或有严重丧失风险的老年人，维护其功能发挥，对老年人获得正常生活和尊重的权利予以重视。世界卫生组织明确指出，在 21 世纪，没有任何一个国家能够负担得起缺乏综合性系统的长期照护的后果。[③] 中国在长期照护发展的初期阶段，需要明确长期照护的社会服务性质，建立社会照料和医疗照护的资源整合路径。开展长期照护体系建设，规划建置设施、人力、资金三大基础资源，建立健全需求评估和质量监管机制。合理引导预期，重视对家庭照顾

---

① 阎云翔：《私人生活的变革》，上海人民出版社，2017，第 214 页。
② 庄秀美：《预防照顾的概念及其相关课题》，《社区发展季刊》2013 年第 141 期。
③ 世界卫生组织：《关于老龄化与健康的全球报告》，2016。

的支持，形成自助、共助、公助的社会氛围，可持续地满足社会长期照护需求。此外，要在长期照护中注重规划居家环境改造服务，居家环境在维持和改善老年人日常功能中的作用已经在理论和实践中得到了广泛的认同，① 我们的研究结果对此也提供了印证。

（二）对于数据的讨论

国际上通常认为老年健康研究至少应该跟踪调查 5 次，观测期间至少 8 年，这样的研究结果才更加科学和有效。我们这次跟踪调查时间跨度虽然达到 10 年，但每 5 年进行一次，间隔较长，难以有效捕捉到老年人生活自理能力动态变化的全部信息和完整过程。同时研究者不掌握十年来被追踪老年人的失访和死亡信息，也使得我们不能了解老年人健康、失能、死亡的全部变化和信息，这无疑会对分析的广度、深度以及估计的精准性带来一定影响。此外，在三次调查问卷设计上，2006 年与 2010 年两次调查问卷相似度很高，问卷设计也更为合理，但与 2000 年问卷相比差异较大，导致影响因素分析中的变量选择受到一定限制。

还需注意的是，不管是横向研究还是纵向研究，首先需要了解和明确的是我们的研究对象是什么，哪些属于失能人群。本次研究使用的三次中国城乡老年人口状况追踪调查数据（SSAPUR）中，日常生活自理能力（ADL）的测量包括吃饭、穿衣、洗澡、上厕所、上下床、室内走动这六个项目，在回答选项上分为不费力、有些困难、做不了这 3 项。"有些困难"人群实际包括了两类人，一类是虽有困难但仍能自己完成，另一类是需要一些帮助才能完成，这两类人日常生活自理能力的动态变化肯定是存在差异的。这些都需要在今后的研究中加以注意和改进。

---

① Hans-Werner W., Agneta F., Frank O., et al. The Home Environment and Disability-related Outcomes in Aging Individuals: What is the Empirical Evidence? [J]. *Gerontologist*, 2009, 49 (3): pp. 355 - 367.

老年人的慢性病及其生活意义*

李　晶**

摘　要：健康问题是老年期要应对的首要问题。老年人是慢性病的高发人群，慢性病极大地影响患病老人及其家庭的日常生活。为深入讨论患慢性病的老年人在遭受身体疼痛时的主观体验，以及身体疼痛与精神痛苦之间的关联机制，本文提出了符合中国文化语境的"病苦"这一概念。根据中国老龄科研中心课题组2011年和2014年在湖北进行的实地调查，本文应用质性研究方法对慢性病之于老年人生活质量的影响，特别是对老年人所感知的生活意义的影响进行探讨。研究发现：慢性病是大部分老年人及其照料者生活世界的重要组成，但不同的社会支持和家庭照顾会造成不同的生活处境。患病老人得到的社会支持越多、家庭关系越亲密，其生活满意度越高、幸福感越强。而那些缺少社会支持和家庭照顾的慢病老人不仅健康水平下滑，还要承受心理上和精神上的更大痛苦。在目前我国的社会保障和服务水平下，家庭仍然是慢病老人生活意义的最主要来源和载体，是决定他们生活质量的最重要因素。

关键词：老年人　慢性病　生活质量　生活意义

一　引言

20世纪中叶以来，全球疾病谱和死因谱发生了重大变化，一些传统的

---

* 本文系科技部国家重点研发计划"我国人群增龄过程中健康状态变化特点与规律的研究"子课题"健康状态影响因素的分析研究"（项目号2018YFC2000303）的阶段性成果。

** 李晶，博士，中国老龄科学研究中心老龄社会与文化研究所所长，副研究员。

烈性传染病得到了有效控制，慢性病在疾病谱和死因谱中的位置逐年上升。老年人是慢性病的高发人群，无论在发达国家还是发展中国家，慢性非传染疾病现在都是老年人口的主要死因。2015 年"第四次中国城乡老年人生活状况抽样调查"① 显示，中国老年人患慢性病的比例是比较高的，32.1% 的老年人患有一种慢性病，50.5% 的老年人患有两种及以上慢性病，仅有 17.3% 的老年人未患慢性病。分城乡看，农村老年人患慢性病的比例（83.4%）略高于城镇（82.0%）。分性别看，女性老年人患慢性病的比例（85.7%）高于男性老年人（79.4%）。随着年龄的增长，老年人患慢性病的比例越来越高。60~69 岁的低龄老年人患有一种及以上慢性病的比例为 78.9%，70~79 岁的中龄老年人的这一比例增长到 86.8%，80 岁及以上老年人的此比例达到 88.3%。

在老龄社会，健康问题已经成为老年期要应对的首要问题。罹患慢性病对每个老年人及其家庭来说都是重要的生活事件，极大地影响患病老人及其家庭的日常生活和生活质量。目前，国内对于老年人慢性病的研究主要是从公共卫生的角度出发，对慢性病如何影响老年人的生活质量的研究还比较少，更鲜有应用质性研究方法研究老年人慢性病对其生活的意义进行探讨。本文根据中国老龄科研中心课题组 2011 年和 2014 年在湖北进行的调查，应用质性方法研究慢性病之于老年人生活质量的影响，特别是对老年人所感知的生活意义的影响进行探讨。

二 概念和理论框架

现代医学起源于 18 世纪末的欧洲，在这个时期，疾病细菌学理论形成，内科学、麻醉学、病理学、免疫学和外科技术都取得了长足的进步。发展至 20 世纪，医疗实践完全以每种疾病都有明确的致病原因为前提，治疗疾病的最佳手段是采用生物医学方法控制和消除该致病原因②。医学的发展影响着人们对于疾病的理解。现代社会之前，人们对疾病的理解往往与社会环境因素及个人品行联系在一起，但现代医学的进步以及科学世界观

---

① 2015 年，在全国老龄工作委员会办公室的领导下，中国老龄科学研究中心实施了"第四次中国城乡老年人生活状况抽样调查"，前三次调查分别在 2000 年、2006 年和 2010 年进行。文中 2015 年全国调查均指此次调查。
② 〔美〕威廉·科克汉姆：《医学社会学》，杨辉等译，华夏出版社，2000，第 3~6 页。

的建立，使得人们逐渐把疾病问题全部归因于生物医学所代表的科学范畴，而忽视了疾病的社会性方面。如生物医学模式（biomedical model）将人的身体视同机器，生病就是机器出现故障，医学的任务就是找出故障的原因，然后通过适当的治疗使身体这部机器恢复正常。生物心理社会模式（biopsychosocial model）注意到了疾病的社会文化因素，认为除了生物因素外，人的疾病还受到社会、心理和文化等因素的影响。但此种模式仍然注重疾病的客观方面，而忽视疾病对于患者的主观意义的解释[1]。此种疾病观认为患者的感受不属于科学研究的范畴，从而将其从疾病研究中剥离出来。

希波克拉底被尊奉为医学之父，他的名言"知道是谁生了病，比知道他生了什么病更重要"为医务工作者所熟知，但很多人对他的告诫却已淡忘。对于病患及其家庭来说，所要面对和处理的不只是造成身体损伤和障碍的病症，还有与这些病症紧密相关的心理、情绪、感受等问题。如，为什么生病的是我？生病意味着什么？生病带来哪些改变？等等。而这些问题并不是科学研究所不能回答的。如果医学研究更专注于生物学层面的疾病及其治疗，那么社会学者和人类学者应给予生病的人更多关注，去回答有关人的主观体验和意义世界的问题。由疾病而引发的身体的疼痛是不能忽视的客观方面，但我们也希望了解患者是如何应对和解决身体的疼痛，以及这带给他们及其家人精神上和心理上的痛苦感受是怎样的，以及哪些因素加剧或缓解了这种痛苦的感受。为此，研究者需要提出能够区分生理性疾病和患病体验的概念。

哈佛大学精神医学和人类学教授阿瑟·克莱曼（Arthur Kleinman，又名凯博文）区分了"疾病"（disease）和"疾痛"（illness）的不同含义：疾病是生物医学问题，而疾痛是症状与残障在人们生活上所造成的主要困难。他更为关注疾痛对于人们生活的影响。他认为，根据生物心理社会模式，疾病是联结身体、自我和社会的网络，是多种因素互动的结果[2]。克莱曼所谓的身体、自我与社会，大致对应着个体的生理、心理和社会关系。"身体"的患病是起因（也可以是结果），而"自我"不仅包括个体在患病后的心理过程，还包括患者对于疾病之于自己生活意义影响的诠

---

[1] 陈慧英：《诠释学视野下癌症的"意义"》，载贺玉英、阮新邦编《诠释取向的社会工作实践》，八方文化企业公司，2004，第181~184页。
[2] 〔美〕阿瑟·克莱曼：《疾痛的故事——苦难、治愈与人的境况》，方筱丽译，上海译文出版社，2010，第1~5页。

释。"社会"所指向的既可能是获得社会支持,也可能是失去社会支持;其结果既可能是减轻疾病症状,也可能会加深疾病对个体的伤害。

法国历史学家罗塞林·雷伊(Roselyne Rey)对疼痛做了历史性分析,区分了肉体的疼痛(pain)和精神的痛苦(suffering)两个词。从语言学的角度分析,"疼痛"指向受苦的客观感受,而"痛苦"一词则指向遭受痛苦的主体。"受苦"一词来源于拉丁文 sufferre,意思是忍受或忍耐,是表明人或主体必须要承担的动作[①]。Suffering 的提出对于疾病研究非常重要。与克莱曼的 illness 相近,但 suffering 更接近意义世界的描绘,更强调精神层面的感受。

本文将克莱曼的"疾痛"和雷伊的"痛苦"相结合,提出更符合中国文化语境的"病苦"这一概念,用于描述疾病给个人带来的心理折磨和精神痛苦。"苦"是中国人常用的词,意指物质上的匮乏、身体上的磨难和精神上的挫折,但更加强调心理或精神层面的不幸,如"命苦""心里苦""过得苦"等说法。而物质层面的艰难,如"苦日子",如果精神上是愉悦的,也可以变得甜蜜。相反,富裕甚至奢华的物质生活下,仍然可能有精神痛苦。正因为中文的"苦"具有这样的含义,本文提出"病苦"这一概念,用来分析慢性病老年人的身体之痛与精神之苦二者间的关联。

从生理层面看,慢性病是躯体功能出现障碍。从社会层面看,哪些人的患病风险更大、患病后能够获得什么样的治疗,都受到其社会经济地位的影响。一般而言,社会经济地位较低者患病风险较高,但获得的治疗较差。然而,这个主要基于量化研究的统计学结论是一个"见数不见人"式的宏观结论,对于研究慢性病对老年人生活质量的影响是不足够的。如前所述,疾病对于患病者的影响不仅是指病症,还有患病后的生活体验。同样的,对老年人慢性病的社会研究不仅仅是分析老年患者的社会人口学特征,研究内容还包括患病对他们的心理体验和精神感受的影响,以及社会支持和亲密关系在其中的作用机制。

在传统中国社会,家庭是社会的基本单位,家庭制度是社会制度的基础,家庭伦理是社会价值体系的核心。老年人的物质支持和情感支持都来自家庭。发展至现代社会,家庭制度发生了巨大转变,个人对家庭的依赖性有所下降。尤其对那些养老保障待遇较好的老年人来说,经济上基本独

---

① 〔法〕罗塞林·雷伊:《疼痛的历史》,孙畅译,中信出版社,2005,第 2 页。

立；当然，仍然有很多老年人需要子女的经济支持。但随着年龄增长，老年人逐渐退出社会舞台，他们的主要生活领域最终都转向家庭。因此，虽然现代社会变迁在某种程度上削弱了家庭对于个人生活意义的影响，但老年人的社会支持，特别是情感方面的支持，仍然主要来自家庭，家庭亲密关系对老年人的生活质量仍然有极大影响。与此同时，现代社会的价值体系中增加了集体、社会、国家等意义来源，与传统文化中的家庭伦理和传承信念等共同建构了现时代的价值体系。不过，由于传统价值和现代价值的相互消磨，二者似乎都难以独立承载超越的意义，在某些情况下出现了价值虚无主义。在"正常"的生活状态下，世俗的成功可以承载部分的生活意义，个人主义成为潜在的普遍价值。而在"非正常"的生活状态下，如老年人患慢性病并遭受疾病折磨，可能就会因价值无所凭借而陷入迷茫，感到生活没有意义，严重的甚至走向自杀。

郑晓江在有关自杀的讨论中指出，现代人应当超越个体自我为中心的人生观，重建社会责任和家庭责任感，使自己的生命与他人及社会相连通。这才是解决现代自杀问题的根本[①]。意即，个体须建立与社会及家庭的联系，生命才能获得意义。这与弗兰克所说，越是忘记自己越有人性，是一样的。弗兰克的"意义疗法"指出，只要认识到痛苦是深具意义的，就不会因遭遇不幸而放弃希望[②]。其实，弗兰克所说的"意义"根植于宗教的牺牲和救赎。中国文化没有发展出制度化的宗教，其超越性的价值体系建基于世俗的家庭伦理，而世俗的家庭伦理之所以能够承载超越的价值，在于家族血脉的延续将过去、现在和未来的世界连接起来，从而赋予个体生命以超越的意义。

由此，本文提出以下理论假设：慢性病是老年人最主要的生存挑战。由于慢性病无法完全治愈，治疗的目标不是根除疾病，而是减轻痛苦和残障。老年人的生活质量无疑受到健康状况的直接影响，但不同的家庭关系和社会支持会使慢病老人的生活质量截然不同。概括地说，患病老年人的家庭关系越亲密，得到的社会支持越充足，越能感受到家庭道德和社会价值的正面影响，其感受中的精神之苦就越少，而满意度更高、幸福感更

[①] 郑晓江：《论现代人之自杀问题及其对策》，《南昌大学学报》（人文社会科学版）2001年第4期。

[②] 〔美〕维克多·弗兰克尔：《活出生命的意义》，吕娜译，华夏出版社，2010，第136页，第139~143页。

强。而那些家庭关系疏离、社会支持不足的慢病老人不仅健康水平下滑，而且会承受心理上和精神上的更大痛苦。

三 研究方法和资料来源

目前，我国大部分研究主要采用问卷调查和量化方法对老年人生活质量进行研究。问卷调查有其优势，但也有其局限。在老年人慢性病研究方面，可以通过问卷调查了解老年人的社会人口学特征、老年人的健康状况和健康自评等级，以及彼此之间的相关关系。在心理健康方面，问卷调查可以询问老年人是否感到孤独、幸福等，但回答只能是肯定、否定及其程度，而难以了解到老年人因何有此种感受，这种感受是始终如一的，还是不断变化的。为了更深入地了解老年人的生活质量状况，近年来，笔者与中国老龄科研中心的同事进行了一系列老年人生活状况的质性研究，走访了不少老年人及其家庭，特别是患病、失能的老年人家庭。本文的资料来源是分别于 2011 年和 2014 年在湖北省进行的两次调查。

2011 年，课题组在湖北进行居家老年人长期照料状况调查。[①] 课题组主要采用深度访谈和参与观察方法，访谈对象主要是老年人及其家庭照料者。课题组在武汉市城市社区入户探访了 9 个家庭，其中，高龄独居老人 2 户，高龄空巢老人 2 户，空巢失能老人家庭 1 户，失能老人和残疾子女家庭 1 户，纯老户 1 户，老人照料者 2 位。在仙桃市农村入户探访 10 个老年人家庭，其中，空巢老人家庭 2 户，独居失能老人 2 户，空巢失能老人家庭 6 户。在征得被访老年人和家庭照料者同意的情况下，访问员也对部分被访者的居家环境、日常生活进行了短时间的观察了解。此外，课题组还对调查地各级老龄干部、街道/乡镇干部、社区/村干部、社区为老服务机构负责人等十余人进行了较正式的个人访谈。

2014 年，课题组在湖北省进行农村老年人自杀态度调查。[②] 我国农村老年人的自杀率高于城市，而湖北是我国农村老年人自杀率较高的地区之

---

① 2011 年度民政部科学事业单位基本业务费项目"中国城乡基本养老服务研究"调查在湖北、甘肃、江苏、重庆、黑龙江五省市进行。笔者与课题组的郭平、麻凤利、魏彦彦、王莉莉、叶晓恬共同完成湖北省的实地调研工作。
② 此项目为 2014 年度民政部科学事业单位基本业务费项目。调查分别在北京、江苏、湖北三省市进行，罗晓晖完成了在湖北调查的资料收集工作。

一。2014 年，我们在湖北麻城 M 村进行了有关老年人自杀态度的调查。M 村位于湖北省东北部，全村有 11 个村民小组，村民 1943 人。调查员对其中 3 个村民小组能够接受调查的全部 55 岁①及以上村民进行了自杀态度问卷调查，共计调查 77 人。问卷调查使用肖水源等编制的自杀态度调查问卷（Suicide Attitude Questionnaire，QSA）。QSA 共有 29 道问题，分为四个维度，分别是对自杀行为性质的态度（F1）、对自杀者（包括自杀死亡者与自杀未遂者）的态度（F2）、对自杀者家属的态度（F3）和对安乐死的态度（F4）。

在问卷调查的基础上，我们还采用深度访谈做进一步的调查，对 77 位接受问卷调查村民中的 11 位 60 岁以上的老年人进行了深度访谈。在选择访谈对象时，调查员兼顾了性别、年龄、表达能力，以及接受访谈的意愿等因素，最终确定了男性被访者 6 名（60~69 岁 4 人，70~79 岁 1 人，80 岁及以上 1 人），女性被访者 5 名（60~69 岁 2 人，70~79 岁 2 人，80 岁及以上 1 人）。主要访谈内容是被访者对身边老年人自杀事件的看法、对自杀者及其家庭的评价，以及对老年人生命价值的理解等。对访谈资料的分析既包括被访老人对自杀相关事实的陈述和他们对此类事件的看法，也包括被访老人对于自杀者以及相关他人行为和想法的评价。

四 资料分析

与全国老年人口快速增长的趋势相一致，湖北省的人口老龄化形势也十分严峻。按照 60 岁及以上人口占总人口比例达 10% 或 65 岁及以上人口占总人口比例达 7% 的标准，湖北省于 2003 年起进入人口老龄化社会。根据湖北省第六次人口普查办公室、省统计局公布的第六次人口普查数据，截至 2010 年 11 月 1 日零时，全省常住人口为 57237740 人，户籍人口为 61759720 人，65 岁及以上的人口占总人口比重为 9.09%。

如前所述，本文主要讨论老年人在罹患疾病且遭受身体疼痛时的主观体验、身体疼痛与精神痛苦之间如何关联。为此，本文提出了符合中国文化语境的"病苦"这一概念，用来分析慢性病老年人的身体之痛与精神之

---

① 中国采用联合国标准，将 60 岁设定为进入老年期的界限。但在中国农村，传统上是按照家庭角色来判断一个人是否老年人的，即主要看其是否有孙辈出生。综合考虑，此次问卷调查以 55 岁为老年人标准选取被访者，而深度访谈时仍以 60 岁为标准。

苦间的关联。本文还提出了以下假设：老年人的生活质量受到健康状况的直接影响，但不同的家庭关系和社会支持使慢病老人的生活质量截然不同。老年人患病后得到社会支持越多，越能感受到家庭道德和社会价值的正面影响，其感受中的精神之苦就越少，而意义感更强，幸福感更强。而那些缺少家庭支持的慢病老人不仅健康状况下滑，同时承受心理上和精神上的更大痛苦。本节选取了几个能突出表现老年人罹患严重疾病后的身体疼痛、精神痛苦、自杀求死的案例，分析家庭关系对于患病老年人生活质量和生活意义的影响。

（一）疾病带来的身体之痛和精神之苦

高龄化是人口老龄化的普遍趋势。将第五次人口普查（2000）老年人口年龄结构与第六次人口普查（2010）进行对比，全国80岁及以上老年人口在老年人口中的比重由9.2%上升到11.8%。2015年全国调查显示，80岁及以上高龄老年人占老年人总数的13.8%。随年龄的增长，老年人的失能风险增大。根据北京大学与中国疾病预防控制中心等单位联合组织实施的"2011年全国老年健康影响因素跟踪调查"，[①] 65~79岁老年人的失能率为7.94%，80岁及以上的老年人的失能率高达36.30%[②]。

2014年夏天，课题组在武汉市探访了殷朴生夫妇，[③] 一对高龄空巢且长期患病的老年夫妇。

> 殷爷爷80岁，殷奶奶79岁。殷爷爷原来在一个街道办事处工作，是街道工业公司的经理，月退休金将近3000元。殷奶奶是一名普通工人，月退休金1500元。现在两位老人住在一套建筑面积47平方米的一室一厅住宅里。殷爷爷夫妇有两个女儿、一个儿子，都住在本市。大女儿将近60岁，已经退休；二女儿在社区工作。大女儿要照顾孙子，逢年过节才来。二女儿离得较近，每隔一两个礼拜回来。儿子52

---

① 该调查于1998年、2000年、2002年、2005年、2008年、2011年先后进行了六次，调查范围包括北京、天津、河北、山西、辽宁、吉林、黑龙江、四川、陕西等23省份。2011年追踪调查共调查9679名65岁及以上老年人。
② 姜向群、杜鹏主编《中国人口老龄化和老龄事业发展报告2014》，中国人民大学出版社，2015，第14~17页。
③ 为保护老年人隐私，本文引用案例中的老年人姓名均为化名。

岁，原来是工厂工人，后来工厂倒闭，失业在家。两个女儿生活比较稳定，过年过节的时候每人会给父母一两千块钱。但儿子不仅无法贴补父母，每年反而要父母接济他两三千元。

殷爷爷2007年发病，高血压引起脑血栓，到现在已经四五年了。此外，殷爷爷六十多岁时开始膝盖疼痛，当时没有在意。现在疼痛难忍，去检查的时候发现膝盖内骨质增生已经长满。医生说已经无法治疗，除非是做手术换膝盖。对此殷爷爷下不了决心。"那样钱不说大概八万块钱，还不一定搞得好。我现在还能动啊，要是搞得不好就不能动了啊，不能动就更麻烦了。动手术有风险，搞得不好就瘫痪了，卧床不起了。你看都变形了，这个好一些，这个伸不直，一用力就疼。我想都80岁了，还活得几年啊……晚年最重要的就是健康。有健康生活就过得更好了，没有健康长寿就受罪啊。所以我现在想死，想快点死，多活就痛苦。"

殷爷爷说，生活还蛮好，就是病痛实在痛苦。生活上，殷爷爷两只手还好，自己能吃饭、洗脸、穿衣服、上厕所。就是双腿疼痛无力，走路困难，不敢下楼，害怕跌倒。在家里，起身也很困难，站起来就要好半天。现在他的脑筋也不好了，刚说的话就会忘记。以前喜欢打牌、看书，现在看不了，看得头发晕。看电视时间也不能长，时间长了头胀。

殷奶奶身体也不好。她告诉我们，她1997年发病，脑出血。后来恢复得挺好，前几年还能下楼。这两年差一点，走路有困难，不能下楼了。即使这样，她还要做两个人的饭菜、洗衣服。中风后，殷奶奶感到最大的不方便是哪儿都不能去了，心里非常烦恼。"以前我成天在家里哭，就是想去外面啊，想去外面走走不能去啊。我们单位的旅游我都不能去啊，春季旅游、秋季旅游我都不能去……病了蛮痛苦。我现在就是头晕，胃不好，腿发软发疼，又不能出去，一天就在屋里枯坐着，埋怨，怨自己不早点死，死了还痛快一些。不想活，活得蛮痛苦。"

除了病痛外，殷爷爷夫妇对生活还是满意的。因为生活、居住、医疗都有保障，殷爷爷觉得他是幸福的。殷奶奶反复说感谢党，感谢党给他们养老金、医疗。"我们真是感谢党啊，不然我们怎么办啊。"说到一生的成就，殷爷爷说他参加了四十几年工作是最让他感到高兴的事。"我忠心地为党做了几十年的工作,我觉得党对我的回报是够的。生活有照顾啊,养老啊,医疗啊,都有社会保障啊,生活还是蛮好的。只怪自己有病,那是没有办法的事。如果没有病的话我就觉得过得很满意了。"

在与殷爷爷夫妇的访谈中,"疼痛""受罪""痛苦""想死"等描述病痛的词语占了很大部分。殷爷爷不仅受到腿部疾病的羁绊,行动不便,他的记忆力也开始下降,忘事、头晕、头胀等,给他的生活带来更多困扰。殷奶奶身体上的问题也不少,头晕、胃不好、腿痛等,但她还要承担做饭、洗衣服等家务事。

疾病不仅给殷爷爷夫妇带来身体疼痛和生活困难,还给他们带来精神上的苦恼。不仅身体受罪,原来喜欢做的事情,因为患病慢慢都不能做了。殷爷爷原来喜欢看书,但现在看了会头晕;原来能看电视,现在看长了头胀。殷奶奶喜欢外出活动,喜欢参加单位组织的旅游,现在哪里都不能去,曾经为此整天哭泣。他们夫妇都提到"死",他们"想快点死,多活就痛苦","死了还痛快一些"。

从两位老人的讲述看,他们的家庭支持是不充足的。经济上,两个女儿收入稳定,一年会给父母两三千元钱;但儿子失业,女儿给的钱基本都接济儿子了。在生活照顾上,大女儿要照顾孙子,逢年过节才回来;二女儿离家近,一两周回来一次,这样看在日常生活照料上是帮不上很多忙的。殷爷爷夫妇没有提儿子是否照顾,但从殷奶奶需要自己做饭洗衣服来看,儿子对他们似乎也没有太多日常生活上的照顾。况且,他们的居室只有一室一厅,子女来同住也不可能。

值得庆幸的是,殷爷爷生活在大城市,曾经有不错的工作,夫妇两人都有稳定的退休保障。在我们的访谈中,只有谈起以前的工作和现在的保障,殷爷爷夫妇才表现出积极的一面。回顾一生,衷心为党工作了四十多年是最令殷爷爷高兴的事。他们感谢党和国家给予的养老、医疗等方面的社会保障,对此感到满意。殷爷爷夫妇对党的感情、对工作的热爱,体现了这一代老年人将个人价值与国家社会紧密联系的特点。正是这种价值寄托给予了他们精神上的满足,让他们的人生更有意义,成为他们病痛中的一点安慰。

（二）家庭支持缓解疾病痛苦

从社会文化的角度看，疾病可以有不同的意义，对生活有不同的影响。例如，对于一个孤独的患病老人来说，疾病不仅意味着身体的损伤和疼痛，还伴随着凄凉、绝望的情感。但对于一个家庭和睦、关系亲密的患病老人来说，老人自己及其家人都可能将其所患疾病看成为家庭辛苦劳作的结果，并因此对老人加倍照顾和尊重。在后一种情况下，由于疾病被赋予了道德含义，病症虽然带给老人身体上的不适，但老人也由此获得了较高的道德评价。这种被赋予了道德意义的苦难也有可能成为凝聚家庭关系的力量。

2014年夏天，课题组在湖北仙桃农村探访了许兰芝的家庭。与殷爷爷一家不同，许兰芝生活在农村，经济条件较差，缺乏社会保障。许兰芝生病后，只能依靠家庭。她的一生全部奉献给了家庭，当她身患重疾后，家人也给了她力所能及的照顾。

> 许兰芝65岁，卧床，生活完全不能自理。她有四个女儿、两个儿子。40岁时前夫因车祸去世，当时家里除了六个年幼的孩子外，还有70多岁的公公婆婆，全家9口人。当时家里种14亩地，还是用牛耕。许兰芝耕田，婆婆在家做饭并照顾年幼的孩子。过了两年，她实在坚持不下去了，经人介绍，和现在的丈夫结婚。丈夫小她两岁，到她家落户。在现任丈夫的帮助下，几个孩子长大成人，结婚生子，现在都出去打工了。两个儿子没有分家，回家还是住在一起。平常家里只有夫妇两人，卧床的许兰芝都是由丈夫照顾。
>
> 许兰芝的前夫去世后，因为家里孩子多，生活负担重，孩子们没钱读书。那时候，农村青年还很少外出务工，两个儿子长到十七八岁的时候就在社会上玩。那时，她特别担心孩子在外面闯祸。"我胆子蛮小，他们父亲又过世了，我就给他们讲，让他们不要在外面惹什么事，我们家没有人脉，没有钱，不能在外面惹事，他们都点头。孩子们很懂事，田里的粮食我还没收，他们都收好了。"
>
> 前夫去世后许兰芝就开始生病，为此找亲戚借了不少钱。一边看病还要一边干活。大儿子结婚后，病情加重。为了省钱，她本来不想去医院，自己用药揉一下就算了，但大儿子还是建议她去看病，看好

了还可以带孙子。因为腿疼得走不了路,儿子带她去了武汉的医院。在医院拍了片子,医生说后背的骨头长了瘤子,需要手术。但因手术费太贵,要几万元,许兰芝放弃了。"我们没有钱,我就说不动手术了,小儿子还要结婚,连结婚的钱都没有。借的钱由于检查和车费都花没了,家里还有700元钱的人情,就回来了。"现在,许兰芝卧床,生活完全不能自理。但她头脑清醒,说话很有条理。

病痛让许兰芝非常痛苦。"不能动,连自己抓痒都不行。睡觉胸部都全麻了,我都受不了……不过我心情还蛮好,还能坐这么久。今年他们让我多吃一点,我说我少吃点儿,毕竟上厕所不方便。""都想死了,想吃几颗药,不想活了,受不了啊。长期的疼啊,这说话疼,不说话也疼,像刀在砍,针在扎。心是活的,内脏是好的,外面疼得没用了。"但是,一想到孩子,许兰芝就很高兴。"孩子都挺好,儿子媳妇都好。他没出去打工的时候,要出去赶人情,他送完了人情,都不在别人家里打牌,就回来照顾我。我把被子都弄脏了,他就打电话叫二姑娘来给我洗。隔几日就洗一次。孩子们都好。"

虽然生病痛苦,但因为丈夫的体贴和子女的孝顺,许兰芝感到很幸福。"他和孩子把我照顾得好,我很满意,我就自己病了不满意,要快点死。就巴不得我自己早点死,他们就轻松了。"不过,孩子们都希望有母亲在。"我媳妇说我活着还是好些。我女儿回来说我瘫了她们都喜欢,就觉得还有妈妈在,娘还在,他们都这样说。""别人评价,说我要是不病,比谁都好。说我原来受苦了,命不好,拖累家里的男孩子,拖累家里的女孩子,拖累他。这一个人的命。所以说早点死了好……他还年轻,我活不了几年了,活两年就死了,他就轻松了。"

许兰芝是一名精明强干的女性,由于前夫早逝,她的人生经历非常艰难。在她的努力下,家庭过上了正常生活,为此她感到满意和幸福。

我们从许兰芝身上,不仅看到一位坚强女性的形象,还看到一位极富家庭责任感的母亲形象。从年轻时直到现在,她生活中的每一个选择都是为了家庭。前夫因故去世后,她为了养活一大家子人而选择再婚;病重后为了省钱她不想去看病,大儿子说看好病可以带孙子她才同意去医院;但是,她最终因手术费太昂贵而放弃治疗,因为要省钱给小儿子结婚。也因如此，她过着她认为有意义的人生。最后，她的病严重到只能卧床，生活完全不能自理，但她得到全家的照顾和爱戴。

在母亲的影响下，孩子们从小就很懂事，不在外面惹事，知道帮助母亲干活，知道照顾生病的母亲。在她的影响下，子女都有较强的家庭意识，两个儿子结婚后都没有和母亲分家。许兰芝的病情非常严重，生活完全不能自理，长期疼痛，动弹不得，甚至不能自己抓痒，为此她也"想死"。但是，一想到孩子们，她的心情就好起来。儿子、媳妇、女儿都非常孝顺，都希望她活着。在很大程度上，子女们的孝爱支撑着她忍受身体疼痛而继续生活下去的信念。

（三）缺乏社会支持，渐失生存愿望

伴随高龄化趋势，我国失能、半失能老年人数迅速增加，这意味着大量老年人需要他人照料。目前我国的失能老年人主要由家庭照顾，主要照料者有配偶、子女及其他家庭成员。在社会养老服务发展得较好的城市地区，经济状况较好的失能老人有机会入住养老机构。而在大部分农村地区，一方面受传统文化影响，老年人及其子女都愿意在家赡养老人；另一方面，大部分农村地区的社会服务非常短缺，失能老人由家人照顾几乎是唯一的选择。根据中国健康与养老追踪调查（China Health and Retirement Longitudinal Study, CHARLS）2011~2012年全国基线调查数据，农村失能老年人的主要生活照料者，首先是配偶（44.9%），其次是子女及其配偶（31.1%）；少部分是其他亲属（7.1%）和其他非亲属（1.8%）；还有15.1%的自理困难老人无人照料[1]。

女性老年人的寿命一般较男性长，但她们的健康状况却较男性差。2015年全国调查显示，女性老年人患慢性病的比例（85.7%）高于男性（79.4%）。女性老年人的失能率（12.7%）也高于男性（9.1%）。失能风险随年龄增长而增长，80岁及以上高龄男性的失能率为25.2%，高龄女性的失能率则达到33.3%。因此，在一些空巢家庭，不少老年男性不得不承担起照料患病或失能妻子的重任。由于男性在青壮年时期较少参与家务和照料工作，照顾失能妻子遇到的困难比女性照顾者

---

[1] 姜向群、杜鹏主编《中国人口老龄化和老龄事业发展报告2014》，中国人民大学出版社，2015，第35~36页。

更多。

2014年夏天，课题组在湖北仙桃农村探访了郑炳才夫妇。郑炳才的妻子是一位失智老人，日常生活都需要丈夫照顾。郑炳才向我们讲述了极其艰辛的照顾情况。

郑炳才1940年出生，小学文化程度。妻子和他同岁。1998年，妻子查出有高血压。2007年，妻子第一次因高血压中风。之后中风了好几次，2009年中风是最严重的一次。当时一位当医生的亲戚说她不行了，医院不会接收了，所以就没有去医院。但后来妻子恢复较好，可以下床了，现在可以走动，能自己吃饭。但是妻子脑子痴呆了，出门不认识路，大小便失禁。

他们有两个儿子、三个女儿。大儿子在镇上教书，二儿子夫妇在广州打工。女儿都已出嫁。虽然大儿子和女儿都离得不远，但他（她）们回来的时间不多。郑炳才说，妻子得的是个长期的病，孩子只是回来看也不起作用，就是靠他一个人照顾。好在自己目前身体还可以，只是有点风湿病。在经济上，孩子们一年总共给父母三四百元，来的时候再买一点东西，其他都是靠郑炳才种田的收入。他现在种田两亩多，一年最多能赚两千元，只够吃饭。

说到是否想和儿子一起住，郑炳才说孩子们是不会和妻子住在一起的。"他们没有提出来这事，如果提出来当然愿意了，我就磕头谢恩了。她不能跟他们住在一起。有我在，我就觉得不能跟他们住在一起。因为她不卫生啊，不能自理啊，谁能照顾她呢？我的小儿子、小儿媳妇在外面打工呢，要来照顾她就要一起回来，家里没有那么多地，他们还要养活他们自己，养活孙子，还要读书。大儿子还要教书。那是不可能的事。"

妻子生病以后，郑炳才的生活发生了很大变化。郑炳才要种田还要照顾妻子，做事的时候心里不安，总想着赶快回家，担心妻子出问题。以前是妻子做饭给他吃，现在是自己做饭给妻子吃。以前他爱玩牌，现在就玩得少了。有时候晚上把门锁上出去玩一会儿，再赶快回来。最让他烦恼的是，妻子大小便失禁。"她每天都弄到床上，连大便都搞铺上，我的裤子上都有……心里烦恼了，怎么能不烦恼呢？恨不得抱着她一起死掉，她活着是负担啊，太烦恼了。她天天尿到床上,天天早上给她洗。去年四床棉絮都烂掉了,今年又是……冬天的时候,冻冰了,连着下几天雪,没太阳,床晒不干,还要用火烤,你说是不是造孽!她也不舒服,床是湿的……"

尽管如此,郑炳才还是愿意尽量照顾妻子。他小时候是孤儿,七八岁父母就都死了。1957年和妻子结婚,两人感情一直很好。当年自己家庭条件那么差,妻子还愿意跟自己过日子,郑炳才非常感激,觉得现在照顾妻子是应该的。"尽我的力量、我的心意照顾她。她个性比较强,但还是听我的。因为我年轻的时候那么穷,她同意跟着我,成立这个家庭,还有这些孩子。孙子也考了大学,还蛮好的。都出去赚钱了……她也不愿意生病啊,她生这个病必须要照顾她,这要讲人道主义。"

在上述三个家庭中,郑炳才家是最为不幸的。这里所说的不幸,不是指疾病严重的程度,而是指在患病的情况下所能获得的社会保障和家庭支持都极其有限。与殷爷爷夫妇相比,郑炳才夫妇是农民,收入低、保障差。与许兰芝相比,子女都指靠不上。在失能老年人照顾上,失智老人的照顾是最困难的。除了日常生活上的照顾外,还有失智妻子大小便失禁、独处可能出现的危险等等。

除了日常照料的艰难外,因为子女嫌弃母亲,他不得不独自支撑、照顾妻子。殷爷爷夫妇和许兰芝都提到想死的念头,但郑炳才不仅是说,还有具体的想法,可以看出郑炳才内心的煎熬和痛苦。

现在,支撑着他照顾妻子的意念是他们夫妇感情好。自己家庭条件很差,当初妻子愿意嫁给他一起生活,他非常感激。妻子给了他一个家,养育了孩子,延续了后代,给了他一个完整的人生。

(四)健康不良和子女不孝是老年人自杀的最主要原因

2014年,调查员在湖北麻城M村对77位55岁及以上村民进行了自杀态度问卷调查。调查使用肖水源等编制的自杀态度调查问卷。问卷有四个维度:对自杀行为性质的态度、对自杀者(包括自杀死亡者与自杀未遂者)的态度、对自杀者家属的态度和对安乐死的态度,共29个问题。从问卷调查结果看,M村老年人有关自杀的四个维度的态度全部是矛盾或中立的。换言之,根据问卷调查结果,我们对老年人的自杀态度仍然是不清晰的。如果要了解 M 村老年人对自杀现象的态度为何是矛盾的，必须做进一步的调查研究。好在我们还对 M 村 11 位老年人进行了深度访谈，访谈资料揭示了人们矛盾态度的原因及其背后的思想观念。深入访谈发现，健康恶化和缺乏照护是 M 村老年人自杀的直接原因，而子女不孝是导致老年人自杀的根本原因。

1. 健康恶化和缺乏照护是老年人自杀的直接原因

调查发现，随着近年来相关惠农政策的实施、农村养老保障制度的建立，以及老年津贴等老年社会福利政策的推广，M 村能从事生产劳动、健康状况良好的老年人都能够维持基本生活。因此 M 村的老年人普遍认为，自杀与物质财富有一定的关系，但没有直接关系；现在老人自杀的主要原因，通常是老人患病，加上子女不孝、家庭不和。

如前所述，健康问题是老年期要应对的首要问题。由于慢性病无法治愈，不少患慢性病的老年人不得不长年忍受身体疼痛。如果生活自理困难，又得不到必要的照顾，他们中的一些人就会陷入绝望。

——老人自杀主要原因还是因为病痛。有的老人中风了，一时治不好，一两年没有死，身边没有子女照顾，儿女都出外打工了，时间拖久了自己受不了就自杀死了。①

——有一对老夫妻，女的神经不正常，自己喝药死了。后来过了好几年男的得了病，病得很苦，哮喘吧。他的精神是正常的，就是后来病得太苦了也自杀了。

除了身体疼痛外，疾病还让老年人感到巨大的心理压力和精神痛苦。罹患不能治愈的疾病后，有的老人觉得对自己是病痛，对家人则是负担。一些老年人得病后，想着自己不但不再能为家庭和子女贡献收入和劳力，反而需要子女的经济支持和生活照顾，就觉得自己不再有用，自己去死也是为子女减轻负担。

---

① 因为生活环境、文化背景的共通性，我们将 M 村被访老年人和村庄中的其他老年人视为一个共同体，认为其所反映的是这个群体的共同意识和观念，因此这部分案例只引用了被访老人的话，而未区分具体的被访者。

——为儿女减轻负担吧。人到了一百岁都不愿意死,真正到了自杀的时候,他还是想活,只不过看着儿女太难了,不想连累他们,没有办法只有死了。

——这个老人有 80 岁了,但不知道是为什么走了这条路,也许是想给后代减轻负担。孩子 40 岁有疾病,自己没有能力照顾,自己 80 多岁也需要别人照顾,他就想着为子女减轻负担……他还是想多做点事情,觉得自己能有点用处才好。

可见,M 村老年人自杀的最直接原因是病痛难忍且无人照护。正如 M 村老人们所说,一些老年人身患重疾却无人照顾,又不想连累子女,只好选择去死。这使我们想起仙桃的郑炳才和许兰芝,他们在访谈中都提到想死。郑炳才独自照顾失智的妻子非常艰难,想到子女们嫌弃妻子,谁都不愿意照看她,等以后自己再无力照顾妻子时,就打算两个人一起去死。而身患重疾的许兰芝却非常幸运,丈夫体贴,儿女孝顺,这些都令许兰芝感到欣慰。虽然她的病情严重,身体疼痛难忍,但心中仍然怀有喜悦。

随着健康恶化,患病老人对照护的需求提高,子女若不能或不愿意和老人同住(或就近居住),老人很难得到必要的照顾。2015 年全国调查显示,我国超过半数的老年人独居或仅与配偶同住。城乡比较,农村老年人独居的比例(14.3%)高于城市(12.0%),仅与配偶同住的比例(37.5%)略低于城市(38.9%),与子女同住的比例(40.6%)也低于城市(42.8%)。虽然比例差异不大,但由于农村社会服务总体短缺,在没有家人照顾的情况下,农村患病老年人的生活极其艰难。

居住意愿反映了老年人的思想观念以及价值取向,与实际的居住安排并不总是一致。2015 年全国调查显示,我国大部分老年人表示愿意与子女同住,农村老年人与子女同住的意愿更高。城市老年人愿意与子女同住的比例为 54.4%,不愿意与子女同住的比例为 27.2%;农村老年人愿意与子女同住的比例为 58.5%,不愿意与子女同住的比例为 23.4%。显然,农村老年人更愿意和子女同住。除了传统观念的影响外,主要原因是农村社会服务短缺,老年人健康状况较差、收入水平较低,因此最终还得依靠子女。

2. 子女不孝是老年人自杀的根本原因

除了病痛本身外,子女不孝是 M 村老年人自杀的最主要原因。根据对

M 村 11 位老年人的访谈，子女不孝的表现主要有以下几个方面：言语不敬、打骂老人、忽视老人情感、过度劳累老人、嫌弃老人没用等。

一是对老人言语不敬。

——虐待老人这方面的情况现在很少，但照顾体贴这方面不够。现在吃穿基本不愁，物质层面没有问题，主要是精神层面的问题多一些。子女说话不文明，不考虑老人情感上能不能接受他们的一些言行……我们村里就有一个，比我的年龄还要稍微大点，起码有四五年了，他就是喝药死的。他有好几个儿子，对他也有安排，或者说一个月给点零用钱，或者说生活上吃的，一般的标准还是过得去的。但是在感情上，他觉得他是孤立的。举个例子来说，吃饭，去早了，说你一天到晚没有事，就等着吃饭；去晚了，又说你到饭点还要人找你吃。这样就促使他觉得不好处理，不好办。他没有疾病但自己觉得别扭。这还只是一个小方面。

二是打骂老人。

——我知道有个老人，死的时候 70 多岁。有五个儿子，四个儿子都对他好，只有一个儿子对他特别不好。给这个儿子做农活，回来还不给饭吃，不仅不给他吃饭，还被打骂。本来是做父母的，结果在家弄得还不如儿女，结果老人一气之下喝药死了。

三是忽视老人情感。

——老人在的时候，子女在感情上的交流非常少，关心不够。人与人的交往主要是靠感情，没有感情了，老人感到非常非常孤独。同村的一个老人，跟我一样 1933 年出生，她生活上没有一点问题。她一个人住一个老房子，一个人也很清闲。据说也是喝药死的。也没听说过她得病，突然之间死了。死的时候她把她要穿的衣服都洗好叠好，放旁边放好，做了准备。最后跟我见面说话的那次，就看到她围着村里转。【舍不得吗？】① 那肯定是留恋嘛，住了几十年的村子，还有这么些熟人，怎么舍得？！她主要是平常就感觉到孤单。我肯定她百分

---

① 【】中的内容为调查员访谈时的提问。

之百是喝药死的,不可能是病死的。当然她的家人没有对外面说老人是自杀的,这种事毕竟不光彩。

四是过度劳累老人。
——邻村有个老头死了,我知道他是太累了就自杀死了。他有三个儿子,大儿子要他干活,二儿子要他干活,三儿子还要指望他干活。做完活回来连饭都没有一口吃的。他一个单身汉,回来衣服没人洗,饭没人煮。老人给儿子从早上做到中午,10点多钟回来吃饭,家里什么吃的都没有,就这样坚持一年、两年,到最后实在坚持不住喝药死了……他除了给三个儿子做农活,还要给自己做,劳动负担太重了,生活压力太大了。

五是嫌弃老人没用。
——我们村里有拿退休工资的老人,他的儿子、媳妇对他好得很。因为他有钱,可以自理,又不会拖累儿女,那就没有什么矛盾。像我们这些农村农业生产的人,哪有工资得?到时候你做不得农活,没有钱到哪儿去养老啊!老人又不能做事,自然就会被嫌弃。要是能做的话,儿女就不会嫌弃。人老了就是可怜,他越是想不开,就越是会去寻死,活不下去。

以上列举的五位 M 村老人的访谈,分别反映出子女对父母不孝言行的五个方面,即,言语不敬、打骂老人、忽视老人情感、过度劳累老人和嫌弃老人没用。上述情况反映出 M 村的部分子女对老年人的功利态度和虐待行为。有的老人甚至没有生病,但子女对待老人冷漠粗暴、索取无度;老人筋疲力尽、孤立无援,最终失去生存意愿。

五 总结和讨论

老年人是慢性病的高发人群。在大部分人的老年期,疾病引起身体疼痛几乎是不可避免的,而身体疼痛带来精神上的痛苦几乎也是无法回避的,这些体验是慢性病老年人及其照料者生活世界的重要组成。在本文讲述的老年人的案例中,这些老年人或是患有严重的慢性疾病,或是要照顾患病失能的老年配偶。他们一方面要忍受身体疼痛和生活困难,另一方面要接受病痛或照顾工作带给他们的精神上的痛苦。

随着年龄增长,失能是每个老年人都可能面临的风险。但患病或失能并不必然令人绝望,社会支持和亲密关系能够赋予生活苦难以价值和意义,使之成为支撑人们活下去的精神支柱。同样,子女的冷漠和家庭的抛弃令老年人陷入绝望,甚至丧失生存意愿。换言之,虽然疾病带来的身体之痛和精神之苦难以避免,但不同的社会支持和家庭关系可以造成不一样的生活处境。有力的社会支持和亲密的家庭关系可以令罹患严重疾病的老人过着有满足感、有幸福感的生活。许兰芝就是典型的例子。她身患重疾,全身疼痛难忍,生活完全不能自理,但因为有体贴的丈夫和孝顺的子女,她仍然能保持好的心情,对自己的生活感到满意。郑炳才的生活是另一个极端。他的妻子失智,家庭经济困难,他们既缺少社会保障,又不能得到子女的帮助,这让他几乎失去活下去的信心。而湖北麻城 M 村老年人对自杀的态度反映出,健康恶化和缺乏照护是老年人自杀的直接原因,子女不孝则是老年人自杀的最根本原因。

近年来,我国家庭规模小型化显著,老年空巢和独居家庭增加。有观点认为,家庭结构的此种变化是家庭养老功能衰退的主要原因。但实际上,我国的计划生育政策从 20 世纪 80 年代开始才在全国范围内得到较严格的实施,目前的老年人,特别是农村高龄老人,子女数并未受到计划生育政策的显著影响。2015 年全国调查显示,中国老年人平均有 3.2 个子女。农村老年人平均有 3.5 个子女,城镇老年人平均有 3.0 个子女。年龄越大的老年人的子女数量越多。85 岁及以上老年人的子女数最多,平均拥有 4.3 个子女;80~84 岁老年人平均有 4.2 个子女;75~79 岁老年人平均有 3.9 个子女;70~74 岁老年人平均有 3.4 个子女;65~69 岁老年人平均有 2.9 个子女;60~64 岁老年人平均子女数量最低,只有 2.5 个子女。可见,子女数量减少只是一方面的原因,更重要的是社会转型引起的家庭价值观变化带来的影响。

我们的研究发现,患慢性病老年人的生活不幸和最大痛苦,不是来自疾病本身,而是患病后缺乏社会支持和家庭照顾造成的精神痛苦。在目前中国的社会保障水平下,子女仍然是老年父母最主要的依靠,尤其是在老年人独立性较差的情况下。当老年人在经济上、照顾上,或是精神上需要子女支持时,如果子女不履行赡养义务和照顾责任,给予老年父母所需要的经济支持、生活照料和精神慰藉，就会造成老年人生活质量低下，严重的甚至构成家庭虐待。2015年全国调查显示，家庭成员虐待老年人现象中最多的是精神上的虐待，包括"长期不探望/不问候/不和老人说话"。其次是经济上的虐待，如"不提供基本生活费"。排在第三位的是照料护理上的虐待，在老人需要时"不提供照顾"。年龄越大，老年人失能失智的风险越大，自我保护的能力越低，遭受虐待的可能性就越大。调查显示，80岁及以上的高龄老年人受虐待比例为3.8%，70~79岁的中龄老年人受虐待的比例为3.6%，60~69岁的低龄老年人受虐待的比例为2.2%。调查还发现，老年人遭受家庭虐待的可能性与家庭收入显著相关，家庭收入越低，虐待发生率越高。城乡比较，农村老年人受虐待的比例（3.7%）明显高于城镇老年人（2.0%）。

　　自杀是老年人在极端绝望时的选择。根据M村老年人的表述，村里老年人自杀的直接原因，是健康恶化和缺乏照护，根本原因则是子女不孝。随着年龄增长，老年人必然要面对和处理病苦和死亡等问题，可以说这是他们最主要的生活困苦。近年来，随着新农合和新农保的逐步建立，农村社会保障制度不断完善，农村老年人的基本生活得到一定保障。对于年老或患病的农村老年人来说，最根本的问题还是在于孤独和无人照料。在传统社会，和父母同住的儿子和媳妇承担主要的照顾责任。但在当前农村，儿子婚后即与父母分家，有的更离开乡村到城市工作和居住。当老年人因高龄或患病生活不能自理时，老年配偶就成为主要的照料者。由于配偶也年事渐高，自身也存在不同程度的健康问题，照料工作对他们的身体和心理都形成巨大的压力。没有配偶的老年人，境况更加凄惨。如果要求子女回家照顾，必然影响他们的收入甚至长远发展。因此，不论是老年人自己，还是他们的家人，都倾向于将生活不能自理的老人视为负担。在此情形下，被家人嫌弃甚至也被自己嫌弃的老年人就觉得没有了活下去的意义。

　　我国法律规定子女赡养父母是法定义务。《中华人民共和国宪法》明确规定："父母有抚养教育未成年子女的义务，成年子女有赡养扶助父母的义务。"《婚姻法》第三章第十五条规定："子女对父母有赡养扶助的义务"，"子女不履行赡养义务时，无劳动能力的或生活困难的父母，有要求子女付给赡养费的权利。"《中华人民共和国老年人权益保障法》第十四条规定："赡养人应当履行对老年人经济上供养、生活上照料和精神上慰藉的义务,照顾老年人的特殊需要。"然而,虽然有法律规定和民间习惯,但由于家庭伦理世俗化和代际关系理性化的极端发展,赡养义务在实际执行时有很大的随意性。

我国刑法第 261 条规定:对于年老、年幼、患病或者其他没有独立生活能力的人,负有扶养义务而拒绝扶养,情节恶劣的,处五年以下有期徒刑、拘役或者管制。但不到万不得已,出于"家丑不可外扬"的观念,且缺乏法律知识和诉讼能力等原因,老年人大多不愿与子女对簿公堂。事实证明,如果父母迫不得已将子女告上法庭,由于最终还得由子女执行法院判决,法庭上的胜利并不能必然改善他们的生活境况。根据 2010 年中国老龄科研中心"中国城乡老年人口状况追踪调查"数据,农村老年人对于"如果发生子女不愿赡养您的情况,您首先考虑如何解决"这一问题,回答"自己委屈"的占 13.47%,依靠"亲属调解"的占 33.12%,依靠"社区调解"的占 45.37%,只有 2.91% 的老年人表示会"打官司"[①]。可见,在建立健全老年人权益维护的法律法规的基础上,还有很多工作要做。

随着现代社会的发展,个人与家庭的联系变得愈来愈松散。承载超越价值的家庭伦理转向世俗化,个体意识逐渐超越了家庭集体意识。在老龄社会背景下,人均预期寿命提高,老年期延长,失能风险也增大,这对罹患慢性病的老年人来说是一个严峻挑战。当然,现代社会保障制度的建立为老年人提供了一定的保障,但目前仍存在显著的城乡差异和阶层差异。目前农村老年人可获得的保障水平还较低,可享受的社会服务也非常短缺。对慢病老年人来说,更为重要的是日常生活照顾,而目前我国的社会服务还远远不能满足老年人的照护需要,主要照顾工作仍然要靠家庭来完成。简言之,家庭是大部分老年人生活意义的最主要来源和载体,是决定老年人生活质量的最重要因素。

---

① 吴玉韶、郭平主编《2010 年中国城乡老年人口状况追踪调查数据分析》,中国社会出版社,2014,第 247~248 页。

农村老年人睡眠质量与心理健康关系探究

张晓华　潘　敏*

摘　要：本文主要以陕西省5个县内351名农村老年人为研究对象，采用匹斯堡睡眠质量指数（PSQI）、生活满意度量表（SWLS）、一般心理健康问卷（GHQ-12）、焦虑自评量表（SAS）、领悟社会支持量表（PSSS）为研究工具进行施测，并对部分研究对象进行深入访谈，采用SPSS22.0对数据进行分析，探讨农村老年人睡眠质量与心理健康的关系。研究表明：农村老年人睡眠质量与心理健康状况呈显著相关关系；并且农村老年人睡眠质量对其心理健康水平的影响会受到其主观感受到的社会支持的调节。

关键词：农村老年人　睡眠质量　心理健康　社会支持

一　引言

国家统计局最新数据显示，截至2018年末我国60周岁及以上人口24949万人，占总人口的17.9%，65周岁及以上人口16658万人，占总人口的11.9%。人口老龄化进程不断加快并且不可逆转。

老年人的心理健康更成为社会关注的问题。王玲凤等[①]采用SCL-90[②]

---

* 张晓华，女，天津师范大学心理学部，副教授，研究方向为老年社会学与老年心理学；潘敏，女，天津师范大学硕士研究生，研究方向为认知心理学。

① 王玲凤、傅根跃：《农村老年人心理健康状况的调查分析》，《中国临床心理学杂志》2003年第2期。

② SCL-90，又名症状自评量表（Self-reporting Inventory），是世界上最著名的心理健康测试量表之一，是当前使用最为广泛的精神障碍和心理疾病门诊检查量表，于1975年编制，其作者是德若伽提斯（L. R. Derogatis）。本测验适用对象为16岁以上的人群。该量表共有90个项目，包含有较广泛的精神病症状学内容，从感觉、情感、思维、意识、行为直至生活习惯、人际关系、饮食睡眠等，均有涉及，并采用10个因子分别反映10个方面的心理症状情况。

对农村老年人群体心理健康现状进行检测发现其比退休老年人的心理健康水平低；邢华燕等[1]以老年心理健康问卷作为测量工具调查河南农村老年人心理健康现状时发现其心理健康水平比城市老年人低；杨桂凤等[2]以SCL-90为测量工具对秦皇岛农村老年人心理健康状况进行测量发现心理状况不佳者比例为18.6%；李敏等[3]对山东农村老年人的心理状况进行检测时发现有心理问题的老年人占比较高。

随着社会经济的高速发展，生活方式、工作压力、社会环境的不断变化，越来越多的人群出现睡眠障碍、入睡困难、失眠、嗜睡等睡眠质量问题，严重影响人们身心健康。相关调查结果表明60岁及以上老年人的睡眠较差的比例为30%~40%，甚至还有国外学者表示这个比例可能高达90%以上[4][5]。目前我国研究者对老年人群体的研究多数还是以城市的各种老年群体，包括离退休老年人、老年大学中老年人为调查对象。刘连启等[6]发现我国城市老年人群体中睡眠质量差的老年人的比例为11.1%。谢知等[7]采用匹斯堡睡眠质量指数对农村老年人睡眠质量进行检测，发现81.1%的农村老年人睡眠质量不佳；李杰等[8]发现农村老年人睡眠质量不佳者占46.3%；刘桂阳的[9]研究结果则表明有26.6%的老年人睡眠质量较差；操银环等[10]的研究结果

---

[1] 邢华燕、常青、沈键、崔冬梅、石斌：《河南农村老年人心理健康状况》，《中国老年学》2005年第5期。

[2] 杨桂凤、杨桂芝、王小娟、李芳、张鹏宇、邰琳等：《秦皇岛农村老年人心理健康状况及相关因素调查》，《现代预防医学》2008年第24期。

[3] 李敏、郭继志、贾君杰、朱宇航、胡善菊、庄立辉等：《山东农村老年人心理健康状况及其影响因素研究》，《中国健康教育》2016年第10期。

[4] Livingston, G., Blizard, B., & Mann, A. A. (1993). Does Sleep Disturbance Predict Depression in Elderly People? A Study in Inner London. *British Journal of General Practice: the Journal of the Royal College of General Practitioners*, 43 (376), p. 445.

[5] Roberts, R. E., Shema, S. J., Kaplan, G. A., & Strawbridge, W. J. (2000). Sleep Complaints and Depression in an Aging Cohort: A Prospective Perspective. *American Journal of Psychiatry*, 157 (1), pp. 81–88.

[6] 刘连启、王汝展、刘贤臣、刘兆玺、马登岱、赵贵芳等：《老年人睡眠质量及其相关因素研究》，《中国老年学》2002年第6期。

[7] 谢知、陈立章、肖亚洲：《湖南某县农村老年人睡眠质量与生活质量的相关性》，《中国老年学》2010年第12期。

[8] 李杰、黄芬：《安徽省农村老年人睡眠与生活质量相关性研究》，安徽省2010年度流行病与卫生统计学学术论坛资料汇编，2010。

[9] 刘桂阳：《老年人睡眠质量状况及影响因素分析》，华北理工大学硕士论文，2015，第8页。

[10] 操银环、胡茜琪、陈圆静、何倩、沈先卿、黄芬：《安徽省池州市农村老年人睡眠质量状况及相关因素分析》，《华南预防医学》2016年第5期。

是老年人睡眠不好的发生率为50.05%；曾苗等①以农村老年人为调查对象，对其睡眠质量进行检测，结果显示48.33%的被调查对象的睡眠质量较差。"第四次中国城乡老年人生活状况抽样调查"数据显示，农村老年人睡眠质量显著低于全国老年人睡眠质量的平均水平。

2000年，世界卫生组织（WHO）将过去一直没有得到足够重视和良好解决并且对人类身心健康产生影响的公共卫生问题"睡眠"纳入最新制定的健康标准。梳理近几年国家对国民的发展战略方向可知国家越来越关注老人的心理健康水平及生命质量，政策支持也一直在向老年群体特别是农村老年人倾斜以使老年人能"老有所乐"，然而综合以往调查的文献记录发现，对农村老人群体的研究比较少且较为粗略。因此本研究以农村老年人作为研究对象，探索农村老年人睡眠质量、心理健康、社会支持之间的关系，从而提出改善农村老年人睡眠、促进其心理健康的相关建议。

二 研究对象及方法

（一）研究对象

本次共在陕西省境内5个县（区）的农村中发放400份调查问卷，初期回收问卷376份，经录入和剔除问卷后共计回收有效问卷351份。其中男性207名，女性144名，平均年龄72.44岁（SD=7.832）。其中，所选老年人均有一定文化水平，能独立填写问卷。研究被调查者的人口学基本情况如表1所示。

表1 人口统计学变量（$N=351$）

人口学变量		人数	占比（%）
性别	男	207	59
	女	144	41
年龄	60~69	147	41.9
	70~79	124	35.3
	≥80	80	22.8
空巢状况	非空巢	202	57.5
	空巢	149	42.5

① 曾苗、万洋、刘晗、邱培媛、张强：《四川省富顺县农村老年人睡眠质量及其影响因素研究》，《现代预防医学》2017年第4期。

续表

人口学变量		人数	占比(%)
婚姻状况	未婚	4	1.1
	已婚	223	63.5
	离异	12	3.4
	丧偶	112	31.9

(二) 研究方法

本研究通过问卷调查及访谈的方式收集资料。考虑到老年人生理心理特点，所选用的测量工具应具备信效度较高、题目较少、应用较广泛、简单易懂等特点。

通过对以往研究的梳理，发现以往研究对心理健康的关注多是以传统心理模型为理论基础，即较多地关注心理的消极方面。而心理健康不仅包括孤独感、抑郁、焦虑等消极方面，也包括生活满意度等积极方面。因此本研究引入包含正性心理和负性心理两个维度的心理健康双因素模型概念，对农村老年人的心理健康水平进行调查研究。根据以往研究，农村老年人负性心理主要是因其生活压力大、无人倾诉等造成的焦虑情绪，因此本研究选择焦虑自评量表（SAS）来测量被试的负性心理健康；生活满意度量表（SWLS）题量较少、信效度较高、应用较广泛，因此采用 SWLS 来测量被试的正性心理健康；另外采用一般心理健康问卷（GHQ-12）进一步验证 SWLS 和 SAS 的可靠性，并提供被试的一般心理健康状况描述。经检验，本研究 SAS 的克隆巴赫系数[①] $\alpha = 0.776$，SWLS 的克隆巴赫系数 $\alpha = 0.886$，GHQ-12 的克隆巴赫系数 $\alpha = 0.891$。

测量睡眠质量的工具较多，考虑到实际情况，客观测量成本较高、大范围调查难以实现，因此选用主观测量工具。在现有的睡眠质量的主观评价工具中 PSQI 在国内外均有较高的信效度并且其结果与客观评价指标有较高的相关性，国内外研究学者的众多研究都是以 PSQI 为研究工具，这

[①] 克隆巴赫系数（Cronbach's alpha）是一套常用的衡量心理或教育测验可靠性的方法，依一定公式估量测验的内部一致性，作为信度的指标。克隆巴赫 α 系数愈高，工具的信度愈高。在研究中，信度达到 0.70 就可接受，介于 0.70~0.98 均属高信度，而低于 0.35 则为低信度，必须予以拒绝。

对研究的横向对比是有重要意义的。因此,本次调查研究中选用PSQI对农村老年人睡眠质量进行测量。经检测,本研究的匹斯堡睡眠质量指数问卷的克隆巴赫系数 α = 0.787。

梳理农村老年人睡眠质量及心理健康的以往研究文献发现社会支持对睡眠质量及心理健康有较大的作用。Cobb指出,个体的社会功能和心理状态能够通过良好的社会支持得到有效的改善。回顾以往研究文献发现社会支持对个体身心健康有重大影响。因此本研究引入社会支持这一变量,考察其在农村老年人的睡眠与心理健康中所起的作用。不同研究者根据自己对社会支持的认知界定开发适用于自己研究领域的社会支持量表。目前应用较为广泛、信效度较高的社会支持的测量量表有"领悟社会支持量表"(PSSS)和"社会支持评定量表"(SSRS)。笔者根据以往研究将社会支持作为调节变量纳入本研究并且关注社会支持的来源,故选用简单易懂、维度可分为三水平的PSSS。经检验,本研究中的PSSS的克隆巴赫系数 α = 0.909。

匹斯堡睡眠质量指数(PSQI)、生活满意度量表(SWLS)、一般心理健康问卷(GHQ-12)、焦虑自评量表(SAS)及领悟社会支持量表(PSSS)都是标准化的结构测量,可测量农村老年人的睡眠质量、心理健康、社会支持现状,但还是不够全面,为了更细致地探究影响农村老年人睡眠质量和心理健康现状的原因,结合PSQI和GHQ-12对老年人进行实地访谈(访谈提纲见附录)。

三 研究结果

(一)农村老年人睡眠质量、心理健康与社会支持的总体描述分析

经过使用PSQI、GHQ-12、SAS、SWLS施测后,测量结果如表2所示。

表2 匹兹堡睡眠质量指数(PSQI)的总体测量结果

	成分一:睡眠质量	成分二:入睡时间	成分三:睡眠时间	成分四:睡眠效率	成分五:睡眠障碍	成分六:催眠药物	成分七:日间功能障碍	PSQI总分
平均数	1.15	1.43	1.06	1.33	1.09	0.32	1.38	7.59
标准差	0.718	0.822	0.924	1.194	0.526	0.674	0.860	3.671

从表 2 中可以看出老年人 PSQI 总平均得分为（7.59 ± 3.671）分，PSQI 总分越高睡眠质量越差，国内以 PSQI > 7 分作为成人睡眠质量问题的参考界值，这里说明老年人睡眠质量存在一定问题。

表 3　GHQ - 12、SAS、SWLS 的总体测量结果

	GHQ - 12		SAS				SWLS					
得分	<27	≥27	<50	50~60	61~70	>70	<10	10~14	15~19	20	21~25	26~30	31~35
人数	276	75	152	111	19	4	5	34	45	27	93	91	28
百分比(%)	78.6	21.4	53.1	38.8	6.6	1.4	1.5	10.6	14	8.4	28.8	28.1	8.6
均值	21.79		48.62				22.85						
标准差	6.574		8.555				6.475						

从测量结果可以看出，老年人一般心理健康分数为（21.79 ± 6.574），心理状况尚佳，心理状况不佳的老年人占 21.4%；老年人焦虑分数为（48.62 ± 8.555），有 46.9% 的老年人有焦虑症状；老年人生活满意度分数为（22.85 ± 6.475），处于中等水平，少许满意及比较满意占比最高。

表 4　领悟社会支持量表（PSSS）的总体测量结果

	min	max	M	SD
家庭支持	4	28	20.86	4.373
朋友支持	3	28	17.74	5.237
其他支持	2	28	19.74	4.605
PSSS 总分	4	84	57.09	14.158

PSSS 总分在 12~36 为低支持状态；总分在 37~60 为中间支持状态；总分在 61~84 为高支持状态。从表 4 可以看出，农村老年人家庭支持平均得分最高为（20.86 ± 4.373）分，其次是其他支持平均得分为（19.74 ± 4.605）分，朋友支持的平均得分最低为（17.74 ± 5.237）分，将三个分维度的得分相加，得到老年人社会支持总分为（57.09 ± 14.158）分。老年人的社会支持处于中间支持状态，其中来自朋友的社会支持最低。

（二）睡眠质量、心理健康及社会支持的人口学因素差异分析

将性别作为自变量，进行独立样本 t 检验发现，不同性别的老年人在睡眠质量（$p = 0.001$）、一般心理健康状况（$p = 0.001$）、负性心理健康

（焦虑，$p=0.024$）、社会支持（$p=0.035$）上均有显著差异，而在正性心理健康（生活满意度，$p=0.289$）上没有显著差异。具体表现为农村男性老年人的PSQI总得分显著低于女性；农村老年人的GHQ-12得分在性别上具有显著差异，女性在这一因素上得分较高；另外女性老年人的焦虑程度（负性心理）要高于男性老年人而在生活满意度（正性心理）方面老年人并无性别差异；在社会支持方面农村女性老年人的社会支持总得分与朋友维度的支持得分都低于男性老年人。

将年龄重新分成≥80岁、70~79岁、60~69岁三组，分别定义为高龄组（n=80）、中龄组（n=124）、低龄组（n=147）。以年龄为自变量，对老年人睡眠质量、心理健康及社会支持进行单因素方差分析，结果显示不同年龄段老年人在总体睡眠质量（PSQI总分）（$p=0.002$）、一般心理健康（GHQ-12总分）（$p<0.001$）上有显著差异。具体表现为高龄老年人睡眠质量相对较差，并且根据事后检验结果可知，低龄老年人与中高龄老年人睡眠质量差异显著，即低龄老年人的睡眠质量优于中龄老年人（$p=0.001$）与高龄老年人（$p=0.016$）；而中高龄老年人的睡眠质量（$p=0.922$）并无显著差异；不同年龄段的三组老年人的一般心理健康状况差异显著，并且根据事后检验结果可知低龄与中龄（$p=0.001$）、低龄与高龄（$p<0.001$）、中龄与高龄（$p<0.001$）老年人的GHQ-12得分均存在显著差异，即低龄老年人一般心理健康状况优于中龄老年人，而中龄老年人的一般心理健康状况优于高龄老人。

将空巢情况作为自变量，进行独立样本t检验发现，空巢对农村老年人的睡眠质量、心理健康状况及社会支持状况并无显著影响，但相对来说，空巢老年人的睡眠障碍比较严重。

将老年人的婚姻状况重新编码为有配偶和无配偶两大类。将"已婚"的老年人编码为有配偶，而将其他包括"未婚""离异""丧偶"三种状况编码为无配偶。将重新分类的婚姻状况作为自变量，进行独立样本t检验发现，不同婚姻状况的老年人在一般心理健康（$p<0.001$）、社会支持（$p<0.001$）上有显著差异，无配偶的老年人一般心理健康水平、社会支持总水平及三个分维度支持水平均显著低于有配偶的老年人。

（三）老年人睡眠质量、心理健康及社会支持的相关分析

对农村老年人的睡眠质量及各组成成分、心理健康总体状况及两个维度、社会支持及三个分维度进行相关分析，具体结果如表5。

表 5 睡眠质量、心理健康、社会支持的相关分析

	成分一	成分二	成分三	成分四	成分五	成分六	成分七	PSQI 总分	SAS 总分	SWLS 总分	GHQ12 总分	家庭支持	朋友支持	其他支持
成分二:入睡时间	.499**													
成分三:睡眠时间	.327**	.393**												
成分四:睡眠效率	.248**	.276**	.710**											
成分五:睡眠障碍	.385**	.448**	.463**	.302**										
成分六:催眠药物	.352**	.402**	.324**	.112*	.404**									
成分七:日间功能障碍	.511**	.420**	.254**	.240**	.406**	.300**								
PSQI 总分	.674**	.674**	.782**	.727**	.660**	.563**	.635**							
SAS 总分	.418**	.349**	.266**	.177**	.422**	.323**	.474**	.441**						
SWLS 总分	-.282**	-.201**	-0.100	-.133*	-.129	-.118*	-.266**	-.272**	-.315**					
GHQ12 总分	.432**	.357**	.227**	.159**	.409**	.295**	.489**	.341**	.427**	-.160**				
家庭支持	-.191**	-.142*	-.155**	.006	-.061	-.241**	-.123*	-.231**	-.337**	.224**	-.276**			
朋友支持	-.251**	-.149**	-.153**	-.072	.001	-.130*	-.135*	-.235**	-.232**	.423**	-.304**	.537**		
其他支持	-.249**	-.174**	-0.09	-.029	.008	-.073	-.127*	-.201**	-.245**	.465**	-.209**	.654**	.676**	
PSSS 总分	-.234**	0.001	-0.038	.041	.068	-.103	-.131*	-.177**	-.313**	.442**	-.258**	.776**	.872**	.895**

从表5可以看出，农村老年人的睡眠质量及其各组成成分之间均呈显著正相关；睡眠质量及其各组成成分与一般心理健康均呈显著正相关；睡眠质量及其各组成成分与焦虑程度（负性心理）呈显著正相关；除成分三睡眠时间外，睡眠质量及其他各组成成分与生活满意度（正性心理）呈显著负相关；成分一、七及总体睡眠质量与社会支持总水平显著负相关，其他睡眠成分与社会支持的相关不显著；成分一、二、七与社会支持的三个分维度水平均呈显著负相关。农村老年人的一般心理健康状况与社会支持总水平及三个分维度水平均呈显著负相关；焦虑程度（负性心理）与社会支持总水平及三个分维度水平均呈显著负相关；生活满意度与社会支持总水平及三个分维度水平均呈显著正相关。即农村老年人的睡眠质量、心理健康及社会支持之间两两均呈显著相关。

（四）社会支持的调节效应分析

从已有结果可知农村老年人的睡眠质量、心理健康水平及个体主观感受到社会支持两两均呈显著相关，以往研究指出社会支持水平可在一定程度上影响个体的睡眠质量，而本研究亦发现老年人睡眠质量与心理健康呈显著关系。我们将睡眠质量（PSQI 总分）作为自变量、一般心理健康（GHQ－12）作为因变量、社会支持（PSSS 总分）作为调节变量纳入回归方程进行检验，并将老年人的人口学变量作为控制变量纳入方程，其中年龄以连续变量引入，将性别、空巢情况及婚姻状况设置为虚拟变量，具体而言：（1）性别：0 表示女性，1 表示男性；（2）空巢：0 表示空巢，1 表示非空巢；（3）婚姻状况：0 表示无配偶，1 表示有配偶。并将 PSQI、GHQ－12、PSSS 的各自分数进行中心化处理后进行方程的分析。结果发现社会支持可在其中起显著调节作用，其结果如表6所示。

表6 社会支持的调节作用检验

模型	自变量	B	SE	β	t	p
模型1	PSQI	0.330	0.095	0.252	3.462	0.001
	PSSS	－0.057	0.032	－0.125	－1.786	0.076
模型2	PSQI	0.346	0.095	0.264	3.661	<0.001
	PSSS	－0.077	0.033	－0.170	－2.340	0.020
	PSQI * PSSS	－0.015	0.007	－0.151	－2.125	0.035

从表6中可以看出，农村老年人主观感受到的社会支持可以显著调节其睡眠质量对心理健康的影响。

（五）质性研究结果

在发放问卷期间，随机选取30名老年人进行了深入访谈，现将访谈结果描述如下。

1. 老年人睡眠质量

老年人普遍表示自己睡眠时间减少，入睡困难、早醒，但老年人将其归因于年龄大了，睡眠就少了，虽未能具体回答"睡眠质量是否变差"这一问题，但表示和以往相比，白天会感到困倦。根据访谈情况，老年人睡眠质量不佳可能是出于以下三方面的原因。

（1）生理健康状况压力。随着年龄的增长，老年人免疫力逐渐下降，部分老年人身体出现一系列状况，包括高血压、糖尿病、肺部疾病等慢性疾病，以及注意力减退、耳聋等正常生理退化都可能会影响老年人睡眠。

访谈引用：

老年人：晚上咳得睡不着，有点疼痛就感觉难受，一晚上睡不好，睡不着，第二天还很累，累也睡不着。

（2）经济压力。许多农村老年人仍承担着养家任务，特别是留守家庭的老年人，还需要照顾孙辈，并且农村老年人的收入基本只能通过体力劳动来获得，但他们的身体条件又大不如从前，导致力不从心，使得睡眠逐渐变差。

访谈引用：

老年人：不干活，钱从哪来，哪能老找孩子要钱，那得要到什么时候，能干活就干活，能挣点是点，提倡自给自足、自力更生嘛。

（3）老年人自身不重视。多数老年人认为睡眠时间的减少是年龄增长的必然结果，是完全正常的老化现象，没有给予更多的关注，且并不认为睡眠问题是大问题，并且不愿在此问题上有过多消费。

访谈引用：

老年人：老人觉都少，都是这样的，醒了想起就起，早上起来看看，都是老人在外面遛弯。

2. 老年人心理健康

在访谈过程中，发现多数老年人并不了解"心理健康"这方面的知识，并且对"心理不健康"有一定的抵触，认为"心理不健康"等同于"精神有病"，并且当遇到一些事情时，从未想过自己的"心理"出现问题。笔者通过访谈记录总结了造成老年人心理健康问题的可能原因有以下几方面。

（1）传统思想的束缚。许多老年人习惯自己承担生活中遇见负性生活事件，一般不会和他人甚至子女分享自己的压力，心中压抑着的无助茫然和痛苦都会增强老年人的负性心理，降低其正性心理水平。

访谈引用：

老年人：有些事情不能跟孩子们说，孩子们都忙，说了是给他们添麻烦，再说这些事都会过去的，孩子还知道报喜不报忧呢，不能添麻烦。

老年人：谁还能没点不开心的事，都这个年纪了最坏还能怎么样，不给孩子惹事，他们都好好工作，好好过日子就行。

（2）对死亡的恐惧。部分老年人特别是高龄、有严重生理疾病的老年人，看不见生活中美好的事物，有的只是对死亡有深深的恐惧，这种恐惧增强了老年人的负性焦虑不安并降低了老年人正性心理健康水平。

访谈引用：

老年人：日子能过一天是一天，孩子都得工作，有一天是一天。

（3）没有意识到心理健康的重要性。农村经济文化教育条件相对较差，许多老年人没接触过"心理"知识，现阶段老年人对生病的了解只能到"生理"，而未到"心理"层面，对"心理健康"的重要性还没有基本的认知。

访谈引用：

老年人：啥心理病？就是精神病吧，脑子有问题的人。

老年人：干什么都没意思这也算病吗？这都是啥？

3. 老年人社会支持

数据结果显示，老年人社会支持平均水平处中等水平，并且家庭支持的平均得分要高于朋友支持与其他支持的平均得分。访谈中发现老年人活动交往范围的逐步缩小可能是其社会支持水平逐渐降低的主要原因。一方面，老年人随着年龄的增长生理健康水平逐渐下降，不得不缩小自己的活动范围，而交往范围也随着活动范围的缩小而缩小，朋友支持随之下降；另一方面，许多老朋友逐渐去世，也是老年人朋友支持水平较低的原因。

访谈整理：

老年人：跟以前不能比，年轻的时候还都一起扭扭秧歌、打打牌，现在很多老伙伴都走了，咱跟年轻人也玩不到一起，也就在家自己待着，要不去街头坐一会儿。

老年人：腿脚也不方便，不能走太远了，就在家附近转转就行。

四 讨论

（一）老年人睡眠质量的总体讨论

我国目前还没有关于成年人睡眠质量各成分的统一常模，但是本次研究数据与刘贤臣等[1]观测正常成人（平均年龄 37.6±12.3 岁）得到的数据对比可发现：老年人 PSQI 总平均得分远远高于刘贤臣等指出的正常成人的得分，并且各个成分的得分亦高于刘贤臣等的观测结果。综合以往研究结果，如潘健源等[2]研究报道指出老年人 PSQI 总平均分为（6.64±4.67）分，王群等[3]研究指出老年人 PSQI 总平均得分（7.28±2.44）、操银环等[4]研究指出老年人 PSQI 总平均得分（8.01±3.54）。我们发现随着时间发展研究结果越来越高，可能是因为老人群体的总体睡眠质量在逐渐变差。

根据访谈情况可知，农村老年人睡眠质量不好的原因有生理健康、经济压力、自身重视情况三方面原因。此外，影响老年人睡眠质量的还有：（1）农村交通不便、基层医疗条件不好，导致农村老年人就诊率低；（2）农村老年人卧床时间长而实际睡眠时间较少导致其过度卧床，以及

---

[1] 刘贤臣、唐茂芹、胡蕾、王爱祯、吴宏新、赵贵芳等：《匹兹堡睡眠质量指数的信度和效度研究》，《中华精神科杂志》1996 年第 2 期。

[2] 潘健源、张敏、王敏、昝培霞、魏红春、叶冬青等：《安徽省部分地区农村老年人孤独与睡眠状况及其影响因素》，《中华疾病控制杂志》2010 年第 4 期。

[3] 王群、李小妹：《老年抑郁、焦虑与认知功能的现状、影响因素及其关系研究》，《护理研究》2012 年第 7 期。

[4] 操银环、胡茜琪、陈圆静、何倩、沈先卿、黄芬：《安徽省池州市农村老年人睡眠质量状况及相关因素分析》，《华南预防医学》2016 年第 5 期。

生活单调乏味可能会降低老年人睡眠质量；（3）随着时代进步，年轻人开始外出打工，虽然这使得家庭经济开始变好，但给农村老年人则带去了诸多生活负担，子女远离身边使得老年人无法得到有效照顾以及承担孙辈教育带来的心理生活压力等都会降低农村老年人睡眠质量；（4）根据我国国情，相较于男性，我国农村女性老年人更加关心与家庭成员的关系、儿女甚至孙辈的前途等生活琐事[1]，这导致其睡眠质量比男性稍差；（5）本研究发现女性得到的社会支持都相对较低，特别是朋友支持，这可能使得女性遇事得到的帮助较少，缺乏倾诉的对象，导致其睡眠质量较差；（6）老年人生理健康状况随着年龄的增长逐渐变差，一些慢性疾病疼痛会造成老年人的不易入睡、夜间易醒等消极睡眠状况；（7）随着年龄的增长，活动范围逐渐缩小，活动强度也在变小，日间功能障碍逐渐严重，睡眠质量逐渐下降。

（二）老年人心理健康的总体讨论

国内有关农村老年人的心理健康研究以 GHQ-12 为调查工具的较少，其结果与本研究没有可比性。有关农村老年人焦虑的研究，冯芳等[2]对农村老年人的调查显示有焦虑症状的老年人占 22%，马静怡[3]对农村老年人进行调查，结果显示 7.1% 的老年人有焦虑症状，冯天义等[4]对农村老年人的调查结果指出有焦虑症状的老年人占 76.73%；肖巧玲等[5]的研究报告指出农村老年人生活满意度的平均得分为（22.4±6.1）。各调查结果相差较大，可能与调查对象所在的地区有关。

---

[1] 于守臣、宋彦、张忠山、于宝德：《黑龙江省6个城市4种职业人群睡眠障碍的流行学调查》，《中国神经精神疾病杂志》1995年第4期；张薇、张庆军、陈湘宜、左丹、李阳、郭毅等：《湖北省部分地区中老年人睡眠质量及影响因素分析》，《武汉大学学报》（医学版）2007年第3期；李亚宁、陈长香、李建民：《不同地区老年人睡眠质量及相关因素分析》，《现代预防医学》2007年第6期。

[2] 冯芳、钱ershape中、胡彩云、宫凤凤、陆珊珊、赵媛媛等：《安徽省某农村地区独居老年人焦虑现状及影响因素研究》，《中华疾病控制杂志》2016年第9期。

[3] 马静怡：《老年抑郁、焦虑与认知功能的现状、影响因素及其关系研究》，山西师范大学硕士论文，2014，第27页。

[4] 冯天义、马俊：《同心县农村55岁及以上老年人心理焦虑及影响因素分析》，《南通大学学报》（医学版）2010年第4期。

[5] 肖巧玲、王亚婷、李瑾、李娟：《农村老年人社会支持与生活满意度的关系——中介及调节变量分析》，《中国心理卫生杂志》2018年第2期。

综合分析发现老年人心理健康状况不佳的可能原因有5个方面：（1）对大多数农村老年人来说，人生没有退休，一直要为生活奔波忙碌，为家庭、子孙着想，很少能做到自由自在生活，这导致他们对生活的满意度不高；（2）女性自身性格特点的影响，受中国传统观念的影响，女性老年人性格较为脆弱，负面情绪不易化解；（3）中国女性承担的家庭琐事劳动多于男性，并且传统中国女性以家务劳动为主，经济收入比男性低，这种经济收入的不对等，使得女性老年人只能依附男性，没有话语权，易产生负面情绪；（4）随着年龄的增长，老年人各项生理功能开始下降，对死亡的恐惧使其心理负担加重，从而导致心理健康状况不佳；（5）随年龄增长，社交圈子开始逐渐缩小，老年人缺乏交流，产生心理压抑，易导致其心理健康状况不佳。

（三）老年人社会支持的总体讨论

与以往研究相一致，高龄老年人及女性老年人社会支持水平较低，这可能是因为：（1）男性交往范围更广，活动圈子更大，从而认识的朋友较多，倾诉对象较多；而女性受家庭束缚，交往圈子基本固定在家庭人际关系内，朋友较少，使得女性老年人朋友支持得分较低；（2）随着年龄的增长，老年人社交范围逐渐缩小，伴随着同龄朋友的去世等等，使得高龄老年人的社会支持较低。而有配偶的老年人社会支持水平较高是因为夫妻二人的社交圈子会叠加共享，从而使有配偶的老年人获得的社会支持较高。

（四）睡眠质量对心理健康的影响

本次调研数据的结果表明农村老年人睡眠质量总得分及各个组成成分均与心理健康总体状况及心理健康的生活满意度（正性心理）与焦虑程度（负性心理）两个维度呈显著相关关系。相较于生活满意度（正性心理），焦虑程度（负性心理）与睡眠质量总得分及其各个成分之间的相关关系更加密切，即焦虑对睡眠质量的影响更大。其中成分一（睡眠质量）、成分五（睡眠障碍）、成分七（日间功能障碍）与焦虑的相关关系最为密切。而生活满意度与睡眠质量的相关关系虽显著，但其相关强度较低。

健康的心理与良好的睡眠质量是不可分割的。如果老年人长期睡眠不佳，必定会影响到心理健康，反之，老年人心理状况不佳亦会影响老年人睡眠质量。首先，睡眠质量会影响老年人生理状态，不利于身体机能的恢复，导致其代谢功能紊乱，从而影响心理健康；其次，睡眠质量高低严重影响老年人焦虑水平，即睡眠质量越差，焦虑程度越高；长期不佳的睡眠质量差导致的老年人烦躁不安情绪会降低老年人心理健康水平和生命质量；最后，老年人的情绪体验深刻而长久，短时间内变化较小，即如果老年人因为某事而处于焦虑心理状态中，这个心理会持续很久难以恢复，老年人因处于焦虑状态而影响其睡眠质量，两者相互影响，降低老年人生活及生命质量。

（五）社会支持的调节作用分析

数据分析结果表明，社会支持可以调节老年人睡眠质量对心理健康水平的作用。这意味着，老年人的社会支持水平不同，会导致睡眠质量对心理健康水平的影响。即社会支持水平的不同，会导致老年人睡眠质量的差异，同时睡眠质量的差异会导致睡眠质量对心理健康的不同预测水平，从而影响心理健康水平。因此，我们可以通过提高老年人社会支持水平这一比较容易操作的因素来改善老年人睡眠质量从而提高老年人心理健康水平、提高老年人生活生命质量。

五 建议

为实现农村老年人积极老龄化，切实改善老年人睡眠质量，提高老年人心理健康水平，笔者综合本研究数据结果及实地调研访谈，提出以下建议。

（一）给基层组织的建议

在本次调研过程中，发现有许多社会组织开始进入基层开展活动，为农村老年人提供帮助，在此提出五点建议。

第一，各组织在关心帮助老年人时，应注意基于实际情况给予帮助，应提前进行调查以发现老年人的实际需求。

第二，睡眠是影响健康的关键因素，也是老年人面临的重大问题，应给予老年人专业、适用的睡眠指导；我们可以开展睡眠讲座，特别是适合低龄老年人、可以使老人从初始就形成良好的睡眠习惯的睡眠指导讲座，以提高睡眠质量。

第三，重视女性人际关系，鼓励其多参与社会交往。改善女性老年人特别是受传统影响较大的女性老年人的社会地位，解放她们的思想，使她们老有所乐。

第四，关注重点人群特别是高龄老年人的心理健康，高龄老年人受身体条件的影响，社交范围逐渐缩小，社会支持也相应减少，心理健康水平下降。应给予高龄老人适当的社会支持，从而改善他们的睡眠质量及提高其心理健康水平及晚年生活生命质量。

第五，要给予老年人心理健康与生理健康等量的关注，增加相应的专业心理健康讲座以使老年人对"心理健康"有正确的、积极的认识，提高老年人生命质量。

最后，可适当建立"倾诉室"，给老年人一个情绪发泄的空间。

（二）给老年人的建议

第一，配偶会影响老人心理健康水平及社会支持水平。老年人应多关注配偶的身心状态，多交流沟通，特别是男性老年人应多多关注自己的配偶的状态，和她及时交流，这样不仅有助于婚姻及家庭质量的提高，更能提高晚年的生活和生命质量。

第二，扩大自己的社交范围。特别是女性老年人，不必局限于家庭之中，多结交朋友可以提高自己的社会支持水平，从而提高睡眠质量及心理健康状况。

第三，老年人应主动参加团体活动，适当运动，与外界多交流，培养广泛的兴趣爱好，从而提高自己的身心健康水平。

第四，老年人遇事不要自己独自忍受，应多与家人朋友等商量倾诉。

第五，睡眠问题是重大问题，理应给予高度重视。长期睡眠不好的老年人应主动求医；正视"心理健康"，重视情绪问题，对长期焦躁不安或者提不起精神，应主动追本溯源，并找专业的心理工作人员求助。

第六，老人应积极乐观地面对生活和生命，要能够坦然面对衰老和死亡。

（三）给子女的建议

第一，作为子女应积极关注父母的身心健康，给予父母心理安慰和支持，与父母多沟通交流，及时发现老人的负面情绪并帮助其排解，老人最大最强有力的精神支持来自子女的关心。

第二，子女应排除旧思想，并努力做父母的思想工作，鼓励父母参加各项老年活动，从而丰富老年生活，提高生活生命质量。

第三，子女应给予老年人选择择偶再婚这一决定更多的理解和尊重，支持父母追求自己想要的幸福生活，使他们能够度过幸福美满的晚年生活。

六 研究结论与展望

(一) 研究结论

在人口学因素上，农村老年人的心理健康状况与睡眠质量存在显著性差异，即：(1) 相较于女性老年人，男性老年人的心理健康水平较高，睡眠质量较好；(2) 相较于中高龄老年人，低龄老年人的心理健康水平较高，睡眠质量较好；(3) 相较于无配偶的老年人，有配偶的老年人心理健康水平较高。

农村老年人睡眠质量与心理健康呈显著相关关系：(1) 老年人睡眠质量与一般心理健康呈显著相关关系，即睡眠质量越好，一般心理健康状况越好；(2) 睡眠质量与生活满意度呈显著相关关系，即睡眠质量越好，生活满意度越高；(3) 睡眠质量与焦虑呈显著相关关系，即睡眠质量越好，焦虑程度越低。

社会支持可在一定程度上调节农村老年人睡眠质量与心理健康的相关关系。即社会支持可以调节老年人睡眠质量状况，从而影响老年人的心理健康水平。

(二) 研究展望

第一，希望今后的研究能扩大样本量，选取能够代表全国老年人的样本，做全国老年人的睡眠质量与心理健康研究。

第二，希望能够编制出严谨的适合测量老年人睡眠质量与心理健康的问卷，从而能为提高老年人睡眠质量及心理健康水平提出更有针对性的建议。

第三，研究不同年龄阶段（低中高龄或者其他有意义的年龄分组）老年人睡眠质量及心理健康，从而有针对性地为不同年龄段的老年人改善睡眠质量及心理健康状况提出合理性建议。

附 录

编号：_____

老年人调查问卷

第一部分

1. 性别：男□   女□
2. 您的年龄：____岁（出生于19__年）
3. 有没有跟子女辈的亲人（包括子女、侄子女等）同住：有□ 没有□
如果没有跟子女辈的亲人同住，请问这种状况持续多长时间了：
（1）≤6个月 （2）6个月~1年 （3）1年~2年 （4）≥2年
4. 婚姻状况：（1）未婚（2）已婚（3）离异（4）丧偶

第二部分

指导语：我们将了解您最近几周内的身体健康状况。在以下问题中最适当的一栏画上"√"。请回答所有的问题。这里的问题是针对最近一个月的状况。

1. 在做什么事情的时候，能集中精神吗？
（1）能集中 （2）和平时一样 （3）不能集中 （4）完全不能集中
2. 有由于过分担心而失眠的情况吗？
（1）没有过 （2）和平时一样 （3）有过 （4）总这样
3. 觉得自己是有用的人吗？
（1）有用 （2）和平时一样 （3）没有用 （4）完全没用
4. 觉得自己有决断力吗？
（1）有 （2）和平时一样 （3）没有 （4）完全没有
5. 总是处于紧张状态吗？
（1）不紧张 （2）和平时一样 （3）紧张 （4）非常紧张
6. 觉得自己不能解决问题吗？
（1）能 （2）和平时一样 （3）不能 （4）完全不能
7. 能享受日常活动吗？
（1）能 （2）和平时一样 （3）不能 （4）完全不能

8. 能够面对你所面临的问题吗？

（1）能　　（2）和平时一样　　（3）不能　　（4）完全不能

9. 感到痛苦、忧虑吗？

（1）不觉得　　（2）和平时一样　　（3）觉得　　（4）总是觉得

10. 失去自信了吗？

（1）没有　　（2）和平时一样　　（3）失去　　（4）完全失去

11. 觉得自己是没有价值的人吗？

（1）没有觉得　　（2）和平时一样　　（3）觉得　　（4）总是觉得

12. 觉得所有的事情都顺利吗？

（1）顺利　　（2）和平时一样　　（3）不顺利　　（4）完全不顺利

第三部分

指导语：下面一些问题是关于您最近1个月的睡眠状况，请选择或填写最符合您近1个月实际情况的答案。

请回答下列问题：

1. 近1个月，晚上上床睡觉通常是____点钟。

2. 近1个月，从上床到入睡通常需要____分钟。

3. 近1个月，通常早上____点起床。

4. 近1个月，每夜通常实际睡眠____小时（不等于卧床时间）。

对下列问题请选择1个最适合您的答案。

5. 近1个月，因下列情况影响睡眠而烦恼：请在适合您情况的方格内画"√"

	无	<1次/周	1~2次/周	≥3次/周
a. 入睡困难				
b. 夜间易醒或早醒				
c. 夜间去厕所				
d. 呼吸不畅				
e. 咳嗽或鼾声高				
f. 感觉冷				
g. 感觉热				
h. 做噩梦				
i. 疼痛不适				
j. 其他影响睡眠的事情如有，请说明：				

6. 近1个月，总的来说，您认为自己的睡眠质量

（1）很好 （2）较好 （3）较差 （4）很差

7. 近1个月，您用药物催眠的情况

（1）无　（2）<1次/周　（3）1~2次/周 （4）≥3次/周

8. 近1个月，您常感到困倦吗

（1）无　（2）<1次/周　（3）1~2次/周 （4）≥3次/周

9. 近1个月，您做事情的精力不足吗

（1）没有 （2）偶尔有 （3）有时有 （4）经常有

第四部分

指导语：以下有12个句子，每个句子后有7个答案。请根据自己的实际情况在每句后面选择一个答案，请在方框中画上"√"。

其中："1"表示极不同意，"2"表示很不同意，"3"表示稍不同意，"4"表示中立，"5"表示稍同意，"6"表示很同意，"7"表示"极同意"。

	1	2	3	4	5	6	7
在我遇到问题时有些人（领导、亲戚、同学）会出现在我身旁							
我能够与有些人（领导、亲戚、同学）共享快乐与忧伤							
我的家庭能够切实具体地给我帮助							
在需要时我能够从家庭获得感情上的帮助和支持							
当我有困难时有些人（领导、亲戚、同学）是安慰我的真正源泉							
我的朋友能真正地帮助我							
在发生困难时我可以依靠我的朋友们							
我能与自己的家庭谈论我的难题							
我的朋友们能与我分享快乐和忧伤							
在我的生活中有些人（领导、亲戚、朋友）关系着我的感情							
我的家庭能心甘情愿协助我做出各种决定							
我能与朋友们讨论自己的难题							

第五部分

请仔细阅读每一条，把意思弄明白，每一条文字后有四级评分："1"表示"没有或偶尔"；"2"表示"有时"；"3"表示"经常"；"4"表示"总是如此"。然后根据您最近一星期的实际情况，在分数栏适当的分数下画"√"。

	1	2	3	4
我觉得比平时容易紧张和着急				
我无缘无故地感到害怕				
我容易心里烦乱或觉得惊恐				
我觉得我可能将要发疯				
我觉得一切都很好,也不会发生什么不幸				
我手脚发抖打战				
我因为头痛、颈痛和背痛而苦恼				
我感觉容易衰弱和疲乏				
我觉得心平气和,并且容易安静坐着				
我觉得心跳得快				
我因为一阵阵头晕而苦恼				
我有过晕倒,或觉得要晕倒似的				
我呼气吸气都感到很容易				
我手脚麻木和刺痛				
我因胃痛和消化不良而苦恼				
我常常要小便				
我的手常常是干燥温暖的				
我脸红发热				
我容易入睡并且一夜睡得很好				
我做噩梦				

第六部分

请仔细阅读下列五项，并根据旁边的指标，在适合您的情况下画上"√"。

其中："1"表示"非常不同意"，"2"表示"不同意"，"3"表示"比较不同意"，"4"表示"不确定"，"5"表示"比较同意"，"6"表示"同意"，"7"表示"非常同意"。

	1	2	3	4	5	6	7
我的生活大致符合我的理想							
我的生活状况非常圆满							
我满意自己的生活							
直到现在为止,我都能够得到我在生活上希望拥有的重要的东西							
如果我能重新活过,差不多没有什么我想改变的							

非结构访谈提纲：

1. 有没有慢性病：比如高血压、糖尿病、恶性肿瘤、慢性气管炎等?
2. 每天愿意吃饭吗?和以前相比,吃得多了还是少了?一天几顿饭?
3. 平时有做运动吗?比如慢走、跑步、太极拳等,一般多长时间?
4. 和子女多长时间联系一次?谁主动?
5. 身边朋友多吗?都有什么娱乐活动?
6. 会不会经常忘记事情,比如刚刚想做件事,转身就忘了。
7. 觉得自己睡不好是什么原因造成的?
8. 对心理健康是否了解?怎么理解心理健康?

精神心理状态对老年人生活质量的影响

张秋霞*

摘　要： 在老年型社会中，与增龄有关的老年期疾病会明显增加。老年期的精神心理疾病不仅影响着老年人的生活质量和寿命，也给社会和家庭带来沉重的经济压力和照护负担。精神心理障碍在降低老年人生活质量的同时，还附加了歧视、排斥和侮辱，给老年人的经济、日常生活能力、人际交往和自我评价等都造成不良影响。通过文化重构降低精神心理类疾病的污名化，并对异于主流社会价值观的疾病、身份等被污名化的事物给予接纳和包容，才能构建起一个人人共享、积极健康和宽容豁达的老龄社会。

关键词： 精神心理　老年人　生活质量　年龄歧视　污名化

在一个由2.54亿占总人口18.1%的60岁及以上老年人口（截至2019年底）组成的老年型社会中，与增龄有关的老年期疾病也会明显增加。精神心理类疾病作为老年期一类常见的疾病，不仅影响着老年人的生活质量，也影响着老年人家庭的温馨和睦以及社会的和谐稳定，而对精神心理类疾病的污名化现象，叠加对老年人的年龄歧视、贫困歧视等多种污名更加大了老年人求医求助、康复和融入社会的鸿沟。了解这种歧视、排斥和侮辱的文化建构过程，逐步化解造成污名的社会要素，为精神心理类老年患者创造一个宽容积极的治疗和生活的社会环境，以共享社会发展、体现社会公平正义。

---

* 张秋霞，山东郓城人，中国老龄科学研究中心副研究员、统计师、社会工作师，主要研究方向为老龄心理学。

一 我国老年人精神心理状态简况

心理疾病是有自知力，社会功能、人格、现实检验能力基本完好的一类较轻精神障碍的总称，而精神疾病是缺乏自知力，社会功能、现实检验能力严重受损，伴有人格及精神紊乱的一类严重的精神障碍。如果心理困扰不能及时化解，有可能进一步恶化发展为严重心理障碍或精神障碍。心理疾病和精神障碍存在着发病程度的不同，但同属于身心健康中心灵的部分，并且在中国文化语境中具有同质化的含义，因此本文将两者同列论述。

我国老年人的精神状态和心理健康水平整体不错，中国城乡老年人生活状况调查项目分别于2000年、2006年、2010年在全国进行了老年人生活状况的调查，数据显示，在问及老年人是否认为自己现在已经老了时，2000年城乡共计有12.1%的老人不觉得自己现在已经老了，2006年上升到20.5%，2010年则达到了23.6%。这三次调查中，无论是老年人总体还是高龄老人，对自己的评价都趋于积极，年龄已经不是他们评价自己是否已经变老的唯一标准。虽然年龄数字在增长，但他们的心理趋于年轻化，对自我的期望和评价趋于正面、积极和乐观。2015年的中国城乡老年人生活状况调查数据则显示，老年人群体感到非常幸福和比较幸福的比例达到60.68%，认为一般的达到32.59%，合计超过了93%。可以说，绝大多数的老年人精神心理状态是积极正面的，对自己的晚年生活质量也是认可和满意的。

老年人常见的心理问题包括孤独感和失落感、焦虑和抑郁等，常见的精神障碍，按损害性质不同可分为器质性精神障碍和功能性精神障碍两大类[1]，前者包括脑血管性痴呆、老年性痴呆、药物依赖、慢性酒精中毒等，后者包括性格障碍神经症、情感性精神病、晚发性精神分裂症等。老年人群体不仅要面对躯体衰老和疾病所带来生活不便的困扰，产生不良情绪体验，还面临因丧偶（死亡威胁）、角色改变、社会支持减少等各种生活负性事件而引发的孤独、抑郁、焦虑等心理问题，给老年人带来精神压力和打击，如果事件超出了老年人的承受限度，就可能导致认知、情感、行为

---

[1] 于恩彦：《实用老年精神医学》，浙江大学出版社，2013，第29~30页。

和意志等精神活动方面遇到不同程度的障碍。因此老年人发生精神心理疾病的原因比年轻人更复杂、更隐蔽，是由个人人格特点、遗传因素、家庭关系改变、社会资源和支持的减少、抵抗外界刺激的能力下降等各种因素的综合作用导致的。刘玉萍等通过对山阳县城乡老年人精神关爱调研发现，老年疾病患者中有56%的患者患的是老年人心理疾病，其中70%的心理疾病是源于缺少精神关爱[1]。中国1982年进行了第一次精神疾病流行病学调查中，在被抽中的12个地区中，65岁以上老年人占总调查人口的5.6%，而老年性精神障碍的患病率为3.75‰，农村地区精神障碍时点患病率为11.61‰，终生患病率为13.91‰。近年来，农村抑郁老年人自杀率和痴呆老年人走失率呈快速上升态势。中国城乡老年人生活状况抽样调查结果显示，17.1%的农村留守老人处于抑郁状态，其中，独居老人抑郁倾向率为23.1%。2017年中国精神障碍疾病负担及卫生服务利用的研究显示，仅65岁老年期痴呆患病率就已达到5.56%，高于我国1987年以来部分地区调查结果，且患病率随年龄增长呈上升趋势，给社会和家庭带来了沉重的经济负担和护理负担。加强精神心理疾病的防治和康复工作已成为各国政府的共识。

二 国际精神心理疾患简况

精神心理疾病患者人数众多，世界卫生组织的调查数据显示，目前有4.5亿人罹患某种类型的精神或脑疾患，全球疾病负担中，前10位疾病中与精神疾病相关的疾病占了5位，包括精神分裂症、抑郁症、双相情感障碍、强迫症等。以阿尔茨海默病（即俗称的老年痴呆症）为例，目前（2015年），全球失智患者人数已达4680万人，其中50%～75%为阿尔茨海默病患者。预计每年全球将新增990万名失智患者，平均每3秒新增1人。2015年曾预计到2050年，全球患有失智症（认知症）的人数将从4680万人增加至1.315亿人。实际上，2018年全球已经约有5000万人患有痴呆症，按此速率，到2050年这一数字将增至1.52亿，比2015年预计的人数也多了约0.2亿人，形势发展之快超出预期。据估算，2018年全球

---

[1] 刘玉萍、刘文仕：《精神关爱：一个值得关注的养老新课题——山阳县城乡老年人精神关爱调查与思考》，《陕西老年学通讯》2012年第4期。

社会痴呆相关成本为 1 万亿美元，到 2030 年，这一数字将增至 2 万亿美元。

中国疾病预防控制中心精神卫生中心于 2009 年公布，我国各类精神疾病患者人数在 1 亿人以上，每 13 个人当中就有 1 人有某种程度的精神问题，治疗费用和因患精神疾病而丧失劳动力造成的负担约占我国疾病总负担的 20%，排在疾病总负担的第一位[①]。世界卫生组织曾预测，到 2020 年中国精神疾病的负担占疾病总负担的四分之一以上。精神心理疾病影响到社会交往等社会功能，在家庭、社会功能上导致不同程度的紊乱和障碍，中国文化语境中对精神心理疾病充满了歧视和偏见，可以说精神心理疾病是所有疾病类型中经济和心理负担最重、最容易拖垮家庭经济和家庭成员心理防线的一种。

三 精神心理对老年人生活质量影响的文献研究

老年人生活质量是指个体在老年期的客观生活条件、生活行为及其主观感受的总和。生活质量研究在发达国家蓬勃发展，产生了大量调查研究项目、研究报告和学术专著，成为诸如经济学、社会学、人口学、统计学、心理学、医学等多学科的共同热点论题。多数研究者认可生活质量是一个多维复合概念，在研究过程中不同程度上涉及经济收支、躯体健康、心理健康、自理能力、认知功能、社会交往、家庭情感支持、健康服务可获性、闲暇生活、教育程度、居住条件，以及生活满意度、幸福感等方面。在欠发达国家和发展中国家，人们通常把物质生活的改善作为提高生活质量的主要任务，倾向于研究客观生活质量，而在欧美等发达国家，物质生活已经比较丰富，生活质量的改善偏向主观感受方面，倾向于研究主观生活质量[②]。我国关于生活质量的研究则兼顾主客观生活质量，力求全面和系统，因而主观因素里精神心理因素对老年人生活质量的影响的论题也略有研究成果。

从中国知网所搜集到的文献资料看，生活质量研究成果多（近 4 万篇），老年生活质量研究成果少（近 700 篇），从心理角度研究老年生活质

---

① 舒广伟：《关于精神卫生的经济学思考》，《卫生经济研究》2006 年第 7 期。
② 曾毅、顾大男：《老年人生活质量研究的国际动态》，《中国人口科学》2002 年第 5 期。
孙娟鹃：《中国老年人生活质量研究》，知识产权出版社，2007，第 48 页。

量的更少（近60篇），研究老年人精神障碍对老年人生活质量的影响的则只有十多篇。在已有对老年人精神心理的研究中，大家均认可精神心理对老年人生活质量的影响不可忽视，其中，以各种心理学量表等工具对各类患精神心理疾病的老年人进行测量和分析的文献比较多，研究样本以小部分个体如医院的精神科或心理科、养老机构或康复机构里的老年精神心理病患等特定老年群体为主[①]，缺少有样本代表性的老年群体的调查和分析数据，缺少政府管理视角，缺少文化分析视角等大框架下精神心理疾病的起因、治疗和预防的文献。从研究方法看，文献大多以定量分析为主，质性研究较少，以生活场景为背景的田野调查少。从学科来看，以医学视角研究精神心理的多，以社会学和社会心理学为研究范式的少。相关文献和研究的缺乏，与精神心理疾病的起因和症状的复杂性有关，与对相关研究的支持度不足、研究数据搜集难度大、社会文化的歧视等因素均有关。

四　精神心理障碍对老年人生活质量的影响

精神心理状况无时无刻不影响个体并最终影响个体的寿命。2014年，成都市老龄委曾对成都的720名百岁老人进行调查发现，89.17%都是乐天派，家庭和睦，性情豁达，心态乐观。个人的健康和寿命60%的因素取决于自己的精神心理状态和生活方式，精神心理状况对生活质量和寿命的影响不可忽视，精神心理疾病对健康和寿命的损害同样值得研究、预防和重视。

没有心理健康就无健康可言，精神障碍更是对个体的生活质量产生严重影响。精神心理障碍降低老年人的生活质量是毋庸置疑的，疾病缠身的老年人本来就难以拥有愉悦的精神状态，而精神心理疾病还附加了更多的社会负面意义，使老年人的经济、日常生活能力、人际交往和自我评价等都深受影响。

[①] 李凤雨、曲新玲、李新华：《优质护理对老年精神障碍患者生活质量的影响》，《中国医药指南》2018年第13期；谢楠：《构建"医院-社区-家庭"带病养老模式可行性》，《中国健康心理学杂志》2018年第12期；胡颖：《老年抑郁症患者的心理护理研究》，《世界最新医学信息文摘》2018年第5期；张晓曼等：《养老机构生活自理老年人负性情绪的质性研究》，《护理学杂志》2018年第21期。

（一）精神心理障碍对老年人经济状况的影响

经济状况对老年人生活质量的影响涉及老年人的衣食住行等，也关系到老年人更高层级需求的实现。老年人的收入水平与其他群体存在差别，老年人群体内部的差距也不小。2014年全国居民人均可支配年收入为20167元，其中城镇居民人均可支配年收入为28844元，农村居民人均可支配年收入为10489元，全国城镇单位就业人员年均工资为56360元[1]，"第四次中国城乡老年人生活状况抽样调查"（2015年）数据则显示，2014年老年人人均年收入，城镇男性老年人为29570元，城镇女性老年人为18980元，农村男性老年人为9666元，农村女性老年人为5664元。虽然这两种数据来源的统计口径不同，不能直接进行比较，但可以大致看出老年人的收入在收入序列中的位置。

与治疗精神心理疾病所产生的费用相比，老年人的收入就显得"小巫见大巫"了。DALY（disability adjusted life years，伤残调整生命年）是WHO估算各病种疾病负担最常用的指标，可用于比较不同时间、地点和病种的疾病负担。一项针对北京市抑郁症的调查显示[2]，2010年北京市常住人口抑郁症的终生患病率为3.6%，时点患病率为1.1%，65岁及以上人群抑郁症患病率为4.4%。抑郁症造成每千人5.80人年的健康寿命损失。从年龄分布来看，50岁以上年龄组患病率较高，其中高峰出现在70~79岁组，达9.49人年/千人。甘肃省农村精神疾病患者的门诊疾病负担调查结果则显示，468例精神疾病患者年人均门诊经济负担为9523.80元，人均门诊药品费用占直接费用的85%以上，而他们的年平均家庭人均收入仅4288.73元，精神障碍患者的疾病特点与长期的、持续的医药费负担是患者特别是农村患者家庭"因病致贫""因病返贫"的主要根源[3]。同时，经济因素也成为农村精神病患者治疗精神疾病最大的障碍和负担，有患者患病15年从未接受过任何正规、专业的治疗[4]。随着年龄的增长，精神疾

---

[1] https://data.stats.gov.cn/easyquery.htm? cn=C01，最后检索时间：2021年1月17日。
[2] 苏健婷、韦再华等：《2010年北京市抑郁症疾病负担研究》，《首都公共卫生》2018年第1期。
[3] 甘培艳、杨晋梅等：《农村精神障碍患者门诊疾病负担调查及救助机制探讨》，《西部中医药》2017年第12期。
[4] 李鹏程、罗媛、石小娣：《甘肃省农村地区精神病患者生存状况的田野调查》，《基层医学论坛》2013年第28期。

病的死亡率也明显增加,其中,20～24岁、70岁以上各年龄段精神疾病死亡率增长速度最快①。中国居民疾病负担和死亡率在中老年人中均较高,可能与我国发病年龄较晚相关②,也可能与我国精神卫生资源相对匮乏以及人们对精神心理疾病污名化的畏惧有关,特别是农村地区,只有当精神心理疾病严重到变成精神障碍、影响生活时,患者才可能去求助和就医。

(二) 精神心理障碍对老年人日常生活自理能力的影响

精神心理疾病的高发病率和高致残率,严重影响了老年人的日常生活自理能力。一些老年人因患病而导致生活不能自理,家庭通常会因长期照护患者而占用了大量时间和精力,降低了劳动生产能力。同时,精神卫生资源极为短缺,一些患者得不到及时的医疗救助和康复治疗,以致患者的病情越来越严重,给自己和家庭造成的负担越来越沉重,并且严重精神障碍患者的肇事肇祸事件屡屡见诸报端,成为社会不稳定因素之一。在有些农村,轻症精神病患者若有一定的生活自理能力和劳动能力,家属一般不会限制他们的自由。而有些重性精神病患者,一旦犯病就意识不清,"弃衣而走,登高而歌",生活不能自理,大小便全弄到床上地上。大多数家庭怕他们外出伤人或者嫌丢人,要么锁在、关在家里,要么任其四处流浪③。有些老人患了精神心理疾病,特别是在发展成严重精神障碍后,缺乏照料资源,生存都成问题,更谈不上生活质量了。

(三) 精神心理障碍对老年人人际交往的影响

人际关系是一个人与他人社会联系的网络,中国城乡二元制导致了城市和农村具有不同的人际交往模式。现代城市经济使得人们的人际交往模式更加倾向于工具性,原有的血缘性依归和地缘性依归被打破。农村仍然是一个熟人社会,具有强烈的地理边界意识,是一个内部团结和整合程度较高的集合体,专门针对精神分裂症及家属的歧视调查显示④,42%的病

---

① 李向青、杜敏霞、李荣:《2005～2012年中国精神病死亡率的流行病学分析》,《现代预防医学》2015年第1期。
② 苏健婷、韦再华等:《2010年北京市抑郁症疾病负担研究》,《首都公共卫生》2018年第1期。
③ 李鹏程、罗媛、石小娣:《甘肃省农村地区精神疾病患者生存状况的田野调查》,《基层医学论坛》2013年第28期。
④ 高士元:《精神分裂症病人及家属受歧视状况》,《中国心理卫生杂志》2005年第2期。

人报告他们受到了单位不公正对待,受到同事或同学歧视,被邻居看不起,并导致恋爱或婚姻失败。56%的家属报告为避免歧视而把病人患精神病的事对外保密。精神分裂症病人遭遇到的歧视突出地表现在与个人基本社会生活密切有关的工作、婚姻和人际交往三个方面。2017年全国性精神障碍调查研究则显示,31%的社区居民对精神障碍有羞耻感,这阻止了他们向社会求助和主动就医治疗的意向。社会歧视对病人及其家属的心理和社会生活产生了严重影响。

传统中国的"乡土社会"是一个熟人社会,而现代城市社会则是由处于血缘、地缘、业缘等关系之外的陌生人组成的社会。相对来说,城市人群更容易接纳精神疾病患者,更愿意和患过精神病的人交朋友,会像对待普通人一样对待他们,能接受他们到精神病院就医的情况[1],而农村居民对常见精神疾病的知晓程度不如城市居民,而歧视程度大于城市居民[2]。事实上,中国很多农村地区精神心理病患家庭因被歧视和被排斥承受着巨大的精神压力,家庭中只要有一人患有精神心理疾病,整个家庭都面临歧视和排斥,出现儿子娶不上媳妇、女儿嫁不出去以及家人在村子里无人来往等现实问题。为了顾及家庭、家族的名誉避免受到歧视和排斥,他们常常隐瞒病情,不接受治疗或者瞒着别人偷偷去精神病院接受治疗[3]。而精神心理疾病更是加深了本就存在的老年人年龄歧视现象,特别是在家庭经济不宽裕的情况下,老年人可能就被封闭在家里,无人来往了。

(四) 精神心理障碍对老年人自我评价的影响

年龄歧视中最严重的是老年歧视,老年歧视作为一种特殊的偏见形式,被视为继种族歧视和性别歧视之后的第三大歧视[4]。除了会受到其他群体的歧视外,老年群体内部也存在着自我歧视,如有的老年人认为自己是无价值的,是社会的负担等,社会整体对老年人的文化价值观在一

---

[1] 严保平、李建峰:《城市与农村普通人群精神卫生知识知晓率及对精神疾病的态度》,《现代预防医学》2014年第9期。
[2] 孙霞、李献云、费立鹏:《中国北方两地城乡居民常见精神卫生知识知晓情况现况调查》,《中国心理卫生杂志》2009年第10期。
[3] 李鹏程、罗媛、石小娣:《甘肃省农村地区精神疾病患者生存状况的田野调查》,《基层医学论坛》2013年第28期。
[4] 江荷、蒋京川:《老年歧视的概念、工具、特点与机制》,《心理技术与应用》2017年第11期。

定程度上塑造了老年个体的自我评价①。对罹患精神心理疾病的老年人来说，文化传统和社会现实中对精神心理疾病的耻感更是促进了老年人自我价值感的降低，同时，治疗精神心理疾病会拖累家庭的经济，不治疗又痛苦不堪，治与不治对老年人来说都会有压力和负担。对患有精神心理疾病的老年人来说，经济压力沉重，多种歧视叠加，加上心理负担和人际支持匮乏，以致个人陷入人生困境，对自我的评价更多地倾向于否定和自我歧视。

五 精神心理疾病防治工作及精神卫生资源和政策

精神心理问题属于公共卫生问题，因此公共卫生资源和政府政策是应对精神心理疾病的重要一环。在20世纪50年代，我国成年人群精神障碍患病率还仅为2.7%，到了2009年，这个数字则达到17.5%。其中，上升最快的是号称"第一心理杀手"的抑郁症。据疾控中心公布的数字，目前我国抑郁症发生率已经达到4%以上，需要治疗的患者人数已经超过2600万②。中国于1982年进行了第一次精神疾病流行病学调查，在被抽中的12个地区中，老年性精神障碍的患病率为3.75‰，农村地区精神障碍时点患病率为11.61‰，终生患病率为13.91‰。而一项调查显示，根据国际通用标准，农村老年群体一般心理问题筛查阳性检出率为17.17%，精神障碍总患病率为19.43%，是1993年的2倍多，其中乙醇（酒精）所致精神障碍仍然高居第一位③，严重影响老年人的身心健康。

与精神心理疾病患者大量涌现相对应的是不匹配的精神卫生资源和公众精神卫生知识的匮乏。当时的国家卫生计生委发布的数据显示，2010年全国共有精神卫生专业机构1650家，精神科床位22.8万张，平均1.71张/万人口（全球平均4.36张/万人口），精神科医师2万多名，平均1.49名/10万人口（全球中高收入水平国家平均2.03名/10万人口），截至2015年底，全国共有精神卫生服务机构2936家，开设床位数43.3万张，

---

① 江荷、蒋京川：《老年歧视的概念、工具、特点与机制》，《心理技术与应用》2017年第11期。
② 李妍：《我们的病人——中国精神病患者报告》，《中国新闻周刊》2011年第28期。
③ 张代江等：《重庆市990名农村老年人精神卫生状况及其影响因素分析》，《重庆医学》2014年第7期。

比 2010 年（1650 家机构、22.8 万张）有较大幅度增长。全国有精神科执业（助理）医师 27733 人，精神科护士 57591 人，心理治疗师 5000 余人，有 90 余万人次获得心理咨询师职业资格证书。我国平均 121 位重性精神疾病患者才有 1 张床位，平均 842 位患者只有 1 位执业医师，这些精神卫生资源于精神心理疾病患者来说真是杯水车薪。同时，我国精神卫生服务资源严重短缺且分布不平衡，主要分布在省级和地市级城市，县级特别是农村地区精神卫生服务极度匮乏[①]，全国仅有 220 家精神病医院和 53 个县级医院有精神科，也就是说在 2868 个县级行政区域内高达 90.5% 的县（县级市和市辖区）没有专业精神卫生服务机构。全国 333 个地区中，37 个地广人稀的农村和山区没有精神科病床，精神障碍社区康复体系的建立更是无从谈起。我国广大农村地区的精神卫生服务严重不足，群众精神卫生知识匮乏，对精神卫生知识的知晓率较低，很少人能够正确选择就医方式，精神疾病和心理障碍的治疗率十分低下。精神卫生服务网点空间布局是研究精神卫生服务可及性与公平性的一个不可或缺的变量[②]，2008 年底我国精神心理卫生服务网点的分布，从网点地理分布密度看[③]，上海最高（67.74 个/万平方公里），青海最低（0.03 个/万平方公里），从网点人口分布密度看，上海最高（0.22 个/10 万人），江西最低（0.02 个/10 万人）。从财务方面看，精神疾病经济负担占中国疾病总负担的 20%，而精神卫生服务总费用（包括财政拨款和业务收入）还不足全国各类卫生服务总费用的 1%，社区精神康复服务能够从中获得的份额更是少之又少。现有精神卫生服务能力远远不能满足人民群众的健康需求，与国家经济建设和社会管理的需要存在较大差距。

中国内地大约 90% 的精神心理病患者生活在家庭和社区，而公众对精神心理卫生知识却知之甚少，这直接导致了对精神心理病患的恐惧、歧视和排斥。2002 年 12 月至 2013 年 2 月，国家卫生部疾病控制司、卫生部统计中心和中国疾病预防控制中心精神卫生中心联合开展了中国普通人群精

---

① 张若冰、张云淑、栗克清：《我国农村地区精神障碍康复模式现状分析》，《河北医药》2018 年第 8 期。
② 刘飞跃、肖水源等：《我国精神卫生服务网点空间布局研究》，《中国卫生经济》2011 年第 9 期。
③ 陈艳、刘飞跃：《农村老年人精神卫生服务中的政府责任缺失与弥补》，《湖南社会科学》2016 年第 2 期。

神卫生知识知晓率调查，在10个卫生部监测地区完成了3872份调查问卷。调查结果显示，63.3%的人把精神病和神经病混为一谈，46.5%的人不知道哪里有精神卫生机构。有81.3%的人不知道每年10月10日是"世界精神卫生日"。精神卫生知识贫乏，精神卫生体系不完善，服务能力低下以及对精神疾病的偏见和歧视，是中国精神心理疾病患者治疗率低的主要原因。

　　国家意识到了精神康复工作的重要性，在"十三五"期间重点支持了基层精神卫生服务能力建设。2013年5月1日，我国首部《中华人民共和国精神卫生法》生效并于2018年进行了修订，强调了精神卫生的健康促进，尤其是老年人的精神卫生值得关注，精神疾病社区康复工作也进入规范发展阶段。2016年底，国家卫生计生委、中宣部等22个部门印发《关于加强心理健康服务的指导意见》，首次全面、系统地提出了加强心理健康服务的具体政策措施。针对精神卫生专业人员紧缺的状况，提出全国精神科执业（助理）医师数量增加到4万名，同时健全基层精神卫生防治人员、心理治疗师、社会工作师等精神卫生服务队伍。精神卫生专业机构适应患者就诊需求，从以严重精神障碍诊治为主，逐步转向抑郁症、焦虑症等常见精神心理障碍服务，转向加强心理科、心身医学科等精神障碍前期的干预服务建设。2021年3月，国家卫健委成立"国家心理健康和精神卫生防治中心"，从政策、技术、研究和人才等各方面全方位开展心理健康和精神卫生防治工作。

　　同时国际上不断推出的更人性化的康复模式也值得我们学习和借鉴，如主动式社区治疗（ACT）模式，在减少住院、改善症状、提高生活质量、促进就业等方面均有一定成效；同伴支持服务符合精神疾病服务模式发展的需要，是一种低成本、有明确疗效、能使多方受益的康复方法；日本的替代服务，由精神障碍者自助开展服务而不是被动地接受服务，对患者的自主性、自尊和自信的恢复有良好的作用等①。精神康复工作一直在艰难进步和发展。

---

① 杨锃：《替代服务与社区精神康复的转向——以日本浦和贝塞尔之家为例》，《浙江工商大学学报》2019年第1期。

六 建议

(一) 增加精神心理卫生资源投入

投入精神卫生方面的财务和人力资源不足是全球都存在的问题,在发展中国家更明显。2011年,大部分低收入和中等收入国家用在精神卫生方面的卫生预算尚占不到2%,许多国家每百万人口拥有的精神卫生专家尚不足1人。第20个世界精神卫生日主题就是"对精神卫生进行投资",以呼吁各国政府加强对精神卫生服务的财政和人力投入。在我国,政府对精神卫生服务的财政保障力度不足,并且各地区间存在较大的差异[1],精神卫生资源总量不足与结构失衡同时并存。充足的公共卫生经费是保障广大群众健康的基本条件,将卫生资源在城乡之间、不同人群之间进行公正分配,是体现政府责任和社会公平的重要方式之一。建议政府加大对精神卫生服务的财政保障力度,建立完善的精神卫生保障机制。各省市应根据本省的财政状况和老龄人口状况相适应的原则,适当加大对精神卫生服务的财政投入,并建立多渠道、多方位、多层次的筹资模式。老年人是健康服务的最大使用群体,医疗卫生服务是老年人需求中最突出也是最重要的需求。在现有卫生体系中加大精神心理疾病的财政预算和投入,增强精神心理卫生资源的可得性,以缓解老年人患精神心理疾病后对个人和家庭造成的经济压力,保障老年人健康的基本权利,维护老年人的合法权益,为老年人提供心理上的社会安全感。

(二) 建立老年精神心理患者有效的社会支持系统

社会支持系统可以分为正式社会支持系统和非正式社会支持系统,前者主要由政府和各类组织团体提供,后者主要由家庭成员和亲属朋友等提供。作为社会性的人,和他人的联系构成了个人的社会关系网络,而社会关系网络是个体获得社会资源、取得物质和精神心理支持的途径之一。老年精神心理患者要善于通过非正式社会支持网获取一定的社会资源,亲属

---

[1] 石光、崔泽、栗克清、张勇:《中国精神卫生服务投放研究(二)》,《上海精神医学》2003年第6期;陈洋、詹国芳、张云婷等:《上海市19个区县精神卫生服务筹资状况调查》,《上海交通大学学报》(医学版) 2010年第8期。

和朋友在个人社会支持网中发挥着非常重要的作用,特别是在情感性支持方面,亲属和朋友的理解支持对老年精神心理患者具有很强的安慰作用。那些患病程度较重的老年精神障碍患者参加社会公共生活的能力受到限制,对他们的管理和服务重点仍然在于强势的社会控制,人文关怀明显不足,这时候非正式社会支持就是他们的精神支柱。

非正式社会支持中还有一个重要的角色常常被忽略,那就是老年人自己,特别是心理疾病程度较轻的老年人,自我支持系统是个体精神世界强大的核心力量。虽然自我支持系统会受到老年人的经济状况、受教育程度、毅力和意志、自我学习能力等因素的制约,但在资讯发达、获取渠道方便快捷的今天,有意识地学习和自身精神心理疾病有关的知识,了解自身疾患的发展程度和治疗方式,做到心中有数,不讳疾忌医也不过分医疗,对老年人特别是城市的老年人还是有很大的可能性的。依靠但是不依赖,自立自强的精神状态才可能塑造与精神心理疾患共存、积极主动的老人。

与非正式社会支持相比,由政府和各类组织社团发起的正式社会支持系统更为强大和可持续。政府对政策法律的完善,财政投入的保障政策,各项政府项目的支持对老年精神心理病患是一个长期的、稳定的支持条件,随着政府对精神卫生工作政策的完善,正式社会支持系统会越来越重要。以中央补助地方重性精神疾病管理治疗项目("686"项目)为例,公安部门调查数据显示,重性精神病患者平均肇事肇祸率一般为2.68%,2006年至2010年,实施项目的地区接受管理治疗的重性精神病患者的平均肇事肇祸率降为1.1%,而项目中就包括了向病情不稳定并有危险行为的部分贫困患者提供免费服药、住院补助,这说明针对性的治疗和康复是有效的,有些精神心理疾病患者主要是出于经济原因才没有去看病或没能持续治疗。这种政府发起的、长期稳定的项目支持对于他们的康复治疗和预后都有显著的效果。

(三) 消除年龄歧视和精神心理疾病污名化

老年期是大多数人都要经历的人生阶段,也就是对大多数人来说,年龄歧视正在发生或将来必然发生,改善社会歧视环境,其实是给未来的自己一个宽容和善的生活氛围。精神心理疾病一方面作为一个医学问题,需要从医学领域寻求治疗方案;另一方面作为一个与社会环境密切相关的公共卫生问题，需要从社会学方面寻找防治措施，首先要消除的就是对精神心理病患的歧视和排斥。对罹患精神心理疾病的老年人来说，首先要自我认同，把自己看作普通病人，把精神心理疾病看作可以干预和治疗的疾病，要积极主动地融入社会。老年人的家属，要勇于正视现实，理解老人生病时的痛苦感，学会战胜病耻感，想办法用积极的一面开导老人并带老人定期看门诊，积极治疗。对社区和政府来说，对精神心理病患及其家属提供社会支持必不可少，恐惧来源于无知，加强精神心理卫生知识的宣传更是破除歧视的重要方式，成本小、效果好。加强老年人的心理卫生健康教育也很重要，不仅可以弱化疾病和衰老给老年人带来的影响，还能使老年人较好地处理好各种自身的、家庭的以及社会的问题，使老年人保持较好的心理状态和生活状态，改变能改变的，接受不能改变的，让老年期的身与心和谐共振，提高老年人的生活质量。

随着我国进入老龄化社会，老年人作为一个群体越来越庞大，但我们对于老年期的发展、老化的原理、精神心理的本质和规律仍然了解得不够，对于与现在的老年人以及与未来的自己如何相处还没有形成人生规划，对于以何种心理和姿态来应对老年型社会还没有做好充足准备。我们下一步要从专业上深入研究老年人的生理、病理特点，探讨精神心理的来源和去处，研究老年型社会所面临的新问题和新挑战。同时政府也应加大在老年人精神心理障碍防治和康复方面的投入，尽早干预，减少老年精神心理障碍的发生发展。在进行有关精神心理知识的宣传时，还需要进行理性判断、人文素养的关怀和关于精神心理价值观的文化重构，对于精神心理类疾病等被污名化的事物能给予接纳和包容，构建起一个人人共享、积极健康和宽容豁达的老龄社会。

从收入、消费视角进一步提高老年人生活质量

杨晓奇*

摘　要： 收入和消费是影响老年人生活质量的重要因素。近年来，我国老年人收入平稳增长，城乡差距不断缩小。老年人消费水平持续增长，消费结构不断优化，消费热点不断形成。但社会保障体系不完善、再就业条件有限、产业发展滞后等因素，制约了老年人收入消费水平的进一步提升。对此，需要加快完善社会保障体系，加强老年人力资源开发，推动老龄产业发展，优化消费环境，畅通信息渠道，不断增加老年人收入、提高消费水平，进一步提高老年人生活质量。

关键词： 收入　消费　生活质量

引　言

我们知道，老年人生活质量的提高受到许多因素的影响，收入和消费是重要因素之一。因此，全面把握收入和消费情况对于提高老年人生活质量意义重大。随着我国经济社会的发展，我国老年人的收入、消费水平逐年提高，但整体来看，收入水平增长有限，城乡消费差距较大，老年人收入水平提升空间很大。本文利用"第四次中国城乡老年人生活状况抽样调查"数据，全面分析了目前我国老年人的收入、消费现状以及存在的问题，并有针对性地提出了建议。

---

* 杨晓奇，中国老龄科学研究中心副研究员，经济学博士，研究方向为老龄经济、老龄产业。

一 我国老年人收入状况

（一）老年人收入平稳增长，差距不断缩小

老年人收入平稳增长，农村快于城市。2014年我国城市老年人平均收入23930元，是2000年的3.24倍，按可比价格计算，年均实际增长5.86%；农村老年人平均收入7621元，是2000年的4.62倍，按可比价格计算，年均实际增长9.06%（见图1）。农村年均实际增长速度快于城市。

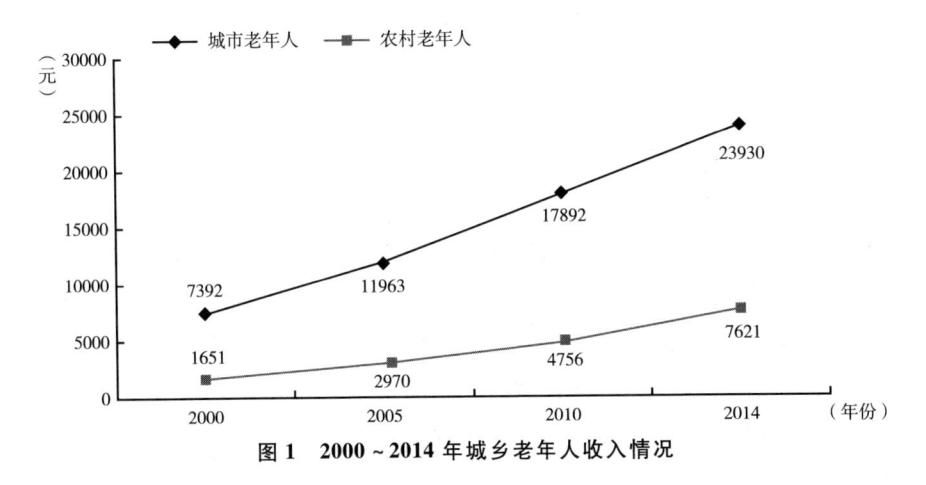

图1 2000~2014年城乡老年人收入情况

城乡老年人收入差距不断缩小，但城乡居民收入差距仍然比较大。2000年，我国城市老年人收入是农村老年人的4.47倍，2006年这一数据下降到4.03，2010年进一步下降到3.36，2014年下降到3.14。14年来，城乡老年人的收入差距一直缓慢缩小。而同期，我国城镇居民可支配收入和农村居民人均纯收入相比，2000年是2.79，2006年是3.28，2010年是3.23，2014年是2.92。14年来，我国城乡老年人收入差距虽然在不断缩小，但始终大于同期我国城乡居民收入差距。

城乡老年人收入低于城乡居民收入水平。2014年，我国城市老年人收入只相当于同期城镇居民人均可支配收入的82.9%，仅相当于同期城镇单位在岗职工平均工资的41.7%。2014年，农村老年人收入相当于同期农村居民人均可支配收入的72.7%。由此可见，老年人收入水平低于其他居民收入水平，尤其是城市退休老人收入远低于在岗职工的收入。

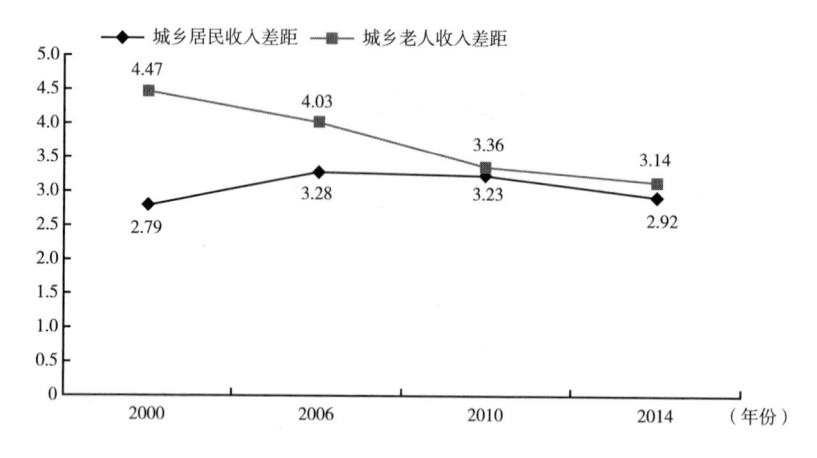

图 2　2000~2014 年城乡老年人与居民收入差距

（二）老年人收入结构持续发生变化

城市老年人以保障性收入为主，其占比先升后降。2014 年，我国城市老年人收入中，保障性收入占 79.4%，经营性收入占 9.8%，转移性收入占 7.0%，资产性收入只占 3.8%，老年人收入以保障性收入为主（见图3）。从保障性收入来看，2000 年，我国城市老年人保障性收入占总收入的 77.5%，2010 年这一比例高达 88.9%，2014 年开始下降（见图4），非保障性收入占比开始上升。

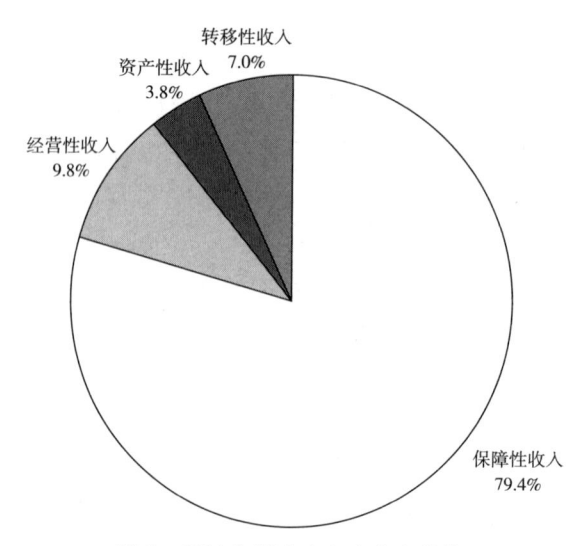

图 3　2014 年城市老年人收入结构

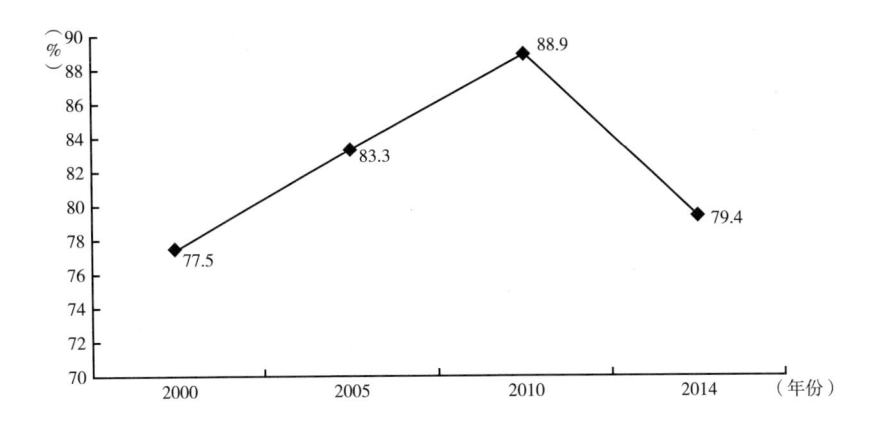

图 4 2000～2014 年城市老年人保障性收入在总收入中的占比情况

农村老年人收入来源多元化，保障性收入占比不断上升。2014 年，我国农村老年人收入中，经营性收入占 39%，保障性收入占 36%，两者总和达到 75%。转移性收入占 19%，占比最低的是资产性收入，为 6%（见图 5）。从保障性收入来看，2000 年，保障性收入在总收入中的占比仅为 14.3%，此后，这一占比逐年上升，2014 年比 2000 年高出约 22 个百分点，保障性收入已经成为农村老年人收入的重要来源。从经营性收入来看，2000～2014 年，占比变化不大，经营性收入依然是老年人收入最重要的来源之一。

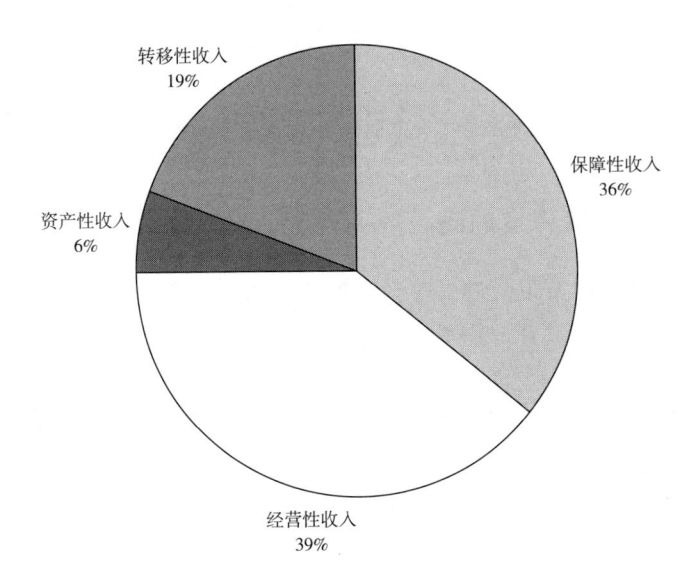

图 5 2014 年农村老年人收入结构

（三）男性老年人收入普遍高于女性

2014年，我国城市老年人男性平均收入为29570元，女性平均收入为18980元，女性收入相当于男性收入的64%（见图6）。从收入结构看，男性和女性老年人收入差距主要在于保障性收入，其次是经营性收入。男性老年人保障性收入比女性高出8200多元，经营性收入高出2600多元。

2014年，农村男性老年人收入平均为9666元，女性平均为5664元，女性收入相当于男性收入的59%。从收入结构看，男性和女性老年人收入差距主要在于经营性收入，男性老年人经营性收入比女性高出2900多元。

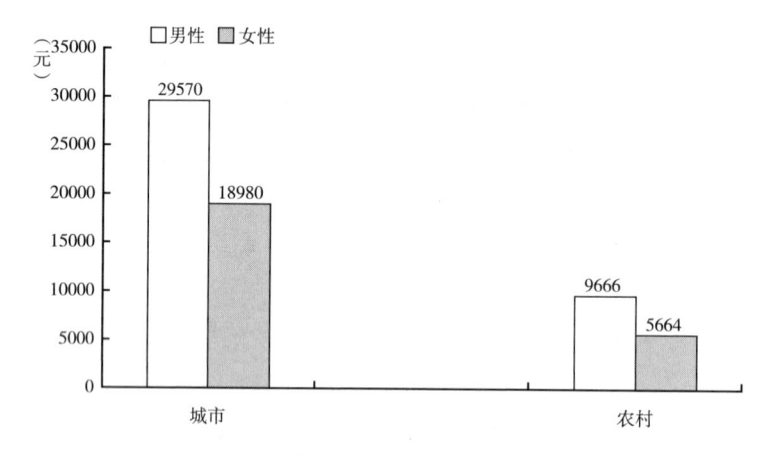

图6　城乡老年人不同性别收入状况（2014年）

（四）受教育程度越高，收入越高

2014年，我国城市受过高等教育的老年人收入最高，为63464元，其他依次是受过中等教育、初等教育的老年人，未上过学的老年人收入最低，为11563元。农村受过高等教育的老年人收入最高，为33799元，最低为未上过学的老年人，收入为5558元。可见，无论城乡，受教育程度越高，收入越高（见图7）。

从收入结构看，无论城乡，不同受教育程度之间的老年人收入差距主要在于保障性收入。城市受过高等教育的老年人保障性收入平均为55203元，而未上过学的老年人保障性收入平均为7827元，相差约4.8万元。农村受过高等教育的老年人保障性收入平均为 27413 元，而未上过学的老年人保障性收入平均为 2161 元，相差约 2.5 万元。

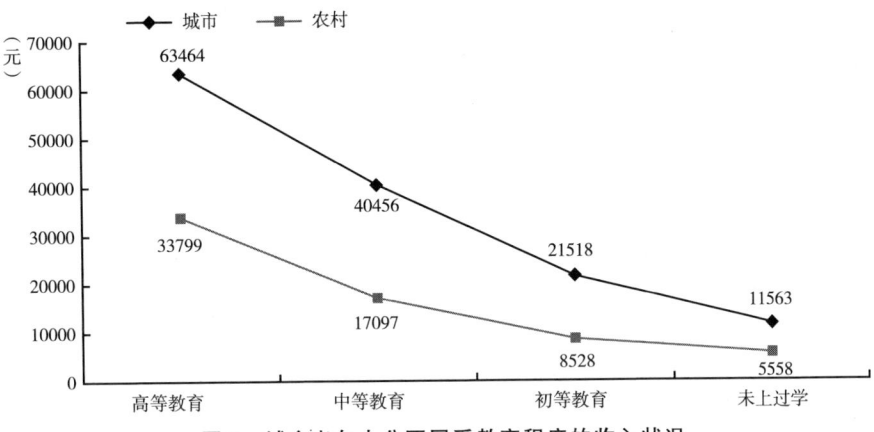

图 7　城乡老年人分不同受教育程度的收入状况

城市：高等教育 63464；中等教育 40456；初等教育 21518；未上过学 11563
农村：高等教育 33799；中等教育 17097；初等教育 8528；未上过学 5558

（五）不同年龄段老年人收入水平不同

城市高龄老年人收入最高。城市收入最高的为 80 岁及以上老年人，年收入平均为 25707 元，最低为 70~79 岁的老年人，年收入平均为 22699 元，相当于高龄老年人收入的 88%。从收入结构看，不同年龄段老年人收入差距主要在于保障性收入。高龄老年人保障性收入平均为 22799 元，70~79 岁老年人平均为 19306 元，相差将近 3500 元。

农村低龄老年人收入最高。农村收入最高的为 60~69 岁的低龄老年人，年收入平均为 9061 元，最低的为 80 岁及以上的高龄老年人，年收入平均为 5354 元，是低龄老年人收入的 59%（见图 8）。从收入结构看，不同年龄段老年人收入差距主要在于经营性收入。低龄老年人经营性收入平均为 4520 元，高龄老年人经营性收入平均为 217 元，两者相差 4300 多元。

（六）自理老年人收入普遍高于失能老年人收入

2014 年，城市完全自理的老年人平均年收入最高，为 24372 元，其次是完全失能老年人，部分失能老年人平均收入最低，为 18217 元，相当于完全自理老人收入的 75%。农村和城市一样，完全自理老人收入最高，平均为 8028 元，完全失能老年人次之，最低的为部分失能老年人，平均为 4847 元，相当于完全自理老年人收入的 60%（见图 9）。

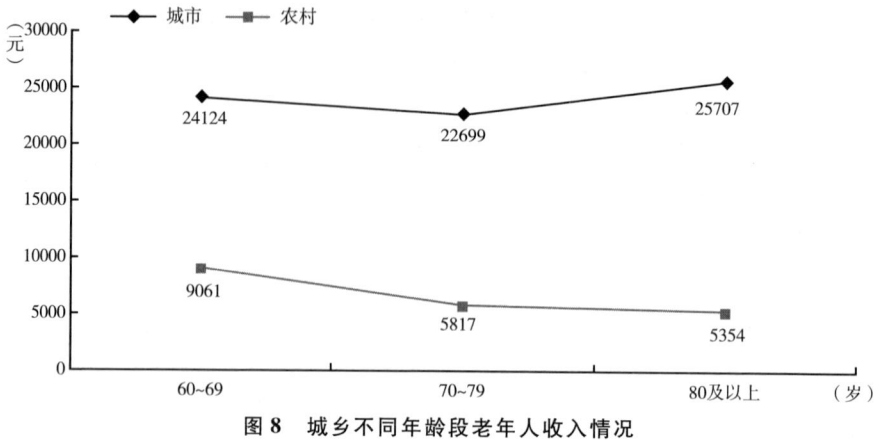

图 8　城乡不同年龄段老年人收入情况

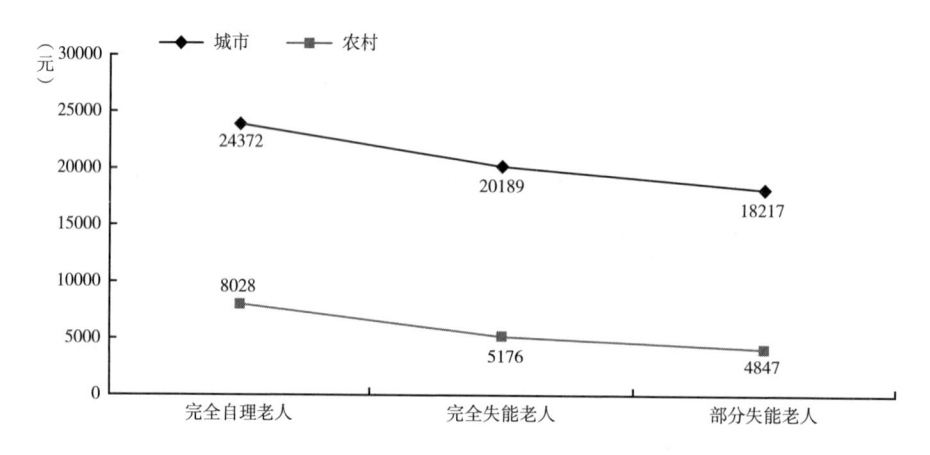

图 9　城乡不同自理程度老年人收入状况

（七）不同地区老年人收入有差异

东部城市老年人收入最高，中部最低。2014 年，东部城市老年人年均收入最高，平均为 27235 元，中部城市老年人收入最低，年均收入为 18923 元，相当于东部城市老年人收入的 69%。从收入结构看，不同城市老年人收入差距主要在于保障性收入。东部城市老年人保障性收入平均为 20999 元，中部城市老年人保障性收入平均为 14506 元，两者相差 6000 多元。

东部农村老年人收入最高，西部最低。2014 年，东部农村老年人年均收入为 9794 元，西部农村老人最低，年均收入为 6340 元，相当于东部农村老年人收入的 65%（见图 10）。从收入结构看，不同地区农村老年人收入差距主要在于经营性收入。东部农村老年人经营性收入平均为3611元，西部农村老年人经营性收入平均为2124元，相差约1500元。

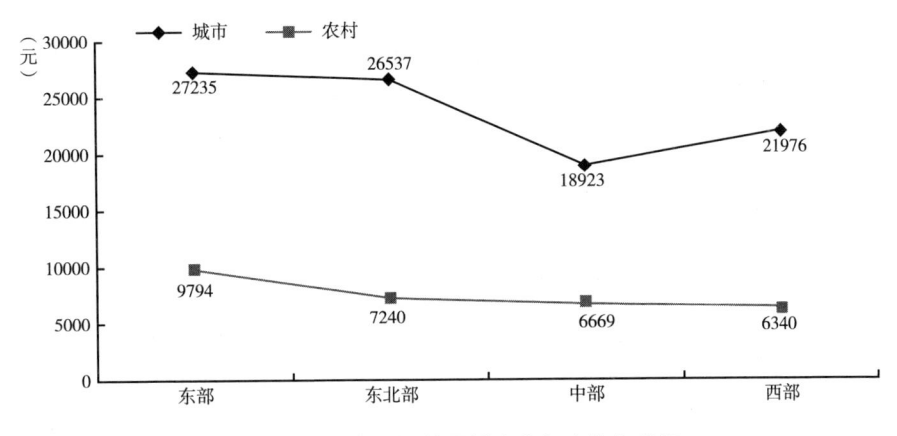

图10　2014年不同地区城乡老年人收入状况

（八）老年人经济自评状况持续向好

2015年，城乡老年人经济自评中，很宽裕的占比为1.3%，比较宽裕的占比为14.8%，基本够用的占比为58.5%，比较困难的占比为21.2%，非常困难的占比为4.1%（见图11）。和2010年相比，老年人经济自评很宽裕比例提高了0.2个百分点，比较宽裕提高了3.5个百分点，基本够用提高了1.8个百分点，比较困难和非常困难的比重都有所下降。五年来，老年人经济自评状况持续向好。

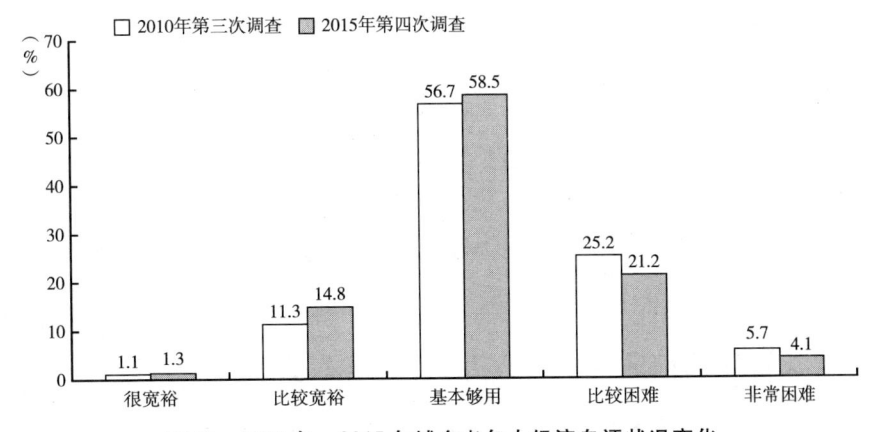

图11　2010年、2015年城乡老年人经济自评状况变化

（九）城市"啃老"现象多于农村

2015年，5.9%的城乡老年人认为自己的子女或孙子女存在"啃老"行为，其中，城市这一比例为7.7%，农村这一比例为3.9%（见图12），城市高于农村。

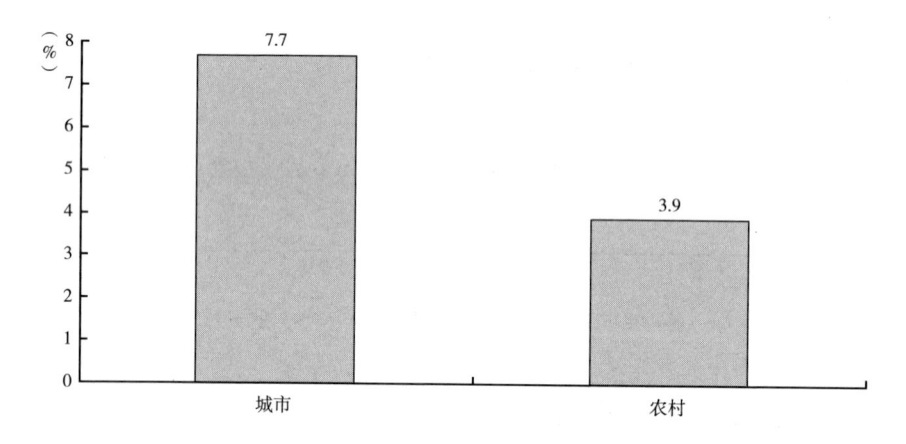

图12　2015年城乡"啃老"行为对比（老年人自报）

二　我国老年人消费状况

（一）城乡老年人消费持续增长，差距不断缩小

城乡老年人消费持续增长，农村增速快于城市。2014年，我国城市老年人平均消费水平为20186元，是2000年的2.81倍；我国农村老年人平均消费水平为8884元（见图13），是2000年的4.51倍。农村增速快于城市。

城乡老年人消费差距不断缩小。2000年，我国城市老年人消费是农村老年人的3.65倍，2005年为3.73倍，2010年为3.32倍，2014年为2.27倍（见图14）。14年来，城乡老年人消费水平差距随着收入差距的不断缩小而缩小。

（二）不同地区老年人消费水平差异较大

2014年，东北部城市老年人消费水平最高，为22478元，其次是东部

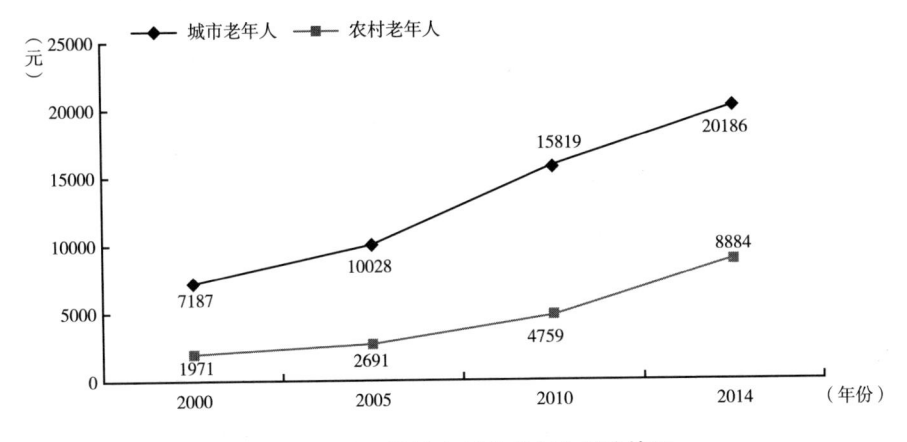

图 13　2000~2014 年城乡老年人消费情况

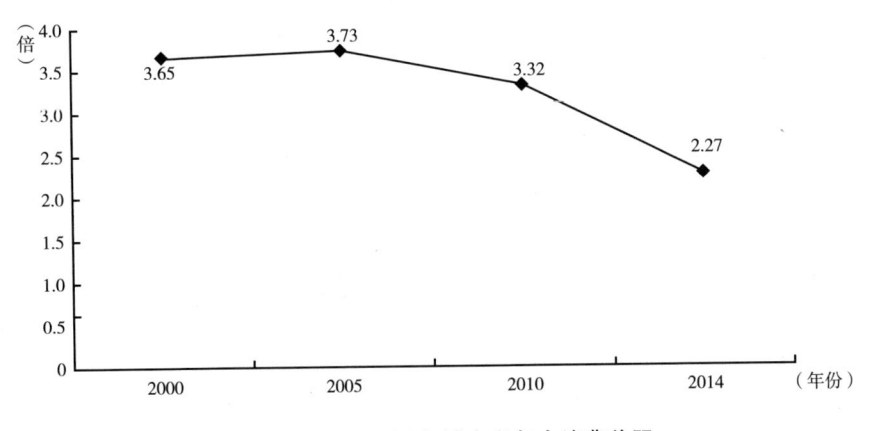

图 14　2000~2014 年城乡老年人消费差距

城市，中部城市老年人消费水平最低，为 17158 元，相当于东北部城市老年人的 76%。

2014 年，东部农村老年人消费水平最高，为 10229 元，其次是东北部农村，中部农村最低，为 7844 元，相当于东部农村老年人的 77%（见图 15）。

(三) 城乡老年人平均消费倾向差异较大

2000 年，城市老年人平均消费倾向为 0.97，2005 年下降到 0.84，此后变化不大，一直在 1 以下。

2000 年，农村老年人平均消费倾向为 1.19，2005 年下降到 0.91，此

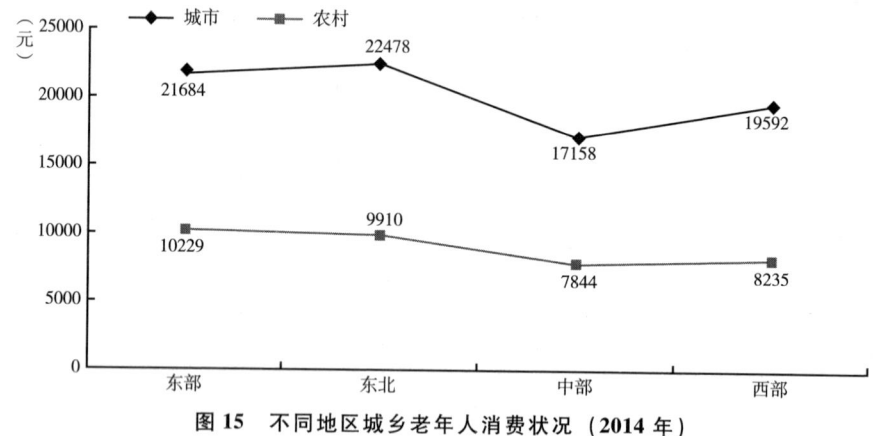

图 15　不同地区城乡老年人消费状况（2014 年）

后开始上升，2014 年达到了 1.17（见图 16）。14 年来，农村老年人平均消费倾向大部分时间在 1 以上。

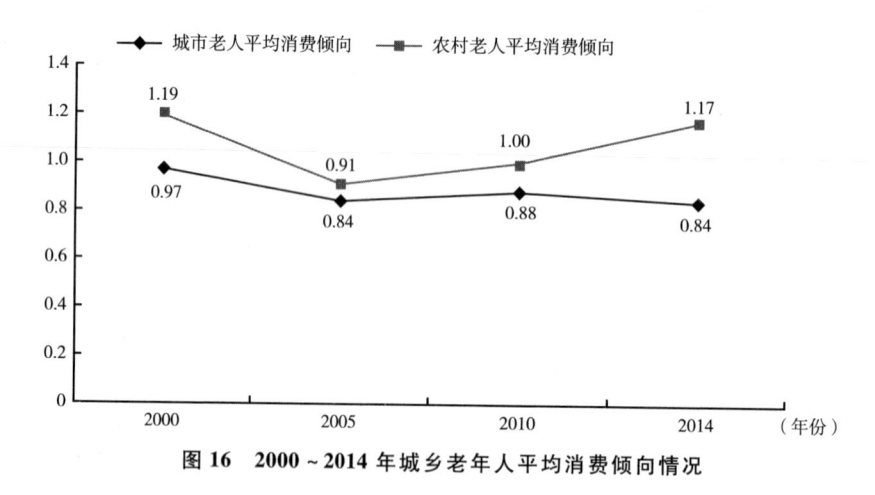

图 16　2000～2014 年城乡老年人平均消费倾向情况

（四）不同群体老年人平均消费倾向有一定差异

2014 年，70～79 岁的老年人平均消费倾向最高，为 0.97；低龄老年人平均消费倾向次之，为 0.93；80 岁及以上的老年人平均消费倾向最低，为 0.79。

2014 年，部分失能老年人平均消费倾向最高，为 1.18；完全失能老年人平均消费倾向次之，为 1.17；完全自理老年人平均消费倾向最低，为 0.9。

2014年，中部和西部老年人平均消费倾向最高，为0.99；东北部平均消费倾向次之，为0.94；东部老年人平均消费倾向最低，为0.85。

（五）老年人前三位消费支出是食品烟酒、医疗和居住

2014年，我国城市老年人消费结构中，居前三位的是食品烟酒、医疗保健和居住，占比分别为38.64%、16.87%和14.69%；农村老年人消费结构中，居前三位的是食品烟酒、医疗保健和居住，占比分别为40.02%、26.90%和15.99%（见图17）。

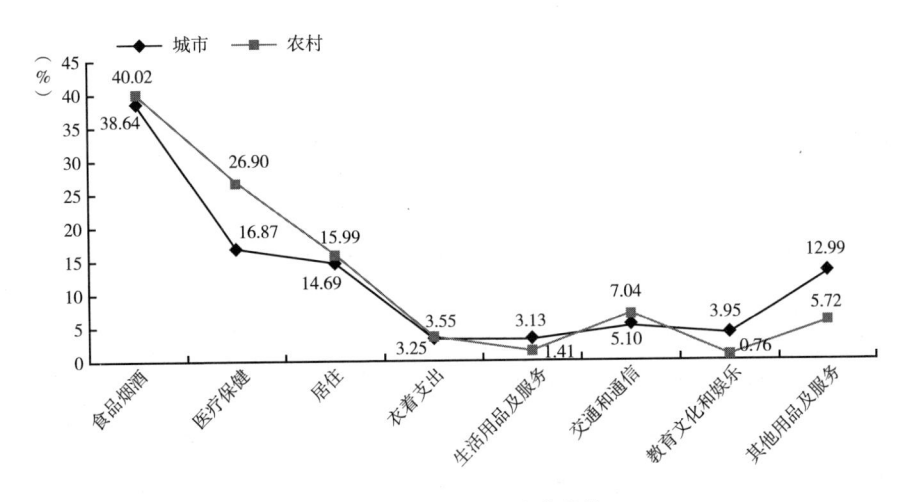

图17　城乡老年人消费结构

三　老年人消费热点不断形成

（一）照护服务需求规模不断扩大

伴随着我国老年人口规模的增大，高龄、空巢、失能老年人规模也在快速增大，调查显示①，当前高龄老人3000多万，失能老人4000多万。随着空巢、高龄、失能老年人的增加，其对照护服务的需求日益凸显。2015年，我国城乡老年人自报需要照护服务的比例为15.3%，比2000年

---

① 本文中没有作特殊说明的，调查都是指2015年"第四次中国城乡老年人生活状况抽样调查"。

的6.6%上升将近9个百分点。分年龄段来看，高龄老年人对照护服务的需求最为强烈，自报需要照护服务的比例从2000年的21.5%上升到2015年的41.0%，上升了将近20个百分点，上升幅度是79岁及以下老年人的3倍多。由此可见，照护服务成为城乡老年人消费的重要项目。从具体服务项目来看，38.1%的老年人需要上门看病服务，12.1%的老年人需要上门做家务服务，11.3%的老年人需要康复护理服务。随着老年人收入的不断增加，这些潜在需求都将转变成老年人的有效需求。

（二）老年旅游消费受到青睐

随着我国老年人物质生活条件的不断改善，精神文化生活逐渐成为短板。老年旅游作为满足老年人精神文化生活需求的一种方式，逐渐受到老年人的青睐。调查显示，2015年，我国14.31%的老年人有旅游消费，平均消费金额为4928元。分年龄段来看，低龄老年人是旅游的主体，占到68%，其次是70~79岁的老年人，占到26%，高龄老年人旅游比例比较低，仅占到6%。从未来一年出游的计划来看，我国13.1%的老人明确表示未来一年有出游计划，9.1%的老年人表示有可能在未来一年外出旅游，由此可见，老年旅游者的比例逐年攀升，旅游成为老年人满足精神文化生活需要的重要方式。而且近年来随着旅居养老、候鸟式养老的不断兴起，老年旅游方式获得了极大的拓展。

（三）部分老龄用品的消费持续增长

老龄用品的种类非常多，目前老年人消费规模比较大的主要是老年保健品和老年医药用品。随着我国经济的快速发展，广大老年人的生活条件不断发生变化，老年人保健品消费规模持续扩大，如果按照2010年数据来测算，老年保健品市场产值超过500亿元。但出于市场监管以及老年人保健知识匮乏等原因，我国老年保健品市场参差不齐，掺假销售甚至欺诈层出不穷，迫切需要规范。老年人医药用品消费增长也非常快。从2015年调查数据来看，我国城市老年人平均医药费支出2341元，占到消费总支出的11.6%；农村老年人平均医药费支出1395元，占到消费总支出的15.7%。由于大部分老年人或多或少患有慢性疾病，因此，药品成为一部分老年人赖以维持生命的重要支撑。随着我国老年人规模的日益扩大，未来老年医药用品市场会持续增长。

（四）网络消费成为新宠

随着互联网在我国的普及，网络消费已经成为广大居民消费中不可或缺的部分，老年人也不例外。2015 年的调查数据显示，我国 5.0% 的老年人经常上网，其中城镇老年人这一比例为 9.1%，高于农村老年人；低龄老年人网络消费的比例最高，高达 12.7%。大部分老年人上网主要是看新闻，这一比例占到 85%；其次是看影视剧，占到 65.4%；聊天和炒股票各占到 21.2% 和 14%；网上购物占到 12.4%。网络的普及不仅有利于满足广大老年人的精神文化生活需求，也为老年人居家养老提供了强有力的支撑，尤其是网络购物的实现，极大地方便了空巢或者独居老人，提高了老年人生活质量。

四　制约我国城乡老年人收入和消费的因素

经过多年的努力，我国社会保障体系初步建立，老年人的收入不断增加，消费规模持续扩大，但还存在很多制约老年人收入增加和消费扩大的因素，需要进一步全面分析、深入研究。

（一）社会保障体系不完善，老年人保障性收入水平低

我国虽然建立了社会保障制度，但还存在很多不完善之处。一是长期护理保险制度缺失。国际经验表明，养老保险/医疗保险和长期护理保险制度是确保老年人生活质量的三大制度性安排，目前我国还没有建立起长期护理保险制度。调查数据显示，失能老年人收入相当于自理老年人收入的 65%~75%，而且他们收入中的约 50% 基本上用于医疗费用的开支，剩余的 50% 左右才能用于其他生活开支。尤其是农村老年人，保障性收入比较低，收入水平难以维持基本生活，急需建立长期护理保险制度、完善社会保障制度、提高收入水平。二是商业性养老保险和医疗保险水平低。如养老保险，国际上很多国家，既有政府建立的基本养老保险制度，也有企业建立的补充性商业保险，同时也有个人购买的商业性保险，可共同提高老年人的收入水平。我国目前基本以政府建立的基本养老保险为主，商业性保险水平很低，影响老年人收入水平。三是基本养老保险水平较低。2016 年，我国参加城镇职工养老保险的 1 亿多老年人平均养老金约为每月

2600 元①，参加城乡居民养老保险的 1.5 亿老年人平均养老金就更低，平均约为每月 117 元②，相当于城镇职工养老金的 4.5%，整体来看，我国老年人的保障性收入较低。一般来说，社会保障水平要和国家的经济发展水平相适应，因此，就目前我国的经济发展状况来看，大幅度提高老年人社会保障水平难以实现，只能是本着保基本的原则逐步增加其保障性收入。

（二）再就业条件有限，非保障性收入增加难度大

除了保障性收入外，经营性收入、转移性收入和资产性收入也是老年人收入的重要组成部分，但整体来看，这三部分收入增加难度也比较大。一是再就业环境不利于老年人，城市老年人经营性收入提升空间有限。我国的合同法和劳动法并没有将再就业的退休人员编入保护范围，再就业的老年人以及用人单位都不能依法享受其权利或者承担应有的义务，老年人再就业缺乏法律保护。老年人再就业信息也不畅通；再者，由于年轻人就业形势严峻，老年人再就业岗位就更少。因此，目前的就业环境不利于老年人再就业。二是我国居民收入的整体水平不高，而且贫富分化严重，家庭转移性收入很难进一步大幅增加。三是对于拥有独立房产的老年人来说，由于受到传统文化的影响，以房养老还难以实现，资产还难以变现。对没有独立房产的老年人来说，资产性收入就更少。因此，依靠增加非保障性收入来提升老年人的收入水平难度也很大。

（三）产业发展滞后，部分产品供给不足

我国老龄产业有了一定的发展，但整体上发展还是滞后，行业、地域发展都不均衡，制约了老年人的消费。如老龄服务业中的养老机构服务，近五年来得到了快速发展，但发展呈现"哑铃形"，要么条件很好，服务质量很高，环境也很优美，收费也很高，有的通过会员制等方式动辄就缴纳几十万元甚至上百万元会费才能入住，只能满足高收入人群的需求。要么就是设施简陋，条件艰苦，规模不大，服务质量也不高，价格便宜，能够满足低收入人群的需求。而大量的消费能力比较强的中间人群缺乏所需要的养老机构。居家养老服务是潜在消费能力最强的产业，统计数据显

---

① 根据 2016 年度人力资源和社会保障事业发展统计公报计算。
② 根据 2016 年度人力资源和社会保障事业发展统计公报计算。

示,很多老年人对居家服务需求非常强烈,如上门看病、做家务以及康复护理服务等,但这些服务只有部分社区提供,大量社区供给短缺。老龄用品业的发展相对于老龄服务业更为滞后,很多老年人需要的老年用品在市场上很难买到。如老年人服饰,由于服装行业对这一领域的研究投入不够,符合老年人需要的服饰很少,目前老年服饰产品主要是卖给那些来城里看望子女的农村老人,而且大多数是这些人的子女购买。很多调查都表明,无论是老年人还是子女,购买一件称心如意的老年服饰产品很难。老年康复器材同样发展滞后,康复辅具最初针对残疾人,定位于福利事业,尚未引入市场,事实上,老年群体才是康复器材的最大潜在需求人群。

(四)行业监管缺失,消费环境有待改善

消费环境是影响老年人消费的重要因素,良好的消费环境有助于增强老年人消费信心,扩大消费规模。当前,影响老年人消费市场的最重要因素是行业监管缺失,导致市场秩序混乱、老年人消费信心不足。如老年旅游,已经成为满足老年人精神文化生活需求的一个重要产业,但目前发展不如人意,很多旅游公司打着老年旅游的旗号,其实旅游产品和传统产品并没有什么不同,甚至利用老年人赚钱,影响旅游市场秩序。再如老年保健品,在利益的驱使下,存在多头管理和乱发证的情况,只审批不监管,再加上缺乏必要的行业标准,一些违法生产的伪劣产品流入市场,导致很多企业打着"送药""义诊""免费体验"的旗号对产品进行夸大宣传,误导老年人,甚至导致老年人贻误病情。此外,"老年代步车"、康复辅助器具等用品也存在这样的问题。有些厂家把自己的产品称为老年人的福音,实际上,很多"老年代步车"属于非法拼装产品,没有合法的登记手续,没有牌照和保险。康复辅助器具行业也存在同样的问题,虽然生产厂家数量众多,但是大量无牌无证厂家存在,严重扰乱了市场秩序。

(五)市场定位模糊,产品缺乏创新

由于文化水平、经济状况、健康状况的不同,甚至地域、风俗习惯等的差异,老年人对产品和服务的消费需求具有特殊性、差异性等特点。当前,老年消费品市场很多产品同质化严重,难以满足老年人多样化的需求。如养老机构服务,很多养老机构在建设和运营过程中照搬国外模式,

或者一窝蜂地去开发高端养老服务，缺乏从我国老年人实际需求的角度去挖掘、研制适合我国老年人的服务产品。事实上，目前发展比较好的一些养老机构的产品基本上有很强的针对性，如专门针对术后老人的上门康复护理、针对失能老年人的社区养老服务等。正因有很强的针对性，一旦产品出现，马上受到特定群体的青睐。

（六）供求信息不对称，产品服务不配套

调研发现，很多老年人对产品的需求很强烈，但缺乏好的途径和平台去了解这些产品，很重要的一个原因是缺乏产品的展示平台和宣传。许多企业也认识到这个问题，自己出资建立展示或推广中心，加大营销力度，但是由于难以长时间承受高昂的场地和营销费用，再加上产品种类不全，难以形成规模和影响力，到最后都昙花一现。另外，很多产品的服务不配套，只重视产品的研发和销售，不重视用户反馈的问题，后续服务欠缺，导致老年人不再去消费。总之，无论是产品供求信息不对称，还是产品缺乏配套服务，都在不同程度上制约着老年人消费的扩大。

五 提高我国城乡老年人收入和消费水平的建议

（一）完善社会保障体系，提高保障水平

其一，加快建立长期护理保险制度。长期护理制度有助于提高老年人的支付能力，释放消费潜力。目前，我国已经在14个省份进行长期护理保险试点，力争在"十三五"期间，基本形成适应我国国情的长期护理保险制度政策框架。同时鼓励和支持商业保险公司开发商业性长期护理保险产品，多方努力，切实增强老年人支付能力。其二，出台相关政策，加快发展职业年金、企业年金、商业性养老保险，切实建立起三支柱养老保险制度。其三，加强对老年人的精准救助。将符合条件的城乡老年人家庭全部纳入最低生活保障范围。

（二）开发老年人力资源，促进健康老年人就业

开发老年人力资源不仅有利于弥补我国劳动力的短缺，也有利于增加老年人的收入。随着我国医疗卫生条件的不断改善，老年人健康水平

也有了很大的提高，完全有能力进行再就业。政府部门要大力向社会宣传老年人力资源开发的重要性，营造好的社会舆论氛围，鼓励老年人再就业，为老年人力资源的开发提供舆论支持。同时要制定完善的配套措施，鼓励有一技之长的老年人积极发挥余热，参与经济活动。此外，逐步建立老年人才开发服务管理体系，为老年人谋求再就业提供信息平台。民政、人社部门可定期举办老年人才再就业专项招聘会，为老年人开辟更多求职渠道。

（三）加快产业发展，增加产品供给

其一，完善产业政策。逐步建立国家老龄用品名录，将紧缺用品的生产和流通纳入国家相关产业扶持政策范围。对市场急需而自身盈利能力较低的老年人用品和服务企业，给予财政补贴、税费减免、土地供应等方面的扶持。其二，强化落实扶持政策。近年来，针对老龄产业的发展出台不少政策，但落实不到位，对此，应明确各级政府落实老龄产业发展各项政策措施的主体责任、实施部门及责任部门，建立督查办法和奖惩措施，确保执行。另外，将发展老龄产业的主要任务指标纳入当地经济社会发展总体规划和专项规划当中。其三，发挥市场的作用，将原本属于政府掌控的资源向市场释放，消除政策歧视，为各类企业提供广阔的生存和发展空间，依靠市场发展老龄产业。

（四）优化消费环境，提振消费信心

优化消费环境要依靠政府、社会、消费者联合起来进行监督。一是要加强政府的监管责任。目前，不仅是老年人消费市场，我国整体居民消费市场政府监管力度不够，导致假冒伪劣产品充斥，严重损害消费者的利益。对此，应该强化责任追究制度和风险防控制度，对政府部门的不作为应该追究责任。二是发动社会力量进行监督，建立投诉举报平台，让消费者可以通过各种途径随时随地上传投诉举报文字、图片。同时加大专业机构在消费品领域的抽检力度，及时通过互联网向社会公布抽检结果。三是加快社会信用体系建设，提高不良企业的违法经营的机会成本。

（五）搭建展示平台，畅通信息渠道

由于信息渠道不畅通，产品很难进入老年人消费视野。对此，政府应

该统一规划和提供场地，邀请正规厂家入驻，搭建起产品的展示平台，让老年人及其家人进行体验，充分了解产品的功能和作用，引导老年人消费。如日本，老年用品发展很好的一个很重要原因就是宣传力度很大，举办展览会，在中心城市设置常年性的"福利用具展览馆"，使老年人能够充分了解产品。

城市居住环境对老年人生活质量的影响
——基于北京市调查的分析

曲嘉瑶*

摘　要： 良好的居住环境是保障老年人居家养老的重要条件。本文利用"北京市老年人居住环境调查"数据（有效样本量1978人），采用SWLS（生活满意度量表）测量生活质量。使用多元线性回归法分析了客观居住环境特征，以及老年人对居住环境的感知评价对其生活质量的影响。研究结果发现，老年人的生活质量受到两方面因素的共同影响；提高老年人对服务环境的评价对于生活质量的提升作用最大；社区建有老年人日间照料中心和增加人均住房面积能显著提升老年人的生活质量。改善居住环境、提高老年人的评价，对于提升其生活质量具有积极的作用，老年友好环境建设意义重大。

关键词： 居住环境　生活质量　老年友好环境

一　引言

世界卫生组织已经将环境因素纳入健康老龄化政策体系的构建中，强调包括居住环境在内的老年友好环境对于个体功能的发挥具有重要作用[①]。在我国，居家养老老年人的日常生活主要集中在社区内的居住环境中，据

---

* 曲嘉瑶，女，山东烟台人，中国老龄科学研究中心副研究员，博士，研究方向为老年友好环境、老年家庭。
① WHO（世界卫生组织）：《关于老龄化与健康的全球报告》，2015，http：//www.who.int/ageing/publications/world‐report‐2015/zh/，最后检索时间：2018年7月7日。

调查，城市老年人平均每天有 21~22 个小时在居住环境里度过①。良好的居住环境是保障老年人居家养老的重要条件。研究发现，居住环境与老年人的生活状态以及生活满意度之间密切相关②，住房及周围环境对提高老年人的生活质量至关重要③。居住环境不能达到老年人需要的水平，会影响其身心健康④⑤以及社区参与程度⑥，居住环境已经成为老年人养老需求的重要部分⑦。

然而，随着个体的逐渐老化，已经建成的居住环境越来越不适应老年群体的需要，问题重重。2015 年"第四次中国城乡老年人生活状况抽样调查"结果显示，我国城市老年人中，有 34.9%住在 20 世纪 90 年代之前建成的老旧住房里，56.5%认为住房存在不适老的问题，仅有一半（50.7%）老年人对自己的住房条件感到满意；与 2006 年"中国城乡老年人口状况追踪调查"的住房满意率相比，九年间城市老年人的住房满意率仅上升了 0.7 个百分点；84.8%的城市老年人居住在楼房中，但有电梯的比例仅为 8.0%，楼房无障碍设施不完善；从社区环境来看，老年人对社区公共卫生间的满意率很低，仅为 27.7%，对生活设施、指示牌/标识以及健身活动场所的满意率均不足五成。

人口老龄化程度加深与居住环境不适老之间的矛盾凸显，在此背景下，找到居住环境中制约老年人生活质量的因素，已经成为完善我国健康老龄化政策体系的关键。本研究拟从老年群体需求的角度出发，期望通过分析居住环境对老年人生活质量的影响因素和影响机制，来探寻优化居住环境、提升老年人生活质量的路径。本文将主要回答以下问题：

---

① 结论来自笔者做的两次调查：一是 2015 年"城市老年人居住环境调查"，以山东省烟台市和江苏省无锡市的居家老年人为调查对象，样本量 864 人，发现老年人每天平均有 22.02 个小时在社区内度过；二是 2016 年"北京市老年人居住环境调查"，发现老年人每天平均有 21.06 个小时在社区内度过。

② 张景秋、刘欢、齐英茜、李雪妍：《北京城市老年人居住环境及生活满意度分析》，《地理科学进展》2015 年第 12 期。

③ 陶立群：《中国老年人住房与环境状况分析》，《人口与经济》2004 年第 2 期。

④ 于一凡、贾淑颖：《居家养老条件下的居住空间基础研究——以上海为例》，《上海城市规划》2015 年第 2 期。

⑤ 张卫东：《社区老年人的生活质量与心理健康：SEM 研究》，《心理科学》2002 年第 3 期。

⑥ 谢立黎：《中国城市老年人社区志愿服务参与现状与影响因素研究》，《人口与发展》2017 年第 1 期。

⑦ 易成栋、丁志宏、黄友琴：《中国城市老年人居住环境的动态变化及空间差异——基于中国城乡老年人口追踪调查数据的分析》，《城市发展研究》2016 年第 12 期。

居住环境是否会影响老年人的生活质量？如果是，哪些因素会影响？影响机制又是怎样的？在居住环境层面，建设老年友好环境的优先领域是什么？

二 相关概念及研究回顾

(一) 概念界定

生活质量既包括主观感受也包括客观评价，两者缺一不可，近年来，越来越多的研究认为主观感受应占更大权重[1]。生活满意度和主观幸福感都是反映老年人生活质量主观领域的指标，代表老年人对生活的全面评价[2]。相比之下，生活满意度对环境等具体的生活领域更加敏感[3]，能准确反映个体对于生活质量的认知和感受[4]。基于此，本文利用生活满意度作为测量生活质量的指标，来衡量老年人对其整体生活状况的主观感受。

本研究将居住环境定义为：个体居住、生活和参与的社会环境，包括住房、楼宇、小区及社区环境。由硬件环境和软件环境两部分构成，其中，硬件环境包括住房及内部设施、楼宇设施、社区公共设施及老龄服务设施等，软件环境包括社区管理、社区服务，以及社会支持等[5]。

(二) 老年人生活质量的影响因素

1. 个体及家庭特征的影响

有关老年人个体及家庭因素对生活质量影响的研究成果比较丰富。相

---

[1] 曾毅、顾大男：《老年人生活质量研究的国际动态》，《中国人口科学》2002年第5期。
[2] 孙鹃娟：《中国老年人总体生活满意度和幸福感分析》，《第八届亚洲大洋洲地区老年学和老年医学大会中文论坛讲演暨优秀论文摘要集》，2007年10月，第261页。
[3] Kozma, A., Stones, M. J., McNeil, J. K., *Psychological Well-being in Later Life* (Toronto: Butterworths, 1991), p160.
[4] 李德明、陈天勇、李贵芸：《北京市老年人生活满意度及其影响因素分析》，《中国临床心理学杂志》2006年第1期。
[5] 曲嘉瑶：《城市老年居住环境评价量表编制研究——基于北京市的实证调查》，《老龄科学研究》2017年第12期。

关因素包括：年龄[①]、性别[②③]、受教育程度[④]、婚姻状况[⑤]、生活自理能力[⑥⑦]、经济收入[⑧⑨⑩]、居住安排[⑪]、个体及家庭的压力性事件等[⑫]。另外，个体在居住环境中居住的时间越长，生活满意度就越高[⑬]。这是因为生活的时间越长，居民对所在社区的依附感越强，对邻居以及社区的感情就越强烈[⑭]。

2. 客观居住环境的影响

越来越多的研究从居住环境的角度切入，论证了客观居住环境对老年人生活质量的影响。硬件环境方面，研究主要集中在住房层面。例如，有住房产权、产值较高、住房面积较大的老年人生活满意度评价更高[⑮]。国

---

① Zhou Min, Qian Zhenchao. "Social Support and Self-Reported Quality of Life: China's Oldest Old," *Healthy Longevity in China: Demographic, Socioeconomic and Psychological Dimensions*; ed. Zeng Yi, Dudley Posten, Denese A. Vlosky, and Danan Gu. (Springer, 2008), pp. 359 - 377.
② 高敏、李延宇、王静茹：《老年人生活满意度的影响因素与提升路径分析——基于中国老年人口健康状况调查数据的研究》，《老龄科学研究》2015 年第 11 期。
③ 田北海、钟涨宝、徐燕：《福利院老人生活满意度及其影响因素的实证研究——基于湖北省的调查》，《学习与实践》2010 年第 3 期。
④ 李德明、陈天勇、吴振云：《中国老年人的生活满意度及其影响因素》，《中国心理卫生杂志》2008 年第 7 期。
⑤ 徐慧兰：《老年人生活满意度及其影响因素研究》，《中国心理卫生杂志》1994 年第 4 期。
⑥ 孙奎立、刘庚常、刘一志：《老年人生活满意度影响因素研究》，《西北人口》2010 年第 5 期。
⑦ 陈东、张郁杨：《不同养老模式对我国农村老年群体幸福感的影响分析——基于 CHARLS 基线数据的实证检验》，《农业技术经济》2015 年第 4 期。
⑧ 冯晓黎、李兆良、高燕等：《经济收入及婚姻家庭对老年人生活满意度影响》，《中国公共卫生》2005 年第 12 期。
⑨ 陈玲娜、汪红明、王毓敖：《浙江省 4 个地区 60 岁以上老人生活满意度的调查》，《中国组织工程研究与临床康复》2007 年第 17 期。
⑩ 李珆、胡荣、叶丽师等：《福州地区老年人生活满意度及相关因素研究》，《护理研究》2009 年第 8 期。
⑪ 张景秋、刘欢、齐英茜、李雪妍：《北京城市老年人居住环境及生活满意度分析》，《地理科学进展》2015 年第 12 期。
⑫ 郑延平、杨德森：《生活事件、精神紧张与神经症》，《中国神经精神疾病杂志》1983 年第 2 期。
⑬ 訾非、杨智辉、张帆等：《中国 10 城市环境满意度和生活满意度调查报告》，《北京林业大学学报》（社会科学版）2012 年第 4 期。
⑭ Mcandrew. F. T., "The Measurement of Rootedness and the Rediction of Attachment to Home - town in College Students," *Journal of Environmental Psychology* 18 (1998): pp. 409 - 417.
⑮ 周俊山、尹银：《住房对城市老年人生活满意度的影响》，《中国老年学杂志》2013 年第 16 期。

外研究论证了具体住房特征对老年人生活质量的影响。例如，老年人居住环境中最大的不利因素是住房面积狭小，其次是住房设施的不完备或者老化，地面有高低差、没有室内厕所、日照不良等也是影响老年人生活质量的主要因素[1]。除此之外，楼宇环境，住房周边的文化娱乐设施等也会影响居民的生活质量[2]。实际上，住房相关变量能够解释居住环境满意度变异的18.3%，而楼宇及其他邻里环境变量能够解释28.6%[3]。相比而言，国内研究很少涉及楼宇环境及社区环境，仅有一项研究提出，配套服务设施的便利性会影响到老年人的生活满意度[4]。

软件环境也与老年人的生活质量息息相关。一方面，社区服务会影响老年人的生活满意度，但相关研究较少。研究发现，老年人对物业管理水平、社区文体活动的满意度水平会对其生活满意度具有正向的影响[5]，必要的社区服务会提高老年人的生活满意度[6]。另一方面，老年人得到的社会支持状况以及人际关系对其生活满意度具有显著影响。社会支持对老年人的生活质量具有积极的影响[7]，与其生活满意度之间存在显著的正相关[8][9]。老年人与朋友间融洽的关系能够显著影响其生活满意度[10]。

---

[1] 早川和男：《居住福利论》，中国建筑工业出版社，2005，第23页。
[2] Kahana, E., Lovegreen, L., Kahana, B. and Kahana, M.. Person, "Environment, and Person-Environment Fit as Influences on Residential Satisfaction of Elders," *Environment and Behavior* 3 (2003): pp. 434 – 453.
[3] Rojo-Perez, F., Fernandez-Mayoralas, G., Pozo Rivera, F. E., and Rojo Abuin, J. M., "Ageing in Place: Predictors of the Residential Satisfaction of Elderly," *Social Indicators Research* 2 (2001): pp. 173 – 208.
[4] 张景秋、刘欢、齐英茜、李雪妍：《北京城市老年人居住环境及生活满意度分析》，《地理科学进展》2015年第12期。
[5] 张景秋、刘欢、齐英茜、李雪妍：《北京城市老年人居住环境及生活满意度分析》，《地理科学进展》2015年第12期。
[6] 高辉、谢诗晴：《杭州市老年人居住满意度及影响因素的实证研究——基于既有社区居家养老服务和设施发展视角》，《经营与管理》2015年第12期。
[7] 李建新：《老年人口生活质量与社会支持的关系研究》，《人口研究》2007年第3期。
[8] 程利娜：《社会支持、自我效能感对丧偶老年人主观幸福感的影响》，《公共卫生与预防医学》2013年第1期。
[9] 宋佳萌、范会勇：《社会支持与主观幸福感关系的元分析》，《心理科学进展》2013年第8期。
[10] C. Ku., M Koo, "What Determines the Life Satisfaction of the Elderly? Comparative Study of Residential Care Home and Community in Japan," *Geriatrics and Gerontology International* 2 (2003): pp. 79 – 85.

3. 感知因素的影响

居住环境既包含客观环境，又包含了人们对环境的主观感受。前者主要用"有/没有"或者数量等客观指标测度，而后者关注环境是否满足老年人的需求，常用"满意/不满意"或"好/不好"的方式来衡量。换言之，老年人居住环境研究有两种角度，一种是采取客观的、外在可证实的指标①②；另一种是采用主观的方法，了解居民对环境的感知和评价③④。每个个体对环境的偏好以及需求都是不同的，会影响到对环境的感知评价。因此在居住环境的研究中，不能仅仅关注客观的实体环境，还应将个体对居住环境的感知和评价因素纳入进来。越来越多的国外研究将客观环境与感知因素进行了区分⑤⑥。

多项研究证实，老年人对环境的感知因素会显著影响其生活质量。老年人对生活环境的评价会影响其生活满意度⑦。还有的研究聚焦老年人对环境中某一维度的评价，发现老年人的住房满意度和人际交往满意度会显著影响其生活满意度⑧，此外，老年人对住房环境的负面评价⑨、对服务资

---

① Lawton, M. P., "Environment and Other Determinants of Well Being in Older People," *The Gerontologist* 23 (1983): pp. 349 – 357.
② Windley, P. G., Scheidt, R. J., "Housing Satisfaction among Rural Small – town Elderly: A Predictive Model," *Journal of Housing for the Elderly* 1 (1983): pp. 57 – 68.
③ Carp, F. M., Carp, A., "A Complimentary/Congruence Model of Well – being or Mental Health for the Community Elderly," *Human Behaviour and the Environment: The Elderly and the Physical Environment*; ed. I. Altman, M. P. Lawton, J. Wohlwill, (New York: Plenum, 1984), pp. 279 – 336.
④ Jirovec, R., Jirovec, M., Bosse, R., "Residential Satisfaction as a Function of Micro and Macro Environmental Conditions among Urban Elderly Men," *Research on Aging* 7 (1985): pp. 607 – 616.
⑤ Iwarsson S., Wahl H. W., Nygren C., et al., "Importance of the Home Environment for Healthy Aging: Conceptual and Methodological Background of the European ENABLE – AGE Project," *The Gerontologist* 1 (2007): pp. 78 – 84.
⑥ Oswald F., Jopp D., Rott C., et al., "Is Aging in Place a Resource for or Risk to Life Satisfaction," *The Gerontologist* 2 (2010): pp. 238 – 250.
⑦ 苑雅玲、孙鹃娟：《城市老年人生活质量现状与政策思考——以北京市城区为例》，《老龄科学研究》2015年第4期。
⑧ 李德明、陈天勇、李贵芸：《北京市老年人生活满意度及其影响因素分析》，《中国临床心理学杂志》2006年第1期。
⑨ L. Rioux, "The Well-being of Aging People Living in Their Own Homes," *Journal of Environmental Psychology* 25 (2005): pp. 231 – 243.

源便利度的评价①，以及对社区管理的满意程度也都会对其主观幸福感产生显著影响②。

相较于客观环境，老年人对环境的主观评价对于其生活满意度的解释力更大，达到54%③。老年人的生活质量在很大程度上取决于他们对居住环境的期望值和满意度，而非实际居住条件④。因此，应充分重视老年人对居住环境的主观感知因素，以便为养老服务的多元化供给和科学配置各类服务设施提供依据⑤。在中国住房制度转型和城市空间重构的背景下，老年人等弱势群体的居住环境不容乐观，应更多关注老年群体的感知因素⑥。

通过文献回顾，笔者获得了宝贵的研究经验。然而，居住环境相关因素对老年人生活质量影响的研究还不够全面，主要体现在：一方面，国内研究较少关注老年人关于居住环境各个方面的主观评价，即感知因素对其生活质量的影响。另一方面，居住环境特征中，硬件环境要素涉及的范围较窄，大多只关注住房和内部设施，忽视了楼宇和社区环境对老年人生活质量的影响。基于此，本文将综合考察居住环境软硬件特征与感知因素对老年人生活质量的影响，并结合相关理论剖析影响机制，以期明确老年友好环境建设的重点领域。

三 数据和变量测量

（一）数据来源

近年来，北京等地陆续出台了一系列改善老年人居住环境的政策和措

---

① 胡宏伟、高敏、王剑雄：《老年人主观幸福感的影响因素与提升路径分析——基于对我国城乡老年人生活状况的调查》，《江苏大学学报》（社会科学版）2013年第4期。
② 何铨、张实、王萍：《"老年宜居社区"建设过程中社区管理对老年人幸福感的影响——以杭州市的调查为例》，《西北人口》2015年第4期。
③ 李德明、陈天勇、李贵芸：《北京市老年人生活满意度及其影响因素分析》，《中国临床心理学杂志》2006年第1期。
④ Phillips D. R., Siu, O. L., Yeh, A. G. O., Cheng H. C. K., "The Impacts of Dwelling Conditions on Older Persons' Psychological Well – being in Hong Kong: the Mediating Role of Residential Satisfaction," *Social Science and Medicine* 60 (2005): pp. 2785 – 2797.
⑤ 颜秉秋、高晓路：《城市老年人居家养老满意度的影响因子与社区差异》，《地理研究》2013年第7期。
⑥ 湛东升、孟斌、张文忠：《北京市居民居住满意度感知与行为意向研究》，《地理研究》2014年第2期。

施，但是对于改造效果还缺乏自下而上的评估。为了全面地掌握老年人对居住环境各个方面的评价，明确居住环境各要素对老年人生活质量的影响，笔者选取北京作为典型城市，编制了"北京市老年人居住环境调查"问卷，于2016年9~10月在城六区开展了入户调查①。调查采用分层、PPS、随机抽样相结合的抽样方法，区一层采用与老年人口规模成比例的分层抽样确定样本数量，区内通过PPS抽样确定街道，街道内通过PPS抽样确定居委会/村，居委会内随机确定样本家庭，总样本数量为2004个。

调查问卷涵盖了老年人的个体特征和家庭情况、居住环境现状（包括住房状况，楼房状况，社区的设施、管理、服务，以及社会支持）、居住环境评价量表和生活满意度量表等。样本包含了不同社会经济地位的老年人，样本整体上具有较好的代表性。经过数据清理，得到有效问卷1978份，问卷有效率98.7%。

（二）研究方法和变量构成

1. 研究方法

首先利用描述统计法，分析调查样本的个体及家庭特征、居住环境特征和生活质量状况。之后利用多元线性回归方法，分析客观居住环境特征以及感知因素对老年人生活质量的影响。

2. 变量构成

因变量。本研究采用生活满意度量表（Satisfaction With Life Scale，SWLS）来测量老年人的生活质量。该量表由Diener创制②，在国内外老年群体的研究中被广泛使用，已被证明具有良好的信度和效度③④。SWLS量表包括5个题项，采用里克特7点式计分法，从1分"非常不同意"到7分"非常同意"，随着分数的增加，被访者对各项表述的同意程度逐渐增

---

① 调查范围包括：东城区、西城区、朝阳区、海淀区、丰台区和石景山区。
② Diener, E., Emmons, R. A., Larsen, R. J., Griffin, S., "The Satisfaction with Life Scale," *Journal of Personality Assessment*, 49 (1985): pp. 71 – 75.
③ 于晓琳、陈有国、曲孝原、黄希庭：《影响老年人主观幸福感的相关因素》，《中国心理卫生杂志》2016年第6期。
④ 谢祥龙、段慧、谷传华：《老年人依恋对生活满意度的影响：孤独感的中介作用》，《心理科学》2014年第6期。

加。最后，用 5 个题目的总分来衡量老年人的生活质量，总分越高，代表生活质量就越高。

自变量。居住环境特征。硬件环境特征包括：住房特征（是否拥有住房产权、住房建筑年代、人均住房面积）、住房内部设施（室内卫生间、坐便器、紧急呼叫/报警设施、燃气报警设施）及社区设施（包括电梯、楼道照明灯、入口处坡道、入口处扶手、门禁、信报箱、门卫/传达室、配套设施 8 项）。软件环境特征包括：物业管理、人车分流、社区老龄服务 10 项和社会支持。除了社会支持得分为连续型变量外①，以上环境特征多为虚拟变量，对照组为没有某项设施或服务（见表1）。

表1　自变量定义

变量名	变量类型	变量含义与赋值
个体及家庭特征		
年龄	连续	年龄(岁)
性别(参照组=女)	虚拟	男性=1;女性=0
教育程度(参照组=小学及以下)	虚拟	小学及以下=0;初中=1;高中及以上=2
婚姻状况(参照组=无配偶)	虚拟	有配偶=1;无配偶(丧偶/未婚/离婚)=0
收入(参照组=8000元以下)	虚拟	8000元及以上=1;8000元以下=0
自理能力(参照组=不能自理)	虚拟	完全自理=1;不能自理=0
居住时长	连续	在本社区居住的时间(年)
居住安排(参照组=空巢)	虚拟	非空巢(与家人同住)=1;空巢=0
家庭变故共七项(参照组=无)	虚拟	有=1;无=0
环境特征		
住房产权(参照组=无产权)	虚拟	有产权=1;无产权=0
住房建筑年代(参照组=90年代前)	虚拟	90年代后=1;90年代前=0
人均住房面积	连续	家庭人均建筑面积(平方米)
室内卫生间(参照组=无)	虚拟	有=1;无=0
坐便器(参照组=无)	虚拟	有=1;无=0
紧急呼叫/报警设施(参照组=无)	虚拟	有=1;无=0
燃气报警设施(参照组=无)	虚拟	有=1;无=0
电梯(参照组=无)	虚拟	有=1;无=0
楼道照明灯(参照组=无)	虚拟	有=1;无=0
入口处坡道(参照组=无)	虚拟	有=1;无=0

---

① 社会支持变量参照鲁本量表的赋值方法，将"没有"赋值为0分，"1个"赋值为1分，"2个"赋值为2分，"3~4个"赋值为3分，"5~8个"赋值为5分，"9人及以上"赋值为9分，分别由几个家人/亲戚、附近的朋友、邻居、社区工作人员可以给老人帮助这四个维度社会支持的得分相加得到老年人的社会支持总得分。

续表

变量名	变量类型	变量含义与赋值
入口处扶手(参照组=无)	虚拟	有=1;无=0
门禁(参照组=无)	虚拟	有=1;无=0
信报箱(参照组=无)	虚拟	有=1;无=0
门卫/传达室(参照组=无)	虚拟	有=1;无=0
物业管理(参照组=无)	虚拟	有=1;无=0
人车分流(参照组=否)	虚拟	是=1;否=0
社会支持得分	连续	4项社会支持总分
配套设施8项(参照组=无)	虚拟	有=1;无=0
社区老龄服务10项(参照组=无)	虚拟	有=1;无=0
感知因素		
住房环境评价	连续	因子得分
社区环境评价	连续	因子得分
服务环境评价	连续	因子得分
人际环境评价	连续	因子得分
社区类型		
普通商品房小区	虚拟	是=1;否=0
单位社区	虚拟	是=1;否=0
保障房社区	虚拟	是=1;否=0
老城区/平房社区	虚拟	是=1;否=0

感知因素。笔者借助于本土化老年人居住环境评价量表的编制，来明确感知因素的维度。采用因子分析法，将居住环境评价量表降维、提取公因子，得到4个居住环境评价子维度，即感知因素，分别为：住房环境评价、社区环境评价、服务环境评价和人际环境评价[1]。通过SPSS软件计算出标准化的因子得分，为连续型变量，本文将4个维度环境评价的因子得分作为自变量。

控制变量。将老年人的个体及家庭特征作为控制变量，包括：年龄、性别、教育程度、婚姻状况、自理能力、收入、居住安排、居住时长，以及近一年以来家庭变故（即老年人及家人发生过的重大生活事件）等。表2是对样本个体特征的简要描述。另外，为了避免数据聚类效应，本文还控制了社区类型变量。

---

[1] 曲嘉瑶：《城市老年居住环境评价量表编制研究——基于北京市的实证调查》，《老龄科学研究》2017年第12期。

表2 北京市调查样本的个体特征

变量名	分布	变量名	分布
年龄平均值(标准差)	65.53(7.32)	生活自理能力	
性别		完全自理	91.2%
男性	40.4%	需要别人帮助	8.4%
女性	59.6%	完全做不了	0.4%
受教育程度		主要生活来源	
未上过学	2.8%	自己退休金	83.2%
小学	9.1%	配偶的收入	7.8%
初中	40.9%	劳动收入	5.2%
高中/中专	34.7%	其他	3.7%
专科及以上	12.4%	子女平均个数(标准差)	2.22(1.38)个
婚姻状况			
有配偶	83.0%	居住平均年数(标准差)	22.53(13.87)年
丧偶	14.3%		
离婚	2.5%	压力性事件	
从未结婚	0.1%	退休	3.8%
居住安排		家庭成员亡故	2.5%
独居	8.7%	亲友亡故	2.4%
仅与配偶同住	55.9%	自己或家人生病	8.4%
与其他人同住	35.4%	子女失业	1.3%
每月总收入		子女离异	0.5%
3000元以下	8.4%	纠纷官司	0.8%
3000~4999元	21.3%	活动范围/时间(小时)	
5000~7999元	38.0%	在家平均值(标准差)	18.26(3.03)
8000~11999元	29.1%	社区内平均值(标准差)	2.80(1.54)
12000元及以上	3.2%	社区外平均值(标准差)	3.23(2.46)

四 老年人生活质量及居住环境现状

(一) SWLS量表得分

1. 量表检验

区分度检验。采用27%极端分组法对量表进行区分度检验。首先,计算出量表 5 道题的总分，然后把总分由低到高排序，以 27% 的比例划分出高、低分组，最后进行独立样本 T 检验。检验结果显示，高分组和低分组在全部 5 道题得分上均呈现显著性差异（$p<0.05$），说明量表的全部题项均在北京市调查样本中具有较好的区分度。

信度检验。首先检验 Cronbach α 信度，结果显示，量表的 Alpha 信度系数是 0.908，表明量表内部具有较高的可靠性，SWLS 量表在本研究数据中的内部信度较好。之后检验了折半信度，结果显示，量表的折半信度值为 0.832，表明 SWLS 量表比较可靠，信度达到要求。

2. 生活质量得分

经计算，SWLS 量表的平均得分为 22.40 分。与同样使用该量表的其他老年群体的得分相比，北京市老年人样本的生活质量得分出入不大，略高于其他研究的得分水平。例如，我国十城市 50 岁及以上人群的生活质量得分为 22.18 分[1]，湖南、湖北两省 60 岁及以上老年人的生活质量得分不到 21 分[2]。

从 SWLS 量表各个题项的得分情况来看，第 4 题 "到目前为止，我已经得到了我生命里重要的东西"，平均分相对较高。而与居住环境关系最紧密的第二题 "我的生活条件非常好"，平均分仅为 4.35 分，在所有题目中最低（见表 3）。那么，居住环境中存在的不适老问题有哪些？是否会对老年人的生活质量产生影响？将在后文中进一步分析这个问题。

表 3　北京市老年人的生活质量得分

	5 题总分	第 1 题	第 2 题	第 3 题	第 4 题	第 5 题
均值	22.40	4.51	4.35	4.52	4.66	4.38
样本量	1970	1977	1974	1978	1976	1977
标准差	5.25	1.22	1.23	1.24	1.20	1.25

---

[1] 訾非、杨智辉、张帆等：《中国 10 城市环境满意度和生活满意度调查报告》，《北京林业大学学报》（社会科学版）2012 年第 4 期。

[2] 谢祥龙、段慧、谷传华：《老年人依恋对生活满意度的影响：孤独感的中介作用》，《心理科学》2014 年第 6 期。

（二）居住环境现状

1. 硬件环境：适老化设施明显不足

住房特征及设施。被访老年人住楼房的最多，59.5%是多层住宅（无电梯），27.7%住高层住宅（有电梯），住平房的占12.7%。房屋多为20世纪70~80年代建成，约占1/3；其次是2000年以后建成的，占25.6%；90年代的占23.3%；50~60年代的占12.2%；新中国成立前建成的占3.1%。从产权归属看，近八成的被访老年人居住的房屋产权属于自己或老伴，租住公房的占8.8%，产权属于子女的占6.8%，租住私房的占3.3%，借住其他人房屋的占2.2%。被访老年人家庭的平均住房面积为69.02平方米，其中，住房面积最大的为180平方米，最小的仅14平方米。老年人人均住房面积平均最大150平方米，最小仅为3平方米。

住房内部设施。近九成的老年人家庭有室内卫生间和坐便器。但适老化设施的普及率很低，只有13.6%的老年人家中装有燃气报警设施；紧急呼叫/报警设施的拥有率更低，仅为1.9%。

楼房设施。照明灯和信报箱是楼房比较普及的设施，97.3%的楼房有照明灯，93.6%的楼房有信报箱；门禁也比较普遍，有该设施的比例为78.8%；但是，楼房的适老化设施覆盖率比较低，入口处扶手、坡道的比例分别只为53.4%、42.6%，不利于行动困难以及坐轮椅的老年人出行；另外，电梯的普及率还很低，有电梯的楼房仅占42.9%。

社区特征及设施。由于社区的复合性，在调查时将此题设置为多选题。本次调查的样本多属于商品房小区（34.0%）和单位社区（33.4%），住在保障房社区的老年人也比较多，占27.1%，老城区/平房社区（历史保护街区）占7.5%。而高级住宅区/别墅以及"城中村"/棚户区极少，二者合并所占比例不足总体的1%，在后文的分析中不纳入这两类社区的样本。从设施配置情况来看，超过一半（55.5%）的小区设有传达室或门卫。作为首善之区，北京市社区服务设施的覆盖率较高。其中，健身设施比较普及，近八成的老年人居住环境周边有此设施；七成有公共卫生间、社区服务中心/站和社区卫生服务中心；超过六成的老年人所在社区有老年活动中心和室外休息座椅；近六成老年人社区有室外活动场地；但照料设施相对欠缺，仅有两成多的社区有老人日间照料中心/托老所。

2. 软件环境：社区管理及服务水平有待提升

小区管理。调查发现，87.8%的小区有物业管理，其中，63.2%的小区由物业公司管理，12.6%由房管局管理，9.3%的小区由单位管理，其他机构管理的占2.8%。人车分流能够避免汽车对行人的不利影响（噪声及污染），保障步行安全[①]，但是只有不到三成（28.0%）的小区实行人车分流。

社区老龄服务。调查结果表明，北京市老年人对各项服务的知晓率并不高。只有11.3%的老年人回答所在的社区有老龄服务。从服务项目看，除了上门做家务和个人照护服务的知晓率超过了10%之外，其余服务项目的知晓率都比较低，心理咨询、上门探访、康复护理以及助浴服务的知晓率均不到3%。不仅如此，老年人对社区老龄服务的使用率也很低。除了上门做家务服务达到8.2%之外，助餐、个人照护服务的使用率都不到4%，其他服务项目的使用率更低，不足1%。

社会支持状况。本研究考察了家人、朋友、邻居以及社区工作人员对老年人的社会支持规模。结果发现，老年人的社会支持主要来自家人，94.6%的老年人可以得到家人的支持；得到朋友的支持比例也比较高，达到88.5%；八成的老年人有需要时能够得到邻居的帮助；而得到社区工作人员支持的比例较低，只占45.2%。相比非正式支持，正式力量（如社区居委会等）为老年人提供的社会支持较少，这与其他研究结论一致[②]。

五 居住环境对老年人生活质量的影响

本文在生活质量回归模型中，依次加入硬件、软件、软硬件居住环境特征，以及感知评价变量，得到4个模型，以期比较各类环境因素对于老年人生活质量的影响力大小。

---

① 张磊、张楠：《人车分流背景下对居住区道路人车混行的思考》，《中外建筑》2009年第7期。
② 李斌：《分化与特色：中国老年人的居住安排》，《中国人口科学》2010年第2期。

（一）居住环境特征的影响

1. 硬件环境的影响

在模型1中纳入硬件环境变量，并控制个体、家庭特征和社区类型变量，回归结果发现，生活质量影响因素模型的解释能力较强，调整后的R方达到0.107（见表4）。在自变量中，家中内装有燃气报警设施会明显提升老年人的生活质量；从楼宇及小区设施来看，有门禁以及有门卫或传达室，也会明显提升老年人的生活质量；部分社区设施也会显著影响老年人的生活质量，当社区有老年人日间照料中心或者健身设施时，老年人的生活质量得分明显更高，但是老年活动中心和公共卫生间两个设施的存在却给生活质量造成了负面影响。可能的原因是这两项设施虽然已经建成，但其具体的配置或管理水平不能令老年人满意，从而降低了他们的生活质量。

2. 软件环境的影响

在控制个体、家庭因素及社区类型变量后，在模型2中纳入软件环境变量（见表4），发现模型调整后的R方达到0.223。比模型1相比，此模型的解释能力更强，说明软件环境特征对于老年人生活质量的影响作用更大。从自变量的显著性水平和影响系数来看，小区实现人车分流能够最大限度提升老年人的生活质量；社会支持人数越多，老年人的生活质量也明显越高；在社区老龄服务中，上门做家务及健康指导两项服务对老年人的生活质量具有促进作用，其他八项服务对老年人的生活质量均不具有显著的影响。这与社会养老服务发展滞后以及老年人观念上对有偿服务的接纳程度较低有关。

3. 软硬件环境的影响

将软硬件环境特征变量同时加入模型3，模型的解释能力继续提升，调整后的R方达到0.241（见表4）。加入所有环境特征变量后，包括燃气报警设施、门禁、门卫等在内的所有硬件设施变量都不再对老年人的生活质量发挥显著的影响，已被其他变量所解释，最终只有两个软环境变量能显著影响生活质量。其中，显著性水平最高的变量为人车分流，即相对于没有人车分流的小区，实现人车分流会明显提升老年人的生活质量得分；

强大的社会支持网络也会对老年人的生活质量产生积极影响，社会支持得分每增加1分，老年人的生活质量能够提高0.147分。

表4 居住环境特征对老年人生活质量的影响

变量名称	模型1(硬环境)		模型2(软环境)		模型3(软硬环境)	
	标准化系数	标准误差	标准化系数	标准误差	标准化系数	标准误差
个体及家庭特征						
年龄	0.091**	0.022	0.143	0.050	0.131	0.040
性别(女性)	-0.042	0.253	-0.119	0.551	-0.117	0.433
教育程度(小学及以下)						
初中	-0.088	0.440	-0.053	0.915	-0.075	0.592
高中及以上	-0.034	0.465	-0.048	0.940	-0.042	0.691
月收入(8000元以下)	0.048	0.278	0.044	0.586	0.055	0.571
婚姻状况(无配偶)	0.046	0.440	0.062	0.891	0.021	0.579
自理能力(不能自理)	-0.031	0.448	0.014	0.829	0.033	0.647
居住时长	-0.110**	0.013	-0.130*	0.029	-0.043	0.018
居住安排(空巢)	0.123**	0.321	0.020	0.589	0.087	0.436
家庭变故(无)	0.019	0.312	0.030	0.694	0.007	0.593
社区类型						
普通商品房小区	0.032	0.631	-0.334	1.461	-0.319	1.550
单位社区	-0.019	0.643	-0.297**	1.366	-0.251*	1.405
保障房社区	0.012	0.671	-0.448**	1.574	-0.423*	1.690
老城区/平房社区	0.080	0.804	-0.102	2.001	-0.149	2.167
硬环境特征						
人均住房面积	0.051	0.010			0.012	0.017
住房产权(无产权)	0.044	0.459			0.005	0.734
建筑年代(20世纪90年前)	0.026	0.290			0.007	0.536
室内卫生间(无)	0.004	0.877			0.001	0.830
坐便器(无)	0.003	0.576			0.010	0.551
紧急呼叫报警设施(无)	0.035	0.906			0.018	0.867
燃气报警设施(无)	0.058**	0.357			0.122	0.688
电梯(无)	0.032	0.371			0.010	0.308
楼道照明灯(无)	0.023	0.791			0.030	0.758
入口处坡道(无)	0.028	0.369			0.023	0.660
入口处扶手(无)	0.035	0.299			0.027	0.524
门禁(无)	0.063**	0.309			0.040	0.540

续表

变量名称	模型1(硬环境)		模型2(软环境)		模型3(软硬环境)	
	标准化系数	标准误差	标准化系数	标准误差	标准化系数	标准误差
信报箱(无)	0.026	0.527			0.055	0.524
门卫/传达室(无)	0.112**	0.275			0.009	0.542
室外活动场地(无)	0.020	0.291			0.012	0.489
社区卫生服务中心(无)	0.002	0.297			0.015	0.526
社区服务中心(无)	0.025	0.319			0.041	0.582
老年活动中心(无)	-0.082**	0.322			-0.054	0.597
老人日间照料中心(无)	0.079**	0.220			0.045	0.608
室外休息座椅(无)	0.034	0.298			-0.004	0.507
公共卫生间(无)	-0.076**	0.291			-0.136	0.540
健身设施(无)	0.112**	0.355			0.069	0.647
软环境特征						
物业管理(无)			0.009	1.384	0.116	0.453
人车分流(否)			0.224**	0.549	0.145**	0.570
社会支持得分			0.194**	0.068	0.147**	0.053
个人照护(无)			0.048	0.995	0.046	1.015
助餐服务(无)			0.051	0.706	0.061	0.781
上门做家务(无)			0.218*	1.036	0.146	1.126
助浴服务(无)			-0.088	1.409	-0.124	1.434
日间照料(无)			0.013	1.002	0.002	1.051
短期托养(无)			-0.002	1.254	-0.017	1.273
上门探访(无)			0.028	1.499	0.013	1.528
康复护理(无)			-0.170	1.458	-0.201	1.490
健康指导(无)			0.174*	1.444	0.203	1.505
聊天/心理咨询(无)			-0.095	1.324	-0.081	1.350
常量	17.172	2.195	16.094	4.102	15.988	6.513
调整后R^2	0.107		0.223		0.241	
F检验值	7.398**		4.393**		3.216**	
样本量	1723		1664		1598	

*：$p<0.05$，**：$p<0.01$。

(二) 感知因素的影响

在模型4中进一步加入老年人对居住环境四个维度的感知因素,得到了全要素模型。对比模型3,发现模型的解释能力提升幅度很大,调整后的 R 方达到 0.424（见表 5），这说明，相比客观环境特征，感知因素对于老年人生活质量得分变异的解释力更强。回归结果表明，四个维度环境的评价均会对老年人的生活质量产生显著影响。比较标准系数后发现，感知评价因素对老年人生活质量的影响作用从大到小依次是：服务环境评价、社区环境评价、住房环境评价以及人际环境评价。在所有因素中，服务环境评价的影响系数最大，达到 0.433，而其他三个感知因素的系数比较接近，都在 0.2 左右。这明确反映出北京市老年人对居住环境的需求特点——相比硬件环境，老人更看重的是社区的服务环境，即软环境的质量。

此外，两个环境特征变量依旧显著。一是人均住房面积对生活质量具有正向影响，每当老年人的人均住房面积增加 1 平方米，生活质量得分就显著增加 0.160 个单位。二是老人日间照料中心，社区有该设施时，老年人的生活质量得分比没有该设施的老年人高 0.172 个单位。

表 5　感知评价及环境特征对老年人生活质量的影响

变量名称	模型 4（全要素）	
	标准化系数	标准误差
个体及家庭特征		
年龄	0.170*	0.048
性别（女性）	-0.120*	0.498
教育程度（小学及以下）		
初中	-0.099	0.883
高中及以上	-0.041	0.928
月收入（8000 元以下）	-0.078	0.556
婚姻状况（无配偶）	0.102	0.909
自理能力（不能自理）	-0.055	0.775
居住时长	0.116	0.034
居住安排（空巢）	0.070	0.711
家庭变故（无）	0.034	0.641
社区类型		
普通商品房小区	-0.264	1.378
单位社区	-0.216*	1.236
保障房社区	-0.218	1.510
老城区/平房社区	-0.058	1.946
硬环境特征		
人均住房面积	0.160*	0.023

续表

变量名称	模型4(全要素)	
	标准化系数	标准误差
住房产权(无产权)	-0.061	1.043
建筑年代(20世纪90年前)	-0.007	0.643
室内卫生间(无)	0.005	2.881
坐便器(无)	-0.006	1.979
紧急呼叫报警设施(无)	0.076	1.128
燃气报警设施(无)	0.061	0.599
电梯(无)	-0.098	0.945
楼道照明灯(无)	-0.009	2.280
入口处坡道(无)	0.063	0.935
入口处扶手(无)	-0.097	0.766
门禁(无)	-0.069	0.565
信报箱(无)	0.053	0.931
门卫/传达室(无)	0.041	0.625
室外活动场地(无)	0.051	0.612
社区卫生服务中心(无)	0.113	0.627
社区服务中心(无)	-0.104	0.588
老年活动中心(无)	-0.044	0.665
老人日间照料中心(无)	0.172*	0.800
室外休息座椅(无)	-0.068	0.609
公共卫生间(无)	-0.082	0.572
健身设施(无)	0.108	0.676
软环境特征		
物业管理(无)	-0.074	1.267
人车分流(否)	0.122	0.579
社会支持得分	0.116	0.069
个人照护(无)	-0.023	0.919
助餐服务(无)	0.039	0.722
上门做家务(无)	-0.037	1.011
助浴服务(无)	-0.046	1.258
日间照料(无)	0.042	0.966
短期托养(无)	0.005	1.117
上门探访(无)	-0.029	1.371
康复护理(无)	-0.151	1.344
健康指导(无)	0.119	1.412
聊天/心理咨询(无)	-0.025	1.230

续表

变量名称	模型4(全要素)	
	标准化系数	标准误差
感知因素		
住房环境评价	0.207**	0.339
社区环境评价	0.229**	0.330
服务环境评价	0.433**	0.431
人际环境评价	0.177**	0.337
常量	16.874	5.850
调整后 R^2	0.424	
F 检验值	4.854**	
样本量	1598	

*：$p<0.05$，**：$p<0.01$。

（三）居住环境对老年人生活质量的影响机制

分析结果发现，客观环境特征对于老年人生活质量的影响力有限，在加入感知评价后，回归模型的解释能力有了大幅度提升，表明老年人对环境的评价对于其生活质量具有重要影响。实际上，人与环境匹配理论（Person-Environment Fit Theory）提出，环境对个体生活质量的影响，主要是由客观环境与个体需求或偏好的匹配程度来决定的，如果环境满足老年人的需求，就会产生正向的结果，如较高的生活满意度水平。因此，"能力—压力"模型能够从根本上解释这种匹配机制的形成。该模型的基本理念是"能力强的人能够承受高压力环境，而那些不能承受这样压力的人将很难适应环境"，如果要达到个人与环境的匹配、拥有正向的主观感受，个体的能力必须超过或等同于环境的压力，即环境对个体的要求[1]。

"能力—压力"模型的基本思想是：当老年人的能力变差的时候，就会形成高压力环境，如果居住环境中的设施和服务一直没有改善，个体可能出现崩溃的行为或心理感受，直接导致对居住环境的满意度降低，影响老年人及照料者的生活质量。本研究发现，狭小的住房面积和

---

[1] Lawton M. P., Nahemow L., "Ecology and the Aging Process,". *Psychology of Adult Development and Aging*; ed. C. Eisdorfer and M. P. Lawton (Washington D. C.: American psychological association, 1973), pp. 619–674.

没有社区日间照料中心两个方面已经显著拉低老年人的生活质量。随着老年人个体能力的下降，住房拥挤、社区老年照料机构欠缺等问题凸显，已经无法满足老年人照料的需要。既有居住环境不适老、不宜居的问题造成了老年人能力与环境压力之间的不匹配，进而损害其生活质量。

六　结论及讨论

（一）主要结论

居住环境与广大居家养老老年人的日常生活密切相关。本文围绕"居住环境是否会影响老年人生活质量"这一问题进行了研究。采用 SWLS 量表测量了老年人的生活质量，经计算，北京市老年人的生活满意度平均得分为 22.40 分，在量表的五个测项中，得分最低的是"我的生活条件非常好"，反映出老年人对居住环境的需求尚未完全被满足。之后，本文尝试构建了居住环境对老年人生活质量影响的分析模型，在控制老年人个体、家庭特征及社区类型的基础上，综合考察了客观居住环境特征和老年人对居住环境的感知评价两方面因素的影响。在回归模型中纳入居住环境特征后，发现软件环境比硬件环境对于老年人生活满意度变异的解释力更大。进一步加入感知因素后，模型的解释能力提升幅度很大，反映出感知因素，即居住环境是否满足老年人需要对于其生活质量的影响作用更大。回归结果表明，四个维度环境的感知因素影响均非常显著，影响力最大的是服务环境评价，此外，社区建有老年人日间照料中心和增加人均住房面积也能显著提升老年人的生活质量。

本文通过实证分析发现：改善居住环境、提高老年人的评价，对于提升老年人的生活质量具有积极的作用。老年友好环境建设意义重大，应充分认识到老年友好环境建设在老龄社会中的重要作用。

（二）对策建议

能力—压力视角提示我们，随着年龄的增加，老年人的能力逐渐降低，对环境的适应性也越来越差，如果不做出改变，个体能力将不能承受环境的压力，进而损害老年人的生活质量。为此，应尽可能地消除硬件环境的障碍，降低环境的压力，并为老年人提供他们所需要的适老化设施和老龄服务，实现能力与压力的动态平衡，从而保证生活质量不被降低。基于本文的结论，提出在居住环境层面建设老年友好环境的建议。

首先，大力提升社区的基础服务水平。本研究发现，提高老年人对服务环境的评价对于老年人生活质量的提升作用最大。因此，现阶段北京市老年友好环境建设的重点是提高社区服务质量。应充实基层老龄工作队伍，发挥社会工作者等各方力量，拓宽服务领域、提高服务质量，为老年人提供多项便民服务。

其次，建设老龄服务设施，完善老年照料服务。目前北京市主城区的老年照料设施十分欠缺，仅有两成多的老年人所在社区有日间照料中心或托老所。回归结果表明，照料设施的缺位，显著降低了老年人的生活质量。因此，在建设健康老龄化政策体系的过程中，要着重加快老年人日间照料中心等老龄服务设施的建设工作。在建设用地紧张的地区，应完善养老机构辐射居家养老服务的功能，支持养老机构辐射社区，开展短期托管、助医等居家养老服务，弥补老龄服务设施的不足。

最后，推进住房适老化改造。北京市居民住房以存量房为主，新建的增量房很少，因此，硬件环境的改善将主要依靠适老化改造的方式实现。本文经分析发现，老年人的人均住房面积差异很大，而拥挤的住房环境会对老年人的生活质量产生消极影响。为此，政府在适老化改造的过程中，将政策向人均住房面积较小的老年人家庭倾斜，通过适老化改造，提升住房空间的利用率，消除住房环境中的障碍，提升老年人的生活质量。

居家养老模式下家庭照料者需求与支持研究

贾云竹　喻声援　杨淑娇　马冬玲*

摘　要： 本文基于北京市民政局、妇联、残联以及老龄委等四部门2017～2018年在北京全域内组织实施的困难群体"精准帮扶需求调查"所获取的有关北京市居家失能老人的家庭照护情况的第一手数据资料，对大城市地区居家失能老人的家庭照料支持情况进行了系统的分析研究，并结合国内外在失能老人长期照护中日渐高涨的完善和发展家庭支持政策的呼声，对我国居家养老的相关政策进行了探讨。

关键词： 居家养老　家庭照料　家庭支持政策

一　问题的提出

如何有效解决老年人的照料、养护问题，是各国在应对人口老龄化这一全球议题中面临的共同挑战。从20世纪50年代起，以欧美等发达国家为代表的人口老龄化先发国家，几乎无一例外地走过了从主要寄希望于发展机构养老，到逐渐转向以支持发展居家养老为主的政策。以OECD国家为例，在2000～2013年，65岁及以上老年人口在家接受长期照护的比例从58.7%增长到64.9%，美国2015年家庭照料者报告估算，每年美国有近3420万家庭照料者承担着对老人的长期照料、美国国会通过了《2017年认可，协助，包含，支持和参与家庭照料者法案》，这是继1993年《家

---

* 贾云竹，北京西城区协力人口与社会发展研究所所长，社会老年学博士，主要研究方向为性别与老龄化；喻声援，北京西城区协力人口与社会发展研究所所长助理，公共管理硕士；杨淑娇，北京西城区协力人口与社会发展研究所研究助理，公共卫生管理硕士；马冬玲，全国妇联妇女研究所副研究员，社会学博士，主要研究方向为性别相关公共政策。

庭与医疗休假法案》和 2006 年《喘息服务行动法案》之后的又一部旨在为家庭照料者提供法律制度保障的专门法案。日本也在 2012 年修改的《介护保险法》中，进一步增加了对家庭照料者的相关福利保障条款，并且推出了一系列支持家庭照料者的政策举措。

构建和完善家庭友好型的政策体系，支持和帮助家庭成员更好地承担养老责任，以更好地满足老年人居家养老的服务需求，在老人熟悉的社区和家庭居住环境中为他们提供更便捷、贴心的日常生活照料和基本医疗康复护理等服务，已成为包括中国在内的国际社会应对人口老龄化的基本共识。世界卫生组织为首的国际组织积极倡导和呼吁各国加强对家庭照料者的关注和支持，欧美、日本等人口老龄化先发国家，在应对人口老龄化的社会政策支持体系中，也日益关注到对家庭照料者的支持和社会保护政策的构建，为我国构建和发展完善相应的家庭照料者社会支持政策提供了宝贵经验。

受到传统家庭养老文化、经济社会发展水平，特别是社会保障支持体系不健全等诸多因素的影响，目前我国在相关社会政策和制度方面对于家庭照料者的照料价值并未给予充分的肯定和认可，在社会实践层面上也还处于探索和摸索阶段。本研究主要基于对北京、上海、南京等人口老龄化程度相对较高地区在家庭照料者支持政策和实践方面情况的调研，对进一步完善和发展相关政策提出建议意见。

二 文献综述

20 世纪 70 年代国际社会对女性相关权益的关注，大大促进了对家庭照料者相关问题的深入研究。袁小波[①]发现，20 世纪 70 年代西方对老年人家庭照料者的"照料负担"有了较多的研究，同时也有研究关注到照料对被照料者的一些积极意义和影响，并且许多研究都揭示了社会正式支持和非正式支持对于消解照料消极影响的重要意义。陈璐指出，欧美等有关家庭照料者的研究主要关注照护者健康成本、生活质量和主观幸福感（福

[①] 袁小波：《人口老龄化背景下的西方家庭照料者研究综述》，《老龄科学研究》2017 年第 10 期。

利)、卫生服务利用,以及照护者社会支持网络等议题①。朱浩总结了西方针对照顾者的政策导向,认为其中包括就业支持、身心健康和精神支持、经济支持和其他服务支持性政策②。

国内相关研究发现,在当前我国社会化养老初级阶段,尽管家庭处于一系列的深刻变革中,家庭内部成员在老年照料中仍然发挥着不可替代的重要作用③④,研究显示,我国照顾资源九成以上来自家庭⑤。与西方类似,在我国传统性别角色规范下,照顾同样被视为女性的责任⑥⑦。研究显示,老年人的三大类服务需求均呈现随家庭照料者人数增加而下降的趋势⑧。但在我国经济发展水平的限制下,少子老龄化的人口结构凸显了家庭在老年照料中的重要性和面临的危机⑨。

在照护对家庭照顾者的影响方面,国内研究主要分析家庭照顾者面临的身心压力及主要困难,探讨作为主要照料者的家庭成员的照料负担、希望得到的支持与帮助,并探寻从经济支持、替代性照顾服务、心理支持、培训服务等方面构建以家庭照顾者需求为导向的支持体系⑩。

多项研究发现,承担家庭照顾责任的确会影响照顾者的社会参与。例如,基于CLHLS数据库中的家庭动态调查数据的研究表明,老年照料会降低子女的劳动力市场参与率,并使其承受逐渐扩大的隐性"工资惩罚",

---

① 陈璐:《家庭老年照护的支持政策研究》,载2016年南开大学金融学院《2016年全国老龄政策理论研究部级课题成果报告》。
② 朱浩:《西方发达国家老年人家庭照顾者政策支持的经验及对中国的启示》,《社会保障研究》2014年第4期。
③ 裴敏超:《老年家庭照顾者的照顾困境及支持策略分析》,《劳动保障世界》2018年第2期。
④ 史薇、谢宇:《家庭养老资源对城市老年人居家养老服务需求的影响研究——以北京市为例》,《西北人口》2014年第4期。
⑤ 裴敏超:《老年家庭照顾者的照顾困境及支持策略分析》,《劳动保障世界》2018年第2期。
⑥ 裴敏超:《老年家庭照顾者的照顾困境及支持策略分析》,《劳动保障世界》2018年第2期。
⑦ 马焱:《从公共政策层面看对女性老年家庭照顾者的社会支持》,《妇女研究论丛》2013年第5期。
⑧ 史薇、谢宇:《家庭养老资源对城市老年人居家养老服务需求的影响研究——以北京市为例》,《西北人口》2014年第4期。
⑨ 刘柏惠:《我国家庭中子女照料老人的机会成本——基于家庭动态调查数据的分析》,《人口学刊》2014年第5期。
⑩ 裴敏超:《老年家庭照顾者的照顾困境及支持策略分析》,《劳动保障世界》2018年第2期。

其中女性照料者面临更大的工资差距,但男性照料者的工资差距中"工资惩罚"所占比例更大①。基于1993~2011年"中国健康与营养调查"数据的调查发现,家庭老年照料会使女性劳动参与率下降4.5%,每周劳动时间减少2.7小时②。承担家庭照顾责任还会影响个体的身体健康,相关研究显示,从事照护活动使女性过去四周患病率显著提高5.51%~17.04%③。对长时期负担照顾工作的女性而言,在其生理、心理、健康、经济、家庭及社交生活所受负面影响不容忽略。她们中的很多人自身年龄也已偏老,难以承担较大压力的老年照料;照料时间长,心理压力大,影响身心健康;照顾任务重、照顾技能和知识不足,家庭照顾者角色适应问题突出④。

有关家庭照顾者需求的调查发现,对照顾者提供适当的社会支持如"喘息服务"等已十分迫切。⑤ 对1000名长期照顾者的调查显示,大部分照顾者都渴望有片刻"喘息"的机会,有超过1/7的被访者希望一个月休息一次,表示希望每月最好休息2~3天的占近1/10⑥。研究表明,在有其他人员协助照料的家庭照顾者中,可以获得专业性服务的还是较少的⑦,这也是为什么有的被访者希望有专门培训的机会,学习各种爱老、护老知识,便于更好地照顾老人⑧。

面对家庭照料者的困境,有研究认为,现有政策更多强调的是家庭成员对老年人养老的责任与义务,对老年家庭照料者的支持极其有限,性别

---

① 刘柏惠:《我国家庭中子女照料老人的机会成本——基于家庭动态调查数据的分析》,《人口学刊》2014年第5期。
② 吴燕华、刘波、李金昌:《家庭老年照料对女性就业影响的异质性》,《人口与经济》2017年第5期。
③ 陈璐:《家庭老年照护的支持政策研究》,载2016年南开大学金融学院《2016年全国老龄政策理论研究部级课题成果报告》。
④ 裴敏超:《老年家庭照顾者的照顾困境及支持策略分析》,《劳动保障世界》2018年第2期。
⑤ 史薇、谢宇:《家庭养老资源对城市老年人居家养老服务需求的影响研究——以北京市为例》,《西北人口》2014年第4期。
⑥ 陈瑛:《上海市家庭长期照顾者的照顾支持政策研究——以失能失智老人照顾者为例》,《人口与经济》2015年第2期。
⑦ 裴敏超:《老年家庭照顾者的照顾困境及支持策略分析》,《劳动保障世界》2018年第2期。
⑧ 陈瑛:《上海市家庭长期照顾者的照顾支持政策研究——以失能失智老人照顾者为例》,《人口与经济》2015年第2期。

视角缺失①。不少人建议建立支持家庭养老的政策,包括建立老年人照护休假制度,在保障性住房分配制度中对赡养老年人的家庭实行优惠政策等②。有的研究认为,政府应该出台专门的法律法规或成立相应的部门来协同管理家庭福利,还需要鼓励企业履行社会责任,为家庭照顾者提供津贴或制订比较灵活的工作计划,以降低工作者在老人照顾方面的经济和情感压力,帮助照顾者实现照顾和就业两种角色的切换,通过相关的技能培训和信息咨询搭建就业市场和家庭照顾的平台③。

三 居家失能老人的照护情况

(一) 失能老人规模庞大、主要依靠家庭提供照料支持

目前,我国失能老人具有规模庞大且农村化、高龄化、女性化和贫困化等特点。由于国内还没有相对统一的失能评估,目前不同机构对我国失能老人的总规模估计存在较大的分歧,从1500多万到超过4000万,其中中重度失能老人规模在700多万到1000多万不等。中国老龄科研中心的调查数据显示,失能老人中62.4%生活在农村地区,61.4%是75岁及以上的中高龄人口,女性占56.31%;相对普通老人而言,失能老人的贫困率更高,超过两成的失能老人表示现有的收入不足以维持日常生活,城乡分别为22.52%和23.65%。

北京市2018年最新的困境老人照料情况的调查数据显示,超过95%的失能老人都是居家养老,轻度和中度失能老年人获得照料和协助的比例不足四成,重度失能老年人中得到照料和生活协助的比例占到近八成(见图1)。随着我国人口老龄化,特别是高龄化的快速发展,在未来的几十年间我国失能老年人口的总体规模还将扩大,长期照料,特别是有效照护资源的稳固和开发,是我们在应对人口老龄化诸多挑战中难以回避的重大问题。

---

① 马焱:《从公共政策层面看对女性老年家庭照料者的社会支持》,《妇女研究论丛》2013年第5期。
② 吴帆、李建民:《家庭发展能力建设的政策路径分析》,《人口研究》2012年第4期。
③ 朱浩:《西方发达国家老年人家庭照顾者政策支持的经验及对中国的启示》,《社会保障研究》2014年第4期。

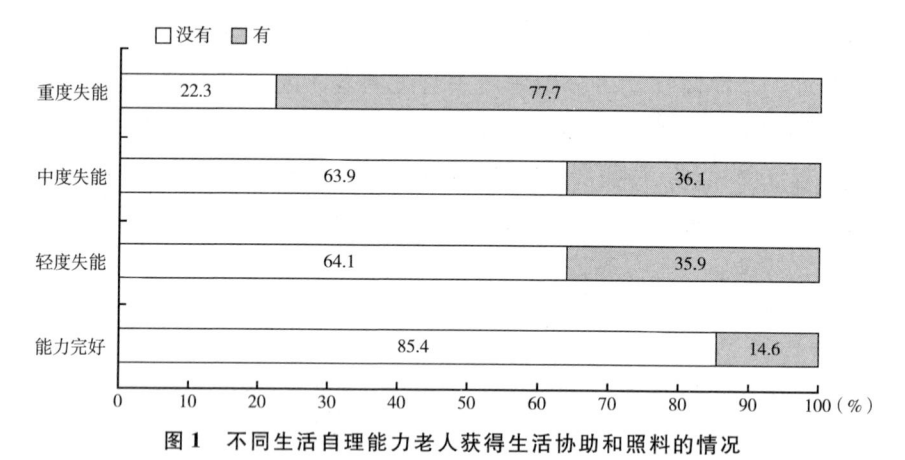

```
          □没有  ■有
重度失能 │ 22.3 │        77.7        │
中度失能 │     63.9      │  36.1    │
轻度失能 │     64.1      │  35.9    │
能力完好 │         85.4         │14.6│
         0  10 20 30 40 50 60 70 80 90 100(%)
```

图1 不同生活自理能力老人获得生活协助和照料的情况

资料来源：2018年北京市精准帮扶调查。

(二) 家庭照料者概况

家庭照料者是居家失能老人照料的绝对主力。按照国际社会有关家庭照料者的定义，除作为其他非亲属的保姆外（2.2%），表1中所列举的其他人员均属于家庭照料者，他们都是基于亲情为老人提供无酬的照料支持，占到老年人照料资源的97.8%。数据显示，老年人的主要照料者中，第一位是老人的子女（52.2%），第二位是配偶（36.8%），第三位是儿媳/女婿（4.4%），其他非亲属（保姆）占2.2%，排在第四位，剩余的4.4%则也均为失能老人家人，如孙子女、兄妹甚至父母等家人。

表1 居家失能老人主要照料者关系分布

单位：%

家庭照料者	子女	52.2
	配偶	36.8
	儿媳/女婿	4.4
	孙辈	1.3
	长辈	1.2
	兄妹/兄妹配偶	1.0
	其他亲属	0.9
	小计	97.8
其他非亲属		2.2
合计		100.0
N		11222

资料来源：北京市丰台区2018年"困难群体精准帮扶调查"。

失能老人高龄化、照料者老龄化的特点突出。北京的调查数据显示，居家失能老人的平均年龄为79.7岁，女性（53.5%）略多于男性（46.5%）；而家庭照料者平均年龄为60岁左右。

男性参与比例高，在婚有偶比例高，退休人员居多。与国外家庭照料者女性居多的特点不同，在我国大量的调查显示男性作为老人主要照料者的比例要显著高于欧美等国家，这可能与我国养儿防老的文化传统有关。丰台的数据也同样显示，在家庭照料者中，男性（50.3%）略多于女性（49.7%）。与国外有关家庭照料者多为单身或失婚状态不一样，在中国绝大多数老年人的家庭照料者（94.4%）都处于在婚有偶的状态。近2/3的老年人家庭照料者中目前都已经脱离工作岗位，其中离退休者最多（57.4%），如果将离退休与无业统归为不在业人口，则家庭照料者中不在业者的比例达到63.8%，在业者为36.2%（见图2）。尽管接近2/3的照料者已经脱离工作岗位，可以有较充裕的时间来承担照料责任，但由于年龄偏大，照料老人也同样给他们的身心带来巨大的压力。

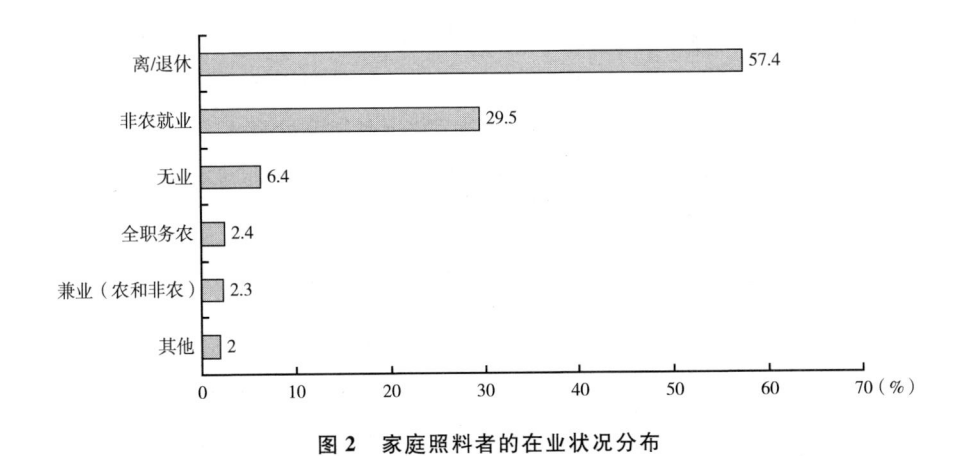

离/退休 57.4
非农就业 29.5
无业 6.4
全职务农 2.4
兼业（农和非农）2.3
其他 2

图2 家庭照料者的在业状况分布

（三）照料负担

照料时间较长，照料压力大。数据显示，家庭照料者的日均照护时间在12小时左右。超过1/3的照料者每天的照料时间超过了12小时，照料时间每天在3小时内的仅占到约一成（见图3）。54.8%的照料者表示照料老人让自己感到有压力。

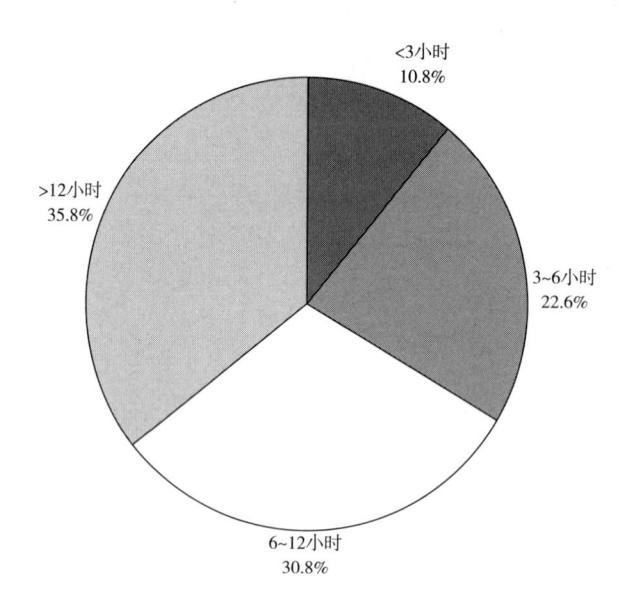

图3 照料者的日均照护时间分布

调查显示，家庭照料者感受最大的压力在身体方面，其次是个人缺乏自由支配的时间，最后是经济方面的压力，心理和工作方面的压力相对较低，其中工作方面压力低主要因为照料者大多已经脱离社会工作岗位（见图4）。如果选择在职照料者，则其来自工作方面的压力达到了30.4%。与此同时，照料者获得的社会支持非常欠缺，只有不到2%的家庭照料者获得过相关的照护技能培训或享受过喘息服务等支持。

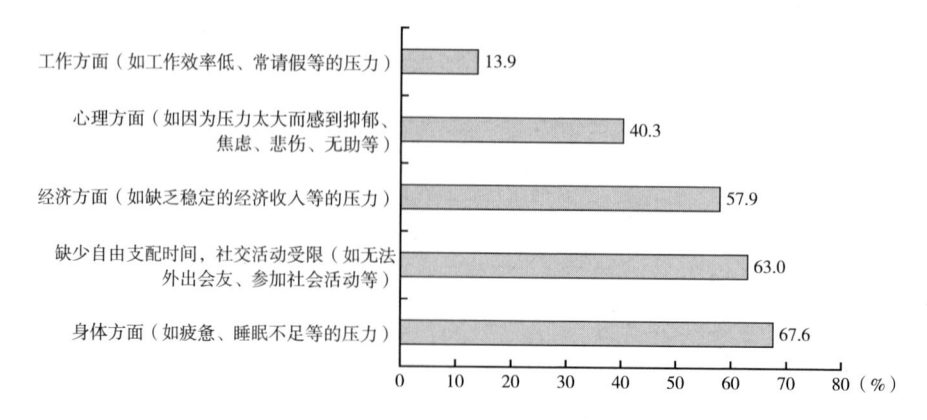

图4 家庭照料者的压力情况

(四) 家庭照料者的支持需求状况

家庭照料者的支持需求多样化。图 5 是 2017 年底，中国婚姻家庭研究会和中国妇女发展基金会对家庭照料者的压力和支持需求的调查数据。来自全国的 1000 多位家庭照料者参与了调查，数据显示，家庭照料者最需要的支持中，排在前三位的"推荐合适的养老机构"、"帮助进行适老化的家庭改造"及"提供喘息服务"中，第一和第三均属于服务替代性的支持，而"帮助进行适老化的家庭改造"及"推荐一些适用的辅助器具"则更多是借助设施、设备来减轻照料者的身体压力，照料技能培训、社交娱乐活动则属于赋能性、充电性的支持。从家庭照料者目前的支持需求状况来看，服务替代性的支持是最为需要的，其次是设施设备的配置，最后是赋能和充电性的支持服务。

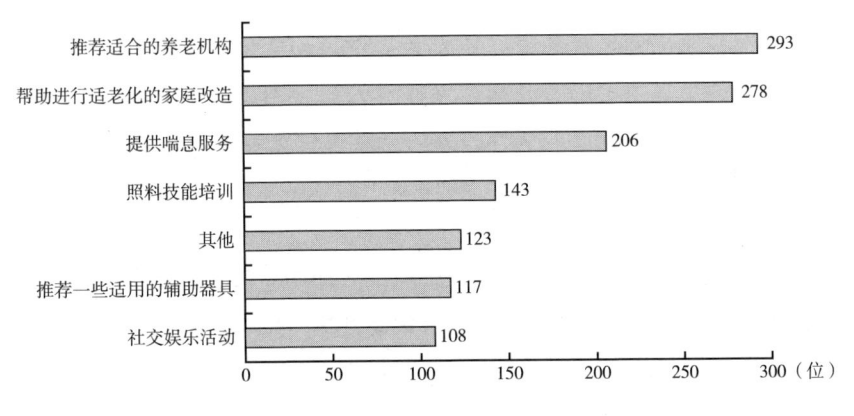

图 5　家庭照料者的社会支持排序

四　家庭照料者支持的政策及实践探索

从各国经验来看家庭照料者的支持政策可以大致分为以下五种类型（见图 6）。目前我国从各地的实践和探索来看，这五方面都有了一些经验和探索。

(一) 经济支持

我国最新修订的个人税收缴纳的办法首次提出，对承担赡养责任的公

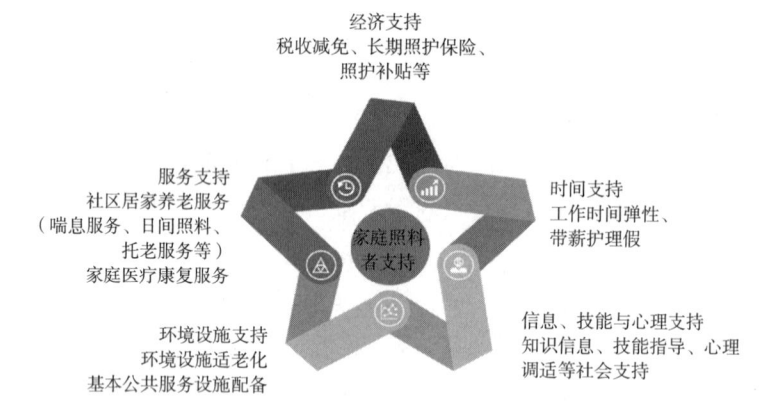

图 6 家庭照料者支持体系

民实行相应的税收减免；上海等地通过建立长期照护保险制度（简称"长照险"），较好地缓解了老年人及其家庭购买社会化服务能力不足的难题，为有长期照护需求的老人和家庭照料者提供了切实的替代性服务支持；此外北京等许多地区也不断提升和完善针对失能等困境老人的照护护理补贴制度，为老年人及其家庭购买社会养老服务提供资金方面的支持和协助。

（二）服务支持

目前民政部、财政部在2016年启动了为期5年的社区居家养老服务试点工作，试点工作已经在90个地级市全面开展。但目前而言，各地社区居家养老服务多还处于基础设施设备的布设阶段，大多数社区居家服务的项目和内容提供相对单一，主要是助餐及家政辅助，但喘息服务等需要一定专业服务人员的项目还未能得到切实有效的开展。各地家庭医生签约工作等的推动也为医疗资源下沉和延伸到家庭提供了政策和制度的指引，但是在具体的实践操作层面还存在较多的困难和障碍。上海在家庭医生签约、激励基层医疗资源下沉方面走在全国的前列，其成功经验值得推广学习。

（三）时间支持

截至目前，我国共有9个省区通过地方法规的方式出台了子女带薪护理假制度，给予有家庭照料责任的在职工作人员以时间上的支持。但这些法规在具体实施中要得到有效的保障，则还需有一些进一步的配套政策举措，如加强宣导、减少企业由于承担员工带薪护理假而带来的经济压力和负担等。

(四) 环境设施支持

家庭和公共环境的适老化改造也是近年来北京、上海、南京等针对居家养老开展的一项支持性政策。在北京的调查中，许多老旧社区都有非常迫切的加装电梯的需求，但这同时也是实施起来最困难的一个项目。针对家庭内部的适老化改造，目前上海等已取得了一定的成功经验，但目前这个政策主要覆盖低保、低收入等民政传统保障的群体，受益面相对较小。上海从2012年开始，每年为1000户进行适老化改造，主要针对低保、低收入且居所存在较大安全隐患、家庭居所的适老化程度较低的老年家庭。委托专业社会组织对符合适老化改造条件的老年人家庭进行一户一案的适老化评估、改造设计及改造期间老年人家庭的临时安置等工作，由专业的施工单位根据设计方案对老年人家庭进行适老化改造。适老化改造的成效非常明显，老年人非常欢迎这个项目。

(五) 信息、技能和心理支持

从调研的情况来看，北京、上海、南京等都针对家庭照料者开展了一系列不同形式的技能培训支持。各地都通过购买社会组织的服务，为部分居家养老的老年人及其家庭照料者提供一些实用的照护技能的培训指导，上海从2016年起专门录制了一套专业的护理培训节目"银龄宝典"在上海教育电视台播放，以扩大相关知识的传播覆盖面。此外，2018年上海市社工委还在社会组织中通过征集"非正式照料者支持实践案例"等方式，积极整合和调动社会力量参与到家庭照料者支持的工作中，取得了较好的社会效果。但从各地的培训内容来看，目前的培训主要是针对照料护理技能方面，对于家庭照料者心理及社会支持等方面的关注还相对不足。美国家庭照料者联盟则是开发了一些赋能性的培训教程，较为全方位地为家庭照料者提供支持。

五 主要建议

第一，强化决策者支持家庭照料者的意识和理念的宣导，构建家庭照料者的支持政策。

我国的养老服务体系一直非常鲜明地提出"居家是基础"，习近平总书记也多次指出在新时期的社会建设中，要切实加强家庭建设，加强对家庭的支持、维护家庭的和睦健康。支持和维护家庭养老的能力，是我国既定的养老发展战略，也是现实国情下应对人口老龄化的必然选择。家庭照料者都是长期照护老年人的主力军，是居家养老、家庭养老国家战略最坚实的践行者，政府决策者应充分认可家庭照料者的贡献和价值。

建议在政府养老主责部门决策者和工作人员的业务培训学习中，加大家庭支持政策理念的宣传倡导力度，促使政策制定者在政策制定中主动、自觉地考虑到家庭照料者的需求，制定家庭友好的支持政策。

第二，培育并依托专门的组织机构赋能家庭照料者。

人口老龄化先发的欧洲国家以及亚洲的日本、韩国和中国台湾、香港等地，均将家庭照料者作为其重要的养老照护资源，并且非常重视维系和发挥家庭照料者与被照护者之间的亲密关系，通过家庭照料者联盟等专门的社会组织，为家庭照料者提供居家照护的实用技能培训、提升其照护能力，以有效地改善失能老人及照料者自身的生活品质。

针对家庭照料者护理技能缺乏，同时照料者自身年龄偏大、自主学习能力较弱等特点，建议开发更加适合该群体的居家照护技能、照护压力疏解、家庭照护矛盾化解等方面的简单、易懂的实用培训资料，并通过电视、微信、报刊、书籍、社区培训指导等多种渠道、方式广泛传播。

切实将医疗卫生服务触角延伸到有长期照料需求的家庭。通过专业医疗护理人员延伸到家庭的健康管理服务，为家庭照护者提供专业指导或针对性技能培训与辅导，不仅提高了居家老年人的照料护理质量，也有效解决了家庭照料者照护知识和技能不足的问题，缓解了他们的照料压力。

针对家庭照料者心理压力普遍较大的情况，通过政府购买社会服务，或引进社会公益项目等多种方式，鼓励专业社会工作组织依托社区养老驿站、活动中心等，定期开展家庭照料者的心理支持和干预活动，并协助社区组建家庭照料者的互助性社会支持网络等，切实缓解和释放照料压力、为家庭照料者提供照护相关的家庭矛盾的化解、调解支持。

第三，切实推进失能老人居家适老化改造工作。

家庭和居住环境的适老化改造对于提升失能老年人的生活品质、减轻照料者的照护压力具有重要的作用。北京、上海等地区近年来也启动了老旧小区和困境老人家庭的适老化改造服务工作的试点，相关的服务标准和规范也在逐步探索和建立。

建议由建设部等牵头制定科学的适老化改造需求评估工作机制，制定完善居家适老化改造的相关服务规范，利用信息化管理手段加强对适老化改造服务的监测评估，切实提升适老化改造的绩效，造福广大的居家失能老人家庭。

第四，推进能有效缓解照护压力的辅助器具适配试点工作。

在照料中使用适当的辅助器具，对于减轻照料者的身体压力具有显著的功效。针对家庭照料者反映最强烈的身体压力问题，建议在专业机构，如残疾人康复辅具中心等的专业指导下，率先在城市地区失能老人相对聚集的老旧社区开展家庭照护者的照护辅助器具的适配服务试点。探索建立起居家照护的辅助器具名录及相关服务指导规范和标准，为积极稳妥开展和推动该项服务提供支持。

第五，大力扶持嵌入社区的小型托养机构，以机构专业服务辐射居家，开展喘息服务、替代支持性的服务。

发展嵌入社区的小型托养机构，通过专业的养老护理机构来开展辐射居家的照料替代和对家庭照料者的支持服务，是最为现实可行的方案。嵌入社区的小型照料托养机构也是承接喘息服务的最佳载体，是居家失能老人家庭理想的缓解照料压力的选择。这些小型托养机构通过连锁化、规模化、标准化的运营管理，以机构的专业服务辐射居家，也是目前国内外在现实中最为行之有效的、可持续的居家养老服务模式，政府应该在政策中切实加大对嵌入社区的小型养老服务机构的扶持力度，鼓励其开展辐射居家的养老服务。

我国居家养老服务的供给、需求和利用的均等化研究

——以有照料需求的高龄老人为例

丁志宏　曲嘉瑶*

摘　要： 我国有照料需求的高龄老人比例较高，各省间差异较大。有照料需求的高龄老人对大部分养老服务项目知晓率高、需求率高、利用率低、利用效果差，其有效需求得不到满足。女性、丧偶、受教育程度低、经济条件差的有照料需求高龄老人是养老服务需求的强势群体和利用的弱势群体。农村有照顾需求的高龄老人对绝大部分养老服务项目的知晓率、利用率、利用差上都低于城镇，而在需求率和需求差上则高于城镇。另外，东、中、西部以及东北地区有照料需求的高龄老人在养老服务项目的知晓率、利用率、需求率、利用差、需求差上都存在较大差异，西部和中部地区的社区居家养老服务亟待加强。基于此，本文就改善居家养老服务、加强养老服务均等化方面提出针对性的建议。

关键词： 居家养老服务　高龄老人　养老服务供给　养老服务需求　养老服务利用

一　研究背景

老龄化带来的重要挑战之一就是失能老人的照料问题。我国老年人的

---

* 丁志宏，中央财经大学社会与心理学院，教授，博士，研究方向为社会老年学、老年照料；曲嘉瑶，中国老龄科学研究中心，副研究员，博士，研究方向为老龄公共政策、老年宜居环境。

失能率超过10%①。但我国老年人家庭照料资源在弱化：一方面，老年人家庭空巢化趋势更加明显②；另一方面，市场经济条件下，子女支持父母的观念也发生很大变化③，导致老年人家庭照料风险越来越高。为此，我国积极推进居家养老服务，应对人口老龄化的挑战。2008年，民政部出台《关于全面推进居家养老服务工作的意见》，明确居家养老服务在养老服务体系中的重要位置，由政府、市场、社会、社区等多个部门为老年人提供生活照料、医疗护理和精神慰藉等服务，满足老年人居家养老服务需求。

居家养老服务是基本公共服务体系的重要组成部分④。近年来，基本公共服务均等化日益成为政府和社会的关注点。从党的十六届六中全会提出"公共服务均等化"，到2012年发布《国家基本公共服务体系"十二五"规划》，再到党的十八大报告提出"至2020年实现基本公共服务均等化的总体目标"，体现了党和政府对公共服务职能的清晰定位，对公民基本权利保障和改善民生的主动担当。2017年国务院印发《"十三五"推进基本公共服务均等化规划》，进一步从增强人民获得感、实现中国梦的战略高度进行了全面部署和具体指导。党的十九大明确将"基本公共服务均等化基本实现"作为基本实现社会主义现代化的目标之一。

推进基本公共服务均等化，既是落实以人民为中心理念、保障公民基本权益的题中应有之义，也是政府提供公共服务的出发点和归宿点。但梳理居家养老服务均等化文献发现，我国社区居家养老服务存在明显的不均等，具体体现为城市多于农村、东部地区多于中西部地区，各类社区服务供给和需求明显存在三类矛盾⑤，除城乡和地域存在差异外，还存在职业间差异。⑥但是，过去这些研究对象都是整体老年人，没有具体考察最有照料需求的老年人对居家养老服务的需求、利用和供给情况。为此，本文

---

① 张文娟、魏蒙：《中国老年人的失能水平到底有多高？——多个数据来源的比较》，《人口研究》2015年第3期。
② 曲嘉瑶、杜鹏：《中国城镇老年人的居住意愿对空巢居住的影响》，《人口与发展》2014年第2期。
③ 许琪：《扶上马再送一程：父母的帮助及其对子女赡养行为的影响》，《社会》2017年第2期。
④ 郭小聪、代凯：《国内近五年基本公共服务均等化研究：综述与评估》，《中国人民大学学报》2013年第1期。
⑤ 丁志宏、王莉莉：《我国居家养老中社区为老服务的均等化研究》，《社会保障研究》2011年第3期。
⑥ 屈群苹、许佃兵：《养老服务均等化：基于阿玛蒂亚·森可行能力的理性审视》，《南京社会科学》2018年第2期。

以有照料需求的高龄老人为对象,分析他们在居家养老服务方面是否存在群体、地区和城乡间的显著差异。

二 研究设计

(一) 研究框架

本文对有照料需求的高龄老人的居家养老服务均等化进行分析,考察各项养老服务在供给、利用、需求等方面的差异。与以往研究的不同,具体体现在两个方面:第一,在考察对象上,针对有照料需求的高龄老人;第二,在分析内容上,不仅考察各项养老服务的供给、利用、需求在总体和地区间的差异,还考察它们在群体间的差异(见图1)。

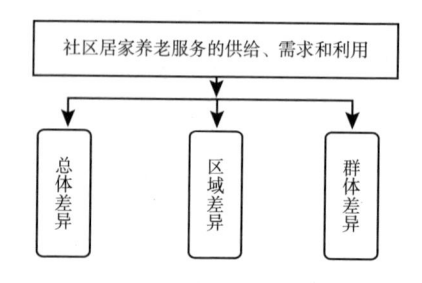

图 1 本文分析框架

"第四次中国城乡老年人生活状况抽样调查"中,城市和农村的居家养老服务项目均为9项,包括助餐服务、助浴服务、上门做家务、上门看病、日间照料、康复服务、辅具租赁、健康教育、心理咨询。不仅包含了有照料需要的老人的服务需求项目,也有利于在人群和地区间进行完整对比。以前调查中,服务项目的设置都是城镇多于农村,如2010年"中国城乡老年人生活状况抽样调查",城镇和农村相同的养老服务项目有上门护理、上门看病、聊天解闷、康复治疗、法律援助、上门做家务;此外,城镇还设置了老年人服务热线、陪同看病、帮助日常购物、老年饭桌或送饭、日托站或托老所等5项服务。

操作化方面,本文从养老服务知晓率、利用率、需求率三方面分析有照料需求的高龄老人在获取各项养老服务方面存在的差异,以了解居家养老服务的供给、需求和利用情况。为进一步分析养老服务需求、供给与利用间的关系，笔者在此使用了利用差和需求差两个指标。其中，利用差就是各类服务的供给（知晓）比例减去相应项目的利用比例，差值越大，表明该服务项目供给过剩越多，利用效率越低。需求差就是指各类服务项目的需求比例减去该项目的供给比例，差值越大，表明供需缺口越大，说明老人的服务需求越是没有得到有效满足。

（二）数据来源

本文使用的数据为"第四次中国城乡老年人生活状况抽样调查"原始数据。该调查是针对我国老年人生活状况的基础性、公益性、战略性的法定国情调查，调查起始时点为 2015 年 8 月 1 日 0 时，调查对象为居住在中华人民共和国内（港澳台地区除外）的 60 周岁及以上的中国公民。调查范围为全国 31 个省、自治区、直辖市（港澳台地区除外）和新疆生产建设兵团，样本涉及 466 个县（市、区）。调查采用"分层、多阶段 PPS、最后阶段等概率"的抽样设计，具有全国代表性。调查发放 22.368 万份问卷，抽样比约为 1.0‰，实际回收样本 22.270 万份，有效样本为 22.017 万份，样本有效率为 98.8%。

该调查个人问卷中，有"您现在的日常生活需要别人照料护理吗？"问题，本文利用该问题挑选出有照料护理需要的老人 31980 人，在此基础上，再挑选出有照料需求的 80 岁及以上高龄老人 11841 人，作为本文的分析对象。问卷中涉及 9 项居家养老服务，每个服务项目均调查了老年人的知晓、需求和利用情况。

三 分析结果

（一）居家养老服务的供给、利用和需求的总体情况

1. 有照料需求的高龄老年人状况

总体看，我国有照料需求的高龄老人比例比较高。分析显示，我国有照料需求的高龄老年人为 11841 人，占有照料需求老人的 37.0%，另外，60～69 岁、70～79 岁有照料需求的老人占总体有照料需求老人的 29.3% 和 33.7%。随着寿命的延长，老年人生活不能自理的比例在不断提高。

具体到各省份，有照料需求的高龄老人比例存在显著差异。甘肃、宁夏两省（区）有照料需求的高龄老人比例最高，超过60%，其次是山西、新疆、云南、内蒙古，占比在50%~54%之间，再次是湖南、海南、上海、湖北、贵州、四川、天津、河南、河北、黑龙江、北京、吉林、西藏、陕西等省（区），占比在40%~49%之间，而辽宁的占比最低，仅为10.4%。

在城镇，辽宁有照料需求的高龄老人比例最低，不到8%，云南、甘肃、宁夏三省（区）的比例较高，超过一半，大部分省份的占比在40%~47%之间，包括海南、湖北、上海、贵州、四川、湖南、黑龙江、河南、河北、北京、吉林、天津、内蒙古、新疆、陕西、山西等省（区）。在农村，浙江和辽宁两省有照料需求的高龄老人比例较低，均在18%以下，而内蒙古、甘肃、北京、新疆等省（区、市）的占比较高，超过60%，尤其是新疆，接近70%，占比较高的还有黑龙江、云南、山西、西藏、陕西、宁夏等省（区），也超过了50%（见图2）。

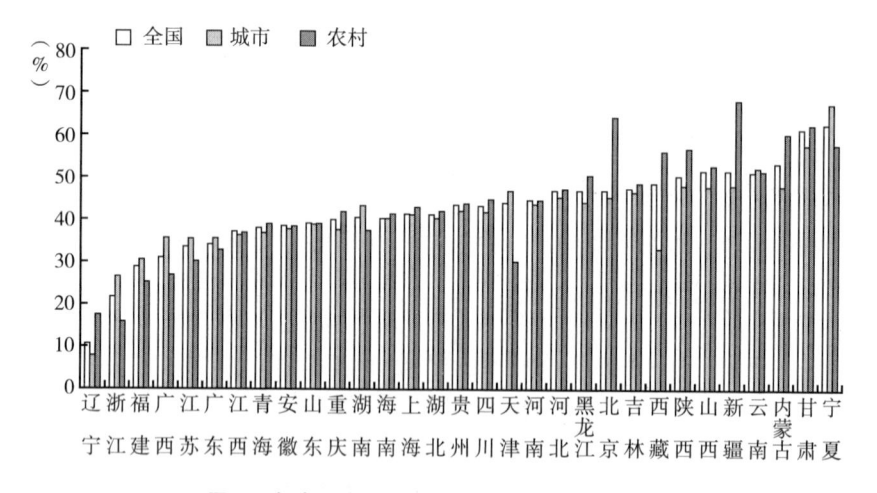

图2　各省份有照料需求的高龄老人占比情况

具体而言，有照料需求的高龄老人在人口社会特征上存在显著差异。性别上，有照料需求的女性高龄老人居多，比男性高龄老人高24.2个百分点。受教育程度越高，有照料需求的高龄老人比例越低，如有照料需求的文盲高龄老人比例分别是小学和初中以上高龄老人的2.2倍和4.3倍。经济方面，经济宽裕的有照料需求的高龄老人比例最低，不到

13%，经济够用的有照料需求的高龄老人比例最高，超过了一半。农村有照料需求的高龄老人比例低于城镇 9.8 个百分点。东部地区有照料需求的高龄老人比例最高，接近 40%，东部、中部和西部地区有照料需求的高龄老人比例明显高于东北地区。婚姻方面，丧偶的有照料需求的高龄老人比例最高，接近 70%，其次是有配偶的有照料需求的高龄老人，约在 30%，而未婚和离婚的有照料需求的高龄老人比例很低，不到 1%（见表 1）。

表 1 有照料需求的高龄老人人口社会特征状况

单位：人，%

		频数	比例			频数	比例
城乡	城镇	6506	54.9	地区	东部	4468	37.7
	农村	5335	45.1		中部	3251	27.5
性别	男	4492	37.9		西部	3105	26.2
	女	7349	62.1		东北	567	4.8
教育	文盲	6973	58.9	婚姻	有配偶	3577	30.2
	小学	3209	27.1		丧偶	7997	67.5
	初中以上	1620	13.7		离婚	38	0.3
经济	宽裕	1431	12.1		未婚	89	0.8
	够用	6088	51.4				
	困难	4224	35.7				

2. 各类居家养老服务项目在供给、利用和需求上的总体状况

从知晓率看，有照料需求的高龄老人对上门看病的知晓率最高，对上门做家务、日间照料、健康教育的知晓率也比较高。分析显示，有照料需求的高龄老人知道上门看病的占 30%，知道上门做家务、日间照料、健康教育的比例在 13% 左右，而知道助浴服务和老年辅具用品租赁的均接近 5%。

从利用率看，除上门看病外，有照料需求的高龄老人对其他居家养老服务项目的利用率都比较低。分析显示，有照料需求的高龄老人对上门看病的利用率约在 20%，而对其他居家养老服务项目的利用率都没超过 5%，尤其是对助浴服务和老年辅具用品租赁的利用率都不到 2%。

从需求率看，有照料需求的高龄老人对上门看病的需求最高，对康复

护理、日间照料和上门做家务的需求也比较高,而对其他居家养老服务项目的需求较低。分析显示,有照料需求的高龄老人对上门看病的需求比例超过50%,对康复护理、日间照料和上门做家务的需求在20%左右,除老年辅具用品租赁外,对其他各项居家养老服务项目的需求比例在10%~17%之间。我们知道,有照料需求的高龄老人行动不方便,导致他们对居家医疗健康类和生活服务类的服务需求比较高。

从利用差看,有照料需求的高龄老人对助浴服务和老年辅具用品租赁的利用效率较高,而对日间照料、上门看病、上门做家务的利用效率较低。分析显示,有照料需求的高龄老人对助浴服务和老年辅具用品租赁的利用差在4个百分点以下,而对日间照料、上门看病、上门做家务的利用差在8个百分点以上。

从需求差看,有照料需求的高龄老人对上门看病的需求差最高,其次是康复护理,而对老年辅具用品租赁和健康教育的需求差非常低。分析显示,有照料需求的高龄老人对上门看病的需求差超过24个百分点,对康复护理的需求差为11.5个百分点,这说明对于有照料需求的高龄老人而言,这两项服务的需求最没有得到有效满足。值得注意的是,健康教育的需求差为负,说明该服务项目还存在供给大于需求的情况(见表2)。

表 2　各类社区养老服务项目的供需情况

单位:%,百分点

服务项目	知晓率	利用率	需求率	利用差	需求差
助餐服务	9.7	1.9	16.2	7.8	6.5
助浴服务	4.5	1.3	12.8	3.2	8.3
上门做家务	13.4	5.0	21.2	8.4	7.8
上门看病	29.3	20.9	53.5	8.4	24.2
日间照料	12.7	3.6	21.0	9.1	8.3
康复护理	8.4	1.6	19.9	6.8	11.5
老年辅具用品租赁	4.9	1.0	7.0	3.9	2.1
健康教育	12.5	4.5	10.0	8.0	-2.5
心理咨询*	9.9	3.6	14.3	6.3	4.4

* 心理咨询代表心理咨询/聊天解闷,下同。

(二) 各类居家养老服务在供给、利用和需求上的群体差异

1. 居家养老服务在供给、利用和需求上的性别差异

知晓率方面,有照料需求的男性高龄老人在多项居家养老服务项目的知晓率上高于女性高龄老人,但性别差异不大。分析显示,有照料需求的男性高龄老人在上门看病、助餐服务、康复护理、健康教育、心理咨询等方面的服务知晓率较高,分别比女性高龄老人高4.9、2.3、0.1、2.9、1个百分点,而有照料需求的女性高龄老人在助浴服务、上门做家务、日间照料、辅具租赁服务等方面分别高于男性高龄老人1.3、0.9、0.5、0.6个百分点。我们看到,有照料需求的高龄老人在性别间知晓率差距最大的项目是上门看病服务,差距最小的是康复护理服务。

利用率方面,有照料需求的男性高龄老人在多个居家养老服务项目上高于女性高龄老人,但差异也不大。分析显示,有照料需求的男性高龄老人在上门看病、助餐服务、日间照料、辅具租赁和健康教育的利用率上分别比女性高龄老人高1.7、0.3、0.8、0.1、1.1个百分点,而有照料需求的女性高龄老人只是在助浴、上门做家务、心理咨询等方面比男性高龄老人高0.7、0.3、0.3个百分点,其中,上门看病的利用率差距最大,而康复护理的差距最小。

需求率方面,有照料需求的女性高龄老人在多个居家养老服务项目上高于男性高龄老人,但彼此之间的差异不大。分析显示,有照料需求的女性高龄老人在助浴服务、上门看病等六项服务的需求率上均比男性高龄老人高,而有照料需求的男性高龄老人只是在上门做家务和健康教育方面分别比女性高龄老人高0.1和1.3个百分点。我们看到,有照料需求的高龄老人在性别间需求差距最大的是助浴服务,最小的是心理咨询。

利用差方面,有照料需求的男性高龄老人在多个居家养老服务项目方面的利用差高于女性高龄老人,但差异很小。分析显示,有照料需求的男性高龄老人在上门看病、助餐服务、康复护理、健康教育、心理咨询等方面分别比女性高龄老人高3.2、2.0、0.1、1.8、1.3个百分点,而有照料需求的女性高龄老人分别在助浴服务、上门做家务、日间照料和辅具租赁方面分别高于男性高龄老人0.6、0.6、1.3、0.7个百分点。有照料需求的高龄老人的利用差在上门看病方面最大,在康复护理方面最小。

需求差方面，除上门做家务外，有照料需求的女性高龄老人在绝大部分居家养老服务上都高于男性高龄老人。分析显示，有照料需求的女性高龄老人在上门看病、助餐服务、助浴服务、日间照料、康复护理、辅具租赁、健康教育、心理咨询等八项服务方面分别比男性高龄老人高6.9、2.8、1.0、0.9、0.8、0.2、1.6、1.0个百分点，有照料需求的男性高龄老人只是在上门做家务方面比女性高龄老人高1个百分点。我们看到，有照料需求的高龄老人在上门看病服务方面的需求差最大，说明有照料需求的女性高龄老人对于该项服务的需求最没有得到满足，而助浴服务、上门做家务和心理咨询服务方面的需求差非常小，说明有照料需求的高龄老人在这些方面的需求得到了有效满足（见表3）。

表3 分性别有照料需求高龄老人对各类养老服务项目的知晓、需求、利用情况

单位：%，百分点

服务项目	知晓率		利用率		需求率		利用差		需求差	
	男性	女性	男性	女性	男性	女性	男性	女性	男性	女性
助餐服务	11.1	8.8	2.1	1.8	15.9	16.4	9.0	7.0	4.8	7.6
助浴服务	3.7	5.0	0.9	1.6	11.4	13.7	2.8	3.4	7.7	8.7
上门做家务	12.8	13.7	4.8	5.1	21.3	21.2	8.0	8.6	8.5	7.5
上门看病	32.3	27.4	21.9	20.2	52.3	54.3	10.4	7.2	20.0	26.9
日间照料	12.4	12.9	4.1	3.3	20.2	21.6	8.3	9.6	7.8	8.7
康复护理	8.5	8.4	1.6	1.6	19.5	20.2	6.9	6.8	11.0	11.8
辅具租赁	4.5	5.1	1.1	1.0	6.5	7.3	3.4	4.1	2.0	2.2
健康教育	14.3	11.4	5.2	4.1	10.8	9.5	9.1	7.3	-3.5	-1.9
心理咨询	10.5	9.5	3.4	3.7	14.3	14.3	7.1	5.8	3.8	4.8

2. 居家养老服务在知晓、利用和需求上的婚姻差异

知晓率上，已婚的有照料需求的高龄老人在所有服务项目上的知晓情况都好于丧偶高龄老人，但差异不大。分析显示，已婚的有照料需求的高龄老人在健康教育、助餐服务、上门做家务、助浴服务、上门看病、日间照料、康复护理、辅具租赁、心理咨询等方面分别比丧偶高龄老人高4.8、4.1、4.0、1.4、0.4、0.2、0.9、1.8、1.5个百分点。我们看到，已婚和丧偶的有照料需求的高龄老人在健康教育、助餐服务和上门做家务上的知

晓率差距最大，而在日间照料上的差距最小。

利用率上，已婚的有照料需求的高龄老人在绝大部分居家养老服务项目上都高于丧偶高龄老人，但二者差异不大。分析显示，已婚有照料需求的高龄老人在健康教育等六项服务上的利用率比丧偶高龄老人高。而丧偶的有照料需求的高龄老人在上门看病、康复护理、心理咨询服务等方面分别比已婚高龄老人高4.7、0.6、1.6个百分点，其中，已婚和丧偶的有照料需求的高龄老人在上门看病上的利用率差距最大，在日间照料方面的利用率差距最小。

需求率上，已婚的有照料需求的高龄老人在大部分居家养老服务项目上都超过丧偶高龄老人，但二者差别不大。分析显示，已婚的有照料需求的高龄老人在上门做家务、助餐服务、康复护理、辅具租赁、健康教育等方面分别比丧偶高龄老人高4.3、1.4、2.4、0.2、0.8个百分点。而丧偶的有照料需求的高龄老人在助浴服务、上门看病、日间照料、心理咨询方面比已婚高龄老人高1.5、2.6、1.6、2.2个百分点，其中，已婚和丧偶的有照料需求的高龄老人在上门做家务上的需求率上差距最大，在辅具租赁的需求率上差异最小。

利用差方面，已婚的有照料需求的高龄老人在绝大部分居家养老服务项目上都超过丧偶高龄老人，但差异不大。分析显示，已婚的有照料需求的高龄老人在助餐服务、助浴服务、上门做家务、上门看病、日间照料、康复护理、辅具租赁、健康教育、心理咨询等方面分别比丧偶高龄老人高3.1、0.6、2.5、5.1、0、1.5、1.4、2.2、3.1个百分点。我们看到，已婚和丧偶的有照料需求的高龄老人在上门看病方面的利用差最大，在日间照料方面的利用差最小。

需求差方面，丧偶的有照料需求的高龄老人在绝大部分居家养老服务项目上都高于已婚高龄老人，但差异并不大。分析显示，丧偶的有照料需求的高龄老人在健康教育、心理咨询、助餐服务、助浴服务、上门看病、日间照料、辅具租赁等方面分别比已婚高龄老人高4.0、3.7、2.7、2.9、3.0、1.8、1.6个百分点，而已婚的有照料需求的高龄老人只是在上门做家务、康复护理两方面比丧偶高龄老人高0.3和1.5个百分点。其中，已婚和丧偶的有照料需求的高龄老人在健康教育上的需求差距最大，在上门做家务上差距最小（见表4）。

表4 分婚姻有照料需求高龄老人对各类养老服务项目的知晓、需求、利用情况

单位：%，百分点

服务项目	知晓率		利用率		需求率		利用差		需求差	
	已婚*	丧偶	已婚	丧偶	已婚	丧偶	已婚	丧偶	已婚	丧偶
助餐服务	12.4	8.3	2.5	1.5	17.1	15.7	9.9	6.8	4.7	7.4
助浴服务	5.4	4.0	1.8	1.0	11.8	13.3	3.6	3.0	6.4	9.3
上门做家务	16.0	12.0	5.9	4.4	24.2	19.9	10.1	7.6	8.2	7.9
上门看病	29.5	29.1	17.8	22.5	51.8	54.4	11.7	6.6	22.3	25.3
日间照料	12.7	12.5	3.6	3.4	19.9	21.5	9.1	9.1	7.2	9.0
康复护理	8.9	8.0	1.0	1.6	21.5	19.1	7.9	6.4	12.6	11.1
辅具租赁	6.1	4.3	1.3	0.9	7.1	6.9	4.8	3.4	1.0	2.6
健康教育	15.6	10.8	6.1	3.5	10.6	9.8	9.5	7.3	-5.0	-1.0
心理咨询	10.8	9.3	2.3	3.9	12.8	15.0	8.5	5.4	2.0	5.7

＊注：因为未婚和离婚需要照料的高龄老人很少，本文只分析了已婚和丧偶的需要照料的高龄老人。

3. 居家养老服务在知晓、利用和需求上的受教育程度差异

知晓率方面，总体看，随着受教育程度的提高，有照料需求的高龄老人对各项居家养老服务项目的知晓率越来越高。分析显示，有照料需求的文盲高龄老人对各项服务的知晓率是最低的，如日间照料，有照料需求的初中以上的高龄老人的知晓率分别比文盲和小学的高龄老人高15.8和13.1个百分点。但受教育程度在初中以上的有照料需求的高龄老人，除上门看病外（有照料需求的小学高龄老人的知晓率比初中以上高龄老人高1.9个百分点），各项居家养老服务的知晓率都是最高的，如心理咨询，有照料需求的初中以上高龄老人的知晓率为20.1%，分别比文盲和小学的高龄老人高13.4和8.8个百分点。

利用率方面，总体上也是受教育程度越高的有照料需求的高龄老人对各项服务的利用率越高。分析显示，有照料需求的初中以上高龄老人在助餐服务、助浴服务、上门做家务、日间照料、辅具租赁、健康教育等方面的利用率较高，如上门做家务，有照料需求的初中以上的高龄老人的利用率为11.1%，分别比文盲和小学的高龄老人高7.7和6.5个百分点。有照料需求的文盲高龄老人在上门做家务、日间照料、辅具租赁、健康教育等方面的利用率都是最低的，如辅具租赁，有照料需求的初中

以上的高龄老人的利用率为1.7%，分别比文盲和小学高龄老人高1.1和0.2个百分点。同时，有照料需求的文盲和小学的高龄老人在上门看病和康复护理的利用率上都高于初中以上的高龄老人，如上门看病，有照料需求的初中以上的高龄老人分别比文盲和小学的高龄老人低10.8和10.9个百分点。

需求率方面，上门做家务方面，有照料需求的高龄老人的需求率随着受教育程度的提升而提高，健康教育上，有照料需求的小学高龄老人的需求是最高的，在其他绝大部分居家养老服务项目上，随着受教育程度的提升，有照料需求的高龄老人的需求越来越低。分析显示，有照料需求的初中以上的高龄老人对助浴服务、上门看病、日间照料、康复护理、辅具租赁、心理咨询等6项服务的需求比例最小，如上门看病，有照料需求的初中以上高龄老人需求比例为39.6%，分别比文盲和小学高龄老人低17.6和12.9个百分点。但在上门做家务上，有照料需求的初中以上高龄老人的需求比例为30.4%，分别比文盲和小学高龄老人高17.6和12.9个百分点。另外，在健康教育上，有照料需求的小学高龄老人的需求比例为10.4%，分别比文盲和初中以上高龄老人高0.5和0.6个百分点（见表5）。

表5 分教育程度有照料需求高龄老人对各类养老服务项目的知晓、需求、利用情况

单位：%

服务项目	知晓率			利用率			需求率		
	文盲	小学	初中以上	文盲	小学	初中以上	文盲	小学	初中以上
助餐服务	6.0	9.6	24.6	1.6	1.2	4.4	15.6	15.6	20.2
助浴服务	3.4	4.2	9.7	1.3	0.6	2.8	13.4	12.2	11.9
上门做家务	10.1	12.0	29.0	3.4	4.6	11.1	19.4	20.6	30.4
上门看病	27.4	32.5	30.6	22.5	22.6	11.7	57.2	52.5	39.6
日间照料	9.7	12.4	25.5	2.3	4.5	6.2	21.6	20.8	19.1
康复护理	6.1	7.6	19.3	1.2	2.5	1.1	20.6	19.8	18.0
辅具租赁	3.4	5.4	10.2	0.6	1.5	1.7	7.4	6.6	5.9
健康教育	8.1	14.4	26.5	3.0	6.5	6.7	9.9	10.4	9.8
心理咨询	6.7	11.3	20.1	3.0	4.6	3.9	14.6	14.4	13.0

利用差方面，随着受教育程度的提高，有照料需求的高龄老人对各项居家养老服务项目的利用差也越来越高，有照料需求的文盲和小学的高龄

老人的利用差均在 10 个百分点以下，而有照料需求的初中以上高龄老人的需求差绝大部分在 16 个百分点以上。分析显示，有照料需求的文盲和小学高龄老人的利用差最大的分别为日间照料和上门看病，分别为 7.4 和 9.9 个百分点，但有照料需求的初中以上高龄老人最大利用差为助餐服务，为 20.2 个百分点。另外，有照料需求的初中以上高龄老人各项服务的利用差都最大，如上门看病，有照料需求的初中以上高龄老人利用差为 18.9 个百分点，分别比文盲和小学高龄老人高 14 和 9 个百分点。

需求差方面，随着受教育程度的提升，有照料需求的高龄老人对各项居家养老服务项目的需求差在逐渐减小。有照料需求的文盲高龄老人的需求差均为正值，需求满足性差，而有照料需求的初中以上高龄老人的需求差大部分为负值，需求满足过剩。分析显示，有照料需求的文盲高龄老人中，需求最没有得到满足的是上门看病，接近 30 个百分点，另外，日间照料、康复护理、助浴服务也都在 10 个百分点以上。对于有照料需求的初中以上的高龄老人，除助浴服务、上门做家务和上门看病没有得到有效满足外，其他的均为供给过度，特别是健康教育，供给比需求高 16.7 个百分点。另外，受教育程度越高，有照料需求的高龄老年人的需求满足程度越高，如日间照料，有照料需求的初中以上高龄老人分别比文盲和小学高龄老人高 18.3 和 14.8 个百分点（见表 6）。

表 6　分教育程度有照料需求高龄老人对各类养老服务项目的利用差和需求差情况

单位：百分点

服务项目	利用差			需求差		
	文盲	小学	初中以上	文盲	小学	初中以上
助餐服务	4.4	8.4	20.2	9.6	6.0	-4.4
助浴服务	2.1	3.6	6.9	10.0	8.0	2.2
上门做家务	6.7	7.4	17.9	9.3	8.6	1.4
上门看病	4.9	9.9	18.9	29.8	20.0	9.0
日间照料	7.4	7.9	19.3	11.9	8.4	-6.4
康复护理	4.9	5.1	18.2	14.5	11.8	-1.3
辅具租赁	2.8	3.9	8.5	4.0	1.2	-4.3
健康教育	5.1	7.9	19.8	1.8	-4.0	-16.7
心理咨询	3.7	6.7	16.2	7.9	3.1	-7.1

4. 居家养老服务在知晓、利用和需求上的经济状况差异

知晓率方面，总体趋势是自评经济状况越好的有照料需求的高龄老人对各项居家养老服务项目的知晓率越高。分析显示，有照料需求的经济状况宽裕的高龄老人，除对辅具租赁和助浴服务的知晓率在8%以下外，对其他各项服务的知晓率都在13%以上，尤其是上门看病、上门做家务、日间照料和健康教育，均在20%以上。而有照料需求的经济状况困难的高龄老人，除对上门看病的知晓率接近30%外，对其他各项服务的知晓率均在8%以下。另外，经济状况越差的高龄老人对助餐服务、助浴服务等八项服务项目的知晓率越低，如助餐服务，经济状况困难的高龄老人分别比经济状况宽裕和够用的高龄老人低12.9和7.2个百分点。

利用率方面，绝大部分服务上，有照料需求的经济条件宽裕的高龄老人利用率最高，有照料需求的经济条件困难的高龄老人利用率最低。分析显示，有照料需求的经济宽裕的高龄老人在各项养老服务的利用率上均在1.9%以上，其中，上门看病、上门做家务、健康教育都在7%以上，而有照料需求的经济困难的高龄老人利用率除上门看病外，其他服务利用率均在4%以下，尤其是助餐服务、助浴服务和辅具租赁的利用率均在1%以下。另外，在助餐服务、助浴服务、上门做家务、日间照料、康复护理、辅具租赁、健康教育方面，有照料需求的经济条件宽裕的高龄老人利用率最高，经济条件困难的高龄老人利用率最低，如上门做家务，有照料需求的经济困难的高龄老人分别比宽裕和够用的高龄老人低5.2和2.4个百分点。上门看病方面，有照料需求的经济困难的高龄老人的利用率最高，分别比经济宽裕和够用高龄老人高6.6和5.6个百分点。最后，心理咨询上，有照料需求的经济够用的高龄老人利用率最高，为4.9%，分别比宽裕和困难高龄老人高1.7和2.9个百分点。

需求率方面，除上门做家务外，有照料需求的经济困难的高龄老人对各项居家养老服务项目的需求都是最高的，而有照料需求的经济条件宽裕的高龄老人对大多数各项养老服务项目需求都是最低的。分析显示，有照料需求的经济困难的高龄老人在多项居家养老服务的需求上都是最高的，其中上门看病的需求最高，超过60%，而上门做家务、日间照料和康复护理的需求也在22%以上，对于有照料需求的经济宽裕的高龄老人来讲，除对助餐服务的需求比有照料需求、经济够用的高龄老人高0.1个百分点，

对上门做家务的需求分别比经济困难和够用的高龄老人高 0.3 和 2.2 个百分点外，对其他各项服务需求都是最低的，其中，对助浴服务、辅具租赁和健康教育的需求均在 10% 以下，其最高需求（上门看病）也只是在40.3%。另外，有照料需求的高龄老人在助浴服务、上门看病、日间照料、康复护理等方面的服务需求是随着经济条件的恶化而需求增高的，如康复护理，有照料需求的经济困难的高龄老人的需求分别比宽裕和够用的高龄老人高 8.3 和 5.4 个百分点（见表 7）。

表 7 分经济状况有照料需求高龄老人对各类养老服务项目的知晓、需求、利用情况

单位：%

服务项目	知晓率			利用率			需求率		
	宽裕	够用	困难	宽裕	够用	困难	宽裕	够用	困难
助餐服务	17.2	11.5	4.3	3.8	2.3	0.7	15.6	15.5	17.6
助浴服务	7.1	4.8	3.2	3.2	1.2	0.7	9.9	12.0	15.2
上门做家务	24.4	14.7	7.3	8.2	5.4	3.0	22.5	20.3	22.2
上门看病	32.9	28.7	28.8	18.1	19.1	24.7	40.3	51.4	61.5
日间照料	21.3	13.8	7.8	4.5	3.8	2.7	18.1	19.4	24.5
康复护理	13.8	9.5	5.1	1.9	1.7	1.2	15.5	18.4	23.8
辅具租赁	6.5	5.7	3.2	1.9	1.4	0.2	5.4	5.9	9.0
健康教育	21.4	13.9	7.5	7.7	4.7	3.2	9.3	9.5	11.1
心理咨询	13.8	12.1	5.6	3.2	4.9	2.0	12.8	13.5	16.2

从利用差看，随着经济状况的恶化，有照料需求的高龄老人的利用差逐渐减小。有照料需求的经济宽裕的高龄老人在所有项目上的利用差都是最大的，相反，有照料需求的经济困难的高龄老人在各项目上的利用差都是最小的。分析显示，有照料需求的经济宽裕的高龄老人中，各项老年服务项目的利用差都是最高的，除助浴服务和辅具租赁的利用差在 5 个百分点以下外，其他各项服务的利用差都在 10 个百分点以上，尤其是上门做家务、上门看病和日间照料，利用差都超过 14 个百分点。但对有照料需求的经济困难的高龄老人来讲，各项服务利用差均是最低的，在 6 个百分点以下，尤其是助浴服务还不到 3 个百分点。随着经济状况的恶化，有照料需求的高龄老人利用差越来越小，如日间照料，有照料需求的经济困难的高龄老人的利用差分别比经济宽裕和够用的高龄老人低 11.7 和 4.9 个百分点。

从需求差看，随着经济条件的改善，有照料需求的高龄老人在各项居

家养老服务项目上的需求差渐次降低,特别是有照料需求的经济宽裕的高龄老人在绝大部分服务中需求差为负值,而有照料需求的经济困难的高龄老人的各项服务需求差均为正值。分析显示,有照料需求的经济困难的高龄老人在各项服务上的需求差都是最大的,除辅具租赁和健康教育的需求差在6个百分点以下外,其他各项服务的需求差均在10个百分点以上,尤其是上门看病的需求差超过30个百分点,其次是上门做家务、日间照料和康复护理,需求差也在14个百分点以上。对有照料需求的经济宽裕的高龄老人来讲,在助餐服务、上门做家务、日间照料、辅具租赁、健康教育、心理咨询等方面需求差不仅最小,还都是负数,说明这些方面的居家养老服务项目存在供大于求的情况。另外,随着经济条件的恶化,有照料需求的高龄老人的需求差均不断上升,如康复护理,有照料需求的经济困难的高龄老人的需求差为18.7个百分点,分别比经济宽裕和够用的高龄老人高17和9.8个百分点。

表8 分经济状况有照料需求高龄老人对各类养老服务项目的利用差和需求差情况

单位:百分点

服务项目	利用差			需求差		
	宽裕	够用	困难	宽裕	够用	困难
助餐服务	13.4	9.2	3.6	-1.6	4.0	13.3
助浴服务	3.9	3.6	2.5	2.8	7.2	12.0
上门做家务	16.2	9.3	4.3	-1.9	5.6	14.9
上门看病	14.8	9.6	4.1	7.4	22.7	32.7
日间照料	16.8	10.0	5.1	-3.2	5.6	16.7
康复护理	11.9	7.8	3.9	1.7	8.9	18.7
辅具租赁	4.6	4.3	3.0	-1.1	0.2	5.8
健康教育	13.7	9.2	4.3	-12.1	-4.4	3.6
心理咨询	10.6	7.2	3.6	-1.0	1.4	10.6

(三)社区养老服务供给、利用和需求的地区差异

1. 居家养老服务在供给、利用和需求上的城乡差异

知晓率方面,除上门看病外,有照料需求的城镇高龄老人在绝大部分居家养老服务项目上高于农村高龄老人,并且二者差异较大。分析显示,

有照料需求的城镇高龄老人对上门看病的知晓率比农村高龄老人低10.5个百分点，其他各项居家养老服务项目均高于农村高龄老人，如有照料需求的城镇高龄老人在助餐服务、助浴服务、上门做家务、日间照料、康复护理、辅具租赁、健康教育、心理咨询方面的知晓率分别比农村高龄老人高12.3、3.4、14.4、10.1、8.8、6.3、11.9、7.7个百分点，其中，上门做家务方面城乡差距最大，而助浴服务方面城乡差距最小。

利用率方面，有照料需求的城镇高龄老人在绝大部分居家养老服务项目的利用上均高于农村，但二者差异不大。分析显示，在助餐服务、助浴服务、上门做家务、日间照料、康复护理、辅具租赁、健康教育等方面，有照料需求的城镇高龄老人的利用率分别比农村高龄老人高1.9、0.9、4.2、1.1、0.2、1.5、0.7个百分点。而在上门看病和心理咨询方面，有照料需求的农村高龄老人分别比城镇高龄老人高18.5和1个百分点。

需求率方面，有照料需求的农村高龄老人在绝大部分居家养老服务项目需求上都高于城镇高龄老人；除上门看病外，二者差异比较小。分析显示，在助浴服务、上门看病、日间照料、康复护理、辅具租赁、健康教育、心理咨询等方面，有照料需求的农村高龄老人的需求比例分别比城镇高龄老人高1、21.6、3.9、4.2、1.7、2.8、3.1个百分点。但是，在助餐服务和上门做家务方面，有照料需求的农村高龄老人分别比城镇高龄老人低1.6和3.9个百分点。

利用差方面，有照料需求的城镇高龄老人在各项居家养老服务利用差上都明显高于农村高龄老人，且二者差异较大。分析显示，有照料需求的城镇高龄老人在助餐服务、助浴服务、上门做家务、上门看病、日间照料、康复护理、辅具租赁、健康教育、心理咨询等方面分别比农村高龄老人高10.4、2.5、10.2、8、9、8.6、4.8、11.2、8.7个百分点。其中，在助餐服务、上门做家务、健康教育等方面的利用差都在10个百分点以上，在上门看病、日间照料、康复护理、心理咨询等方面的利用差也都在8个百分点以上。这说明相对于农村，有照料需求的城镇高龄老人的各项养老服务的利用效率都比较低。

需求差方面，有照料需求的农村高龄老人在各项居家养老服务项目上的需求差均高于城镇高龄老人，且差异较大。分析显示，有照料需求的城镇高龄老人在辅具租赁、健康教育和心理咨询等方面的需求差为负值，说明这几项的供给超过高龄老人的需求。有照料需求的农村高龄老人在上门看病上的需求差超过了 30 个百分点，并且，除辅具租赁和健康教育的需求差在 7 个百分点以下外，其他服务的需求差也都超过 10 个百分点，这说明，对于有照料需求的农村高龄老人而言，他们在这些方面的需求满足程度非常低。在城镇，有照料需求的高龄老人的需求差比较大的是上门看病，接近 20 个百分点，其他方面的需求差都在 7 个百分点以下。最后，在所有居家养老服务项目上，有照料需求的城镇高龄老人的需求差都低于农村高龄老人，如健康教育，有照料需求的农村高龄老人的需求差比城镇高龄老人高 14.7 个百分点，说明有照料需求的农村高龄老人在养老服务的需求满足程度上尚有很大提升空间。

表 9 分城乡有照料需求高龄老人对各类养老服务项目的知晓、需求、利用情况

单位：%，百分点

服务项目	知晓率		利用率		需求率		利用差		需求差	
	城镇	农村	城镇	农村	城镇	农村	城镇	农村	城镇	农村
助餐服务	15.1	2.8	2.7	0.8	16.9	15.3	12.4	2.0	1.8	12.5
助浴服务	6.0	2.6	1.7	0.8	12.4	13.4	4.3	1.8	6.4	10.8
上门做家务	19.7	5.3	6.7	2.5	23.0	19.1	13.0	2.8	3.3	13.8
上门看病	24.7	35.2	12.9	31.4	43.8	65.4	11.8	3.8	19.1	30.2
日间照料	17.2	7.1	4.0	2.9	19.3	23.2	13.2	4.2	2.1	16.1
康复护理	12.3	3.5	1.7	1.5	18.0	22.2	10.6	2.0	5.7	18.7
辅具租赁	7.7	1.4	1.7	0.2	6.2	7.9	6.0	1.2	-1.5	6.5
健康教育	17.8	5.9	4.8	4.1	8.8	11.6	13.0	1.8	-9.0	5.7
心理咨询	13.3	5.6	3.2	4.2	12.9	16.0	10.1	1.4	-0.4	10.4

2. 居家养老服务在知晓、利用和需求上的区域差异

知晓率方面，总体而言有照料需求的东部和东北地区的高龄老人对各项居家养老服务项目的知晓率较高，有照料需求的中西部地区高龄老人对各项居家养老服务项目的知晓率较低。分析显示，在东部地区，有照料需求的高龄老人除上门看病不是最高外，其他各项居家养老服务项目的知晓率都是最高的，并且，除助浴服务和辅具租赁的知晓率在 7% 及以下外，其他各项居家养老服务项目的知晓率均在 11% 以上。如上门做家务，有照料需求的东部地区高龄老人的知晓率为 19.9%，分别比中部、西部和东北

地区高龄老人高11.7、9.2、8.8个百分点。其次是有照料需求的东北地区高龄老人的知晓率也比较高,并且,除了助餐服务、助浴服务、辅具租赁和心理咨询的知晓率在8%以下外,其他各项居家养老服务项目的知晓率均在10%以上,如在东北地区,有照料需求的高龄老人除了心理咨询的知晓率最低外,其他均超过中部或西部地区的高龄老人,如日间照料,有照料需求的东北地区高龄老人的知晓率为13%,比东部地区高龄老人低2.9个百分点,但比中部和西部地区高龄老人高2.6和1.4个百分点。再有,在中部地区,有照料需求的高龄老人除了对上门看病的知晓率最高外,对助餐服务、上门做家务、日间照料、健康教育的知晓率都是最低的;同样,西部地区,有照料需求的高龄老人对助浴服务、上门看病、康复护理、辅具租赁的知晓率都是最低的。更为重要的是,在所有的居家养老服务项目中,中部地区有6项、西部地区有5项服务的知晓率在10%以下,如中部地区有照料需求的高龄老人在助餐服务上的知晓率分别比东部、西部和东北地区的高龄老人低10.8、3.5和3.2个百分点。

利用率方面,除上门看病之外,有照料需求的高龄老人对各项居家养老服务项目的利用率普遍不高,其中,有照料需求的东部地区和中部地区高龄老人对各项居家养老服务项目的利用率较高,有照料需求的西部和东北部地区的高龄老人对居家养老服务项目的利用率较低。分析显示,在东部地区,除上门看病、辅具租赁和心理咨询的利用率较低之外,有照料需求的高龄老人对其他各项居家养老服务项目的利用率都是最高的,如上门做家务,东部地区高龄老人的利用率为7.6%,分别比中部、西部和东北的高龄老人高4.6、3.3、5.2个百分点。在中部地区,有照料需求的高龄老人对上门看病和辅具租赁的利用率最高。在西部地区,有照料需求的高龄老人对助餐服务、助浴服务、上门看病、日间照料、康复护理等服务的利用率都是最低的,如康复护理,分别比东部、中部地区低2.1、2个百分点。同样,在东北地区,有照料需求的高龄老人对各项居家养老项目的利用率都是最低的,如上门做家务,有照料需求的东北地区高龄老人的利用率为2.4%,分别比东部、中部、西部地区的高龄老人利用率低5.2、0.6、1.9个百分点。

需求率方面,有照料需求的高龄老人对上门看病的需求都比较高,超过50%,另外,有照料需求的中部和西部地区高龄老人的需求比较高,而东部和东北地区高龄老人的需求比较低。分析显示,在中部地区,有照料需求的高龄老人对助浴服务、日间照料、康复服务等服务需求最高,如日间照料,有照料需求的中部地区高龄老人的需求为23.7%,分别比东部、西部和东北地区的高龄老人高2.6、5.1、5.6个百分点。在西部地区,有照料需求的高龄老人对上门看病、健康教育、心理咨询等服务的需求都是最高的,只有助浴服务和上门做家务的需求是最低的。如心理咨询,有照料需求的西部地区高龄老人的需求为15.7%,分别比东部、中部和东北地区的高龄老人高2.4、1.3、6个百分点。在东部地区,有照料需求的高龄老人对助餐服务和上门做家务的需求都是最高的,只有上门看病的需求是最低的,如助餐服务,有照料需求的东部地区高龄老人的需求是18.6%,分别比中部、西部和东北地区的高龄老人的需求高2.2、5、6.4个百分点。在东北地区,除辅具租赁的需求最高外,有照料需求的高龄老人对日间照料、康复护理、健康教育和心理咨询的需求都是最低的,如健康教育,有照料需求的东北地区的高龄老人的需求率为7.8%,分别比东部、中部和西部地区的高龄老人低0.7、3.3、3.8个百分点(见表10)。

表10 分区域有照料需求高龄老人对各类养老服务项目的知晓、需求、利用情况

单位:%

服务项目	知晓率				利用率				需求率			
	东部	中部	西部	东北	东部	中部	西部	东北	东部	中部	西部	东北
助餐服务	15.3	4.5	8.0	7.7	3.0	1.7	1.3	—	18.6	16.4	13.6	12.2
助浴服务	6.6	3.9	2.8	3.3	2.1	1.3	0.7	—	13.4	14.5	11.1	11.5
上门做家务	19.9	8.2	10.7	11.1	7.6	3.0	4.3	2.4	24.7	20.7	17.8	18.9
上门看病	30.0	35.8	23.2	24.7	20.4	27.2	16.7	16.7	50.0	55.2	56.5	50.3
日间照料	15.9	10.4	11.6	13.0	4.7	4.6	2.3	—	21.1	23.7	18.6	18.1
康复护理	12.0	6.1	5.3	10.9	2.4	2.3	0.3	—	19.1	22.3	19.2	16.2
辅具租赁	7.0	4.5	2.5	5.5	1.4	2.0	—	—	6.3	8.1	6.6	8.7
健康教育	14.8	9.5	14.1	11.2	5.6	4.6	4.3	1.2	8.5	11.0	11.6	7.8
心理咨询	11.2	10.0	9.7	7.8	3.5	5.3	3.0	1.2	13.3	14.4	15.7	9.7

利用差方面,有照料需求的东部和东北地区高龄老人的各项居家养老服务的利用差较高,尤其是东部地区更是如此,而中西部地区各项服务利用差较低。分析显示,在东部地区,除了日间照料、康复护理和健康教育的利用差较低一点之外,有照料需求的高龄老人对其他各项居家养老服务项目的利用差都最大,如助餐服务,有照料需求的东部地区的高龄老人的

利用差为 12.3 个百分点，分别比中部、西部和东北地区的高龄老人高 9.5、5.6、4.6 个百分点。在东北地区，有照料需求的高龄老人对日间照料、康复护理、健康教育的利用差均是最高，其他各项服务的利用差也比较高。如日间照料，有照料需求的东北地区高龄老人的利用差为 13 个百分点，分别比东部、中部和西部的高龄老人高 1.8、7.2、3.7 个百分点。而在中部地区，有照料需求的高龄老人对助餐服务、上门做家务、日间照料、康复护理、辅具租赁、健康教育和心理咨询等服务的利用差都是最低的，如心理咨询，有照料需求的中部地区高龄老人的利用差为 4.7 个百分点，分别比东部、西部和东北地区的高龄老人低 3、2、1.9 个百分点，同样，在西部地区，有照料需求的高龄老人对助浴服务、上门看病、辅具租赁的利用差也是最低的，如上门看病，有照料需求的西部地区高龄老人的利用差为 6.5 个百分点，分别比东部、中部和东北地区高龄老人低 3.1、2.1、1.5 个百分点。

需求差方面，有照料需求的高龄老人对上门看病的需求差普遍较大，超过 19 个百分点，具体看，有照料需求的中西部地区高龄老人的需求差较大，东部和东北地区的高龄老人的需求差较小，值得注意的是东部、西部和东北地区的高龄老人还存在有些服务项目供大于求的现象。分析显示，在中部地区，除上门看病、辅具租赁和心理咨询的需求差较低之外，有照料需求的高龄老人对其他各项居家养老服务的需求差都最大，如助餐服务，有照料需求的中部地区高龄老人的需求差为 11.9 个百分点，分别比东部、西部和东北地区的高龄老人高 8.6、6.3、7.4 个百分点。在西部地区，有照料需求的高龄老人对上门看病、辅具租赁和心理咨询的需求差都是最高的，其他不少居家养老服务项目的需求差也比较高；如心理咨询，有照料需求的西部地区高龄老人的需求差为 6 个百分点，分别比东部、中部和东北地区的高龄老人高 3.9、1.6、4.1 个百分点。而在东部地区，有照料需求的高龄老人对助餐服务、助浴服务、上门做家务、辅具租赁、健康教育的需求差最小。如助浴服务，有照料需求的东部地区的高龄老人的需求差为 6.8 个百分点，分别比中部、西部和东北地区的高龄老人低 3.8、1.5、1.4 个百分点。同样，在东北地区，有照料需求的高龄老人对日间照料、康复护理和心理咨询的需求差也是最低的，如日间照料，有照料需求的东北地区的高龄老人的需求差为 5.1 个百分点，分别比东部、中部和西部的高龄老人低 0.1、8.2、1.9 个百分点（见表 11）。

表 11　分区域有照料需求高龄老人对各类养老服务项目的利用差和需求差情况

单位：百分点

服务项目	利用差				需求差			
	东部	中部	西部	东北	东部	中部	西部	东北
助餐服务	12.3	2.8	6.7	7.7	3.3	11.9	5.6	4.5
助浴服务	4.5	2.6	2.1	3.3	6.8	10.6	8.3	8.2
上门做家务	12.3	5.2	6.4	8.7	4.8	12.5	7.1	7.8
上门看病	9.6	8.6	6.5	8.0	20.0	19.4	33.3	25.6
日间照料	11.2	5.8	9.3	13.0	5.2	13.3	7.0	5.1
康复护理	9.6	3.8	5.0	10.9	7.1	16.2	13.9	5.3
辅具租赁	5.6	2.5	2.5	5.5	-0.7	3.6	4.1	3.2
健康教育	9.2	4.9	9.8	10.0	-6.3	1.5	-2.5	-3.4
心理咨询	7.7	4.7	6.7	6.6	2.1	4.4	6.0	1.9

四　结论和建议

对有照料需求的高龄老人来讲，总体上呈现服务需求大于服务供给、服务供给大于服务利用的态势。这说明我国未来仍要大力发展居家养老服务，加强各项养老服务供给，同时，政府、社会、组织也要引导老年人积极利用各项养老服务。为此，需要重点做好两方面的工作：第一，养老服务宣传做到服务到家，打通服务"最后一公里"。目前，基层组织通过各种形式积极发展为老服务，但宣传上，一些最需要服务的群体往往成为被忽视的对象，个中原因在于这些有照料需求的高龄老人经常待在家里，和外界很少交往，他们的需求不能有效反映给居委会或村委会。因此，基层组织开展养老服务宣传时，可制作简单宣传册，派专人送到有照料需要的高龄老人家中，这样，既保证了宣传的有效性，也加深了与服务对象的关系。第二，服务质量上做好入口、过程和结果的监督，保证服务使用者有较高满意度。近年来，越来越多养老服务实行政府购买，因此，基层政府要加强对服务供给的监督，包括对服务组织准入的筛选、过程的监督和结果的评价，对服务质量和服务态度不好的供应商采取退出机制甚至惩戒措施。

另外，各项养老服务的供给、需求、利用结构存在明显差异，有照料需求的高龄老人对上门看病需求最大，其次是康复护理、上门做家务和日间照料，对老年辅具用品租赁和助浴服务需求比较低。虽然高龄老人需求较高的项目供给率相对较高，但相对于高龄老人需求满足程度，上门看病和康复护理还有很大差距，日间照料、上门做家务、助餐服务和助浴服务也如此。因此，在养老服务供给上，目前亟待大力发展上门看病、康复护理、日间照料、上门做家务、助餐服务和助浴服务。首先，上门看病服务需政府承担，加强基层服务能力、服务设施和药品供给。笔者在基层走访时，发现不少地方特别是农村和西部地区基层，在上门为老服务方面存在多种困难，如交通问题，为此，可以给予这些地区配置交通工具，或给予交通补贴。再如基层缺乏全科医生，现有医生学历水平低，人员少，上门服务不现实，为此，可让上级医院医生下沉，或高校医学专业学生在实习时服务基层，提升基层服务能力。还有，基层药品缺乏也是目前存在的突出问题，基层医疗点药品品种非常少，难以满足社区人口基本服务需求，为此，可增加基层医疗服务药品供应。另外，对康复护理、日间照料等服务，可采取政府购买等形式，但要在购买过程中加强准入审核、监督和反馈。最后，大力打造"互联网+养老服务"模式，加强智慧养老建设，提供精准服务。随着互联网的发展，基层政府可搭建养老服务供需平台，将高龄老人服务需求和提供的服务发布在平台上，让有需求的高龄老人及其子女能够详细了解服务的类型、质量、价格、距离、时间等，实现服务供给和需求的有效对接。

在群体方面，除性别外，年龄、婚姻、受教育程度和经济状况都影响居家养老服务的均等化实施。有照料需求的丧偶高龄老人的服务需求满足程度低于有照料需求的已婚高龄老人；有照料需求的高龄老人对各项居家养老服务的知晓率和利用率高，但他们对服务的利用效率低，需求没有得到有效满足。受教育程度高或经济条件好的有照料需求的高龄老人对各项服务的知晓率和利用率高，利用效率低，服务满足程度高，受教育程度低或经济困难的高龄老人成为被忽视群体。因此，政府和社会要加大对有照料需求的丧偶、受教育程度低、经济困难的高龄老人的服务力度。服务供给方面，要关注这些群体的切实需求；服务利用方面，政府免费提供的服务项目要力求让这些弱势群体详细了解，对从市场购买的服务项目，要对这些高龄老人进行服务补贴，让他们能够享受到基本服务。

最后，在地区层面的养老服务的供给、利用等方面也存在显著差异，有照料需求的城镇高龄老人对各项居家养老服务的知晓率、利用率都高于农村，有照料需求的农村高龄老人对各项服务的需求不仅高于城镇高龄老人，而且他们的有效需求的满足程度还远远低于城镇高龄老人。有照料需求的东部地区的高龄老人对各项服务的知晓率较高、供给率较高，但有照料需求的中西部地区的高龄老人对各养老服务项目的知晓率低、需求大，满足程度较低，有照料需求的西部地区和东北地区的高龄老人对各项养老服务的利用效率比较低，甚至存在一定的浪费现象。因此，从地区层面看，农村和中西部地区的养老服务建设需要加强。众所周知，中西部地区是中青年人口的主要流出地，老年家庭照料资源缺乏，因此，对居家养老资源的需求更加迫切，加快、加强中西部地区尤其是农村地区的居家养老服务建设应是当前中西部地区养老体系完善的重要任务，但中西部地区受经济发展的限制，政府应加大财政投入力度，同时吸引社会资本参与进来。具体而言，农村要大力发展上门看病、康复护理、心理咨询、日间照料、上门做家务和助餐服务，中部地区大力发展助餐服务、助浴服务、上门做家务、日间照料服务，西部地区大力发展上门看病、康复服务、辅具租赁、健康教育、心理咨询服务。

政策研究

北京市公办养老机构转制政策、实践与建议

王莉莉[*]

摘　要： 照护服务是影响老年人晚年生活质量的一个重要方面。"十二五"以来，我国老年人照护服务快速发展，特别是其中的机构养老服务，在供给主体、供给方式、服务内容等方面都有了突出的进展。但在机构养老服务发展过程中，公办与民办养老机构的"双轨制"发展问题一直是制约我国老龄服务市场健康发展的突出因素。2014年，为了进一步推动老龄服务市场的健康发展，国家开始大力推进公办养老机构转制进程。本文以北京市公办养老机构转制试点为研究对象，深入分析了北京市公办养老机构转制的主要做法及经验，并针对目前转制过程中的突出问题，提出了相关建议，以期为科学推进公办养老机构转制、更好利用公共养老服务资源、丰富养老服务市场供给、更好满足老年人的照护服务需求提供相关借鉴。

关键词： 公办养老机构　转制　北京

一　研究背景

照护服务是影响老年人晚年生活质量的一个重要方面。在我国人口老龄化快速发展的过程中，老年人，特别是高龄老年人和失能老年人的照护需求迅速提高。国家统计局数据显示，2018年底，我国60岁及以上老年

---

[*] 王莉莉，博士，中国老龄科学研究中心老龄经济与产业研究所副所长、研究员，研究方向为老龄服务、老龄产业、老龄政策。

人口规模已达 2.49 亿，老龄化水平达到 17.9%，且失能与高龄老年人规模不断扩大。传统的中国社会，家庭是满足老年人所有需求的主要来源。但随着工业化社会的发展，家庭结构开始发生变迁，家庭规模不断缩小，代际关系也在发生改变，依靠家庭来满足老年人的照护需求开始面临越来越多的困难。党和国家高度重视老龄服务事业和产业的发展，大力推进机构养老服务业的发展，养老服务机构得以迅速增加，较好地满足了老年人的照护服务需求，提高了老年人的生命生活质量[1]。但由于我国养老服务体系发展较晚，在服务模式的提供上政府依然占据主导地位，公办养老机构与民办养老机构"双轨制"运行的矛盾长期存在，公办养老机构效率不高、供需失衡、服务群体界定不明，公共养老服务资源使用过多等问题也不断凸显，不仅不能公平、公正地利用公共养老服务资源，还挤占了民办养老机构的发展空间，在一定程度上影响了老龄服务市场的健康发展[2]。

2013 年 9 月，国务院下发了《关于加快发展养老服务业的若干意见》（国发〔2013〕35 号），明确提出了要"开展公办养老机构改制试点"，同年 12 月，民政部下发了《关于开展公办养老机构改革试点工作的通知》（民函〔2013〕369 号），正式开启了我国公办养老机构转制的步伐。为了进一步了解我国公办养老机构的转制实践，本文选取了老龄服务事业与产业都发展较快的北京市为例，深入分析了北京市公办养老机构转制的主要做法及经验，并针对目前转制过程中的突出问题，提出了相关建议，以期对推进我国公办养老机构的转制进程、满足老年人多样化的老龄服务需求、提高老年人晚年生活质量提供研究借鉴。

二 北京市公办养老机构转制政策情况

北京市是我国人口老龄化和老龄服务业发展较快的省市之一。相关统计数据显示，2015 年底北京市户籍人口老龄化水平已高达 23.4%。面对迅速发展的人口老龄化趋势，北京市高度重视老龄服务事业与老龄服务产业的发展，积极引导和发挥社会资本的作用，积极推动公办养老机构转制改

---

[1] 党俊武：《老龄社会的革命》，人民出版社，2015，第 32~41 页。
[2] 吴玉韶、王莉莉：《中国养老机构发展研究报告》，华龄出版社，2015，第 56~61 页。

革的进程。截至 2015 年，北京市共有 223 家公办养老机构，床位数 2.8 万张。2015 年之后，北京市积极推动公办养老机构转制改革的进程，积极探索公办养老机构管理体制与运行机制的改革创新，出台了一系列相关文件，规范与引导公办养老机构的改革转制工作。

（一）转制政策情况

为了进一步加快北京市的老龄服务业发展，2016 年，北京市出台了《关于加快推进养老服务业发展的意见》，明确提出要"推进政府办养老机构改革"，明确政府举办的养老机构主要发挥托底保障作用，重点服务对象为"三无""五保"老人以及经济困难的失能老年人、半失能老年人等，主要服务内容为"基本的供养、护理服务"。同时要求"制定社会资本运营公有产权养老服务设施管理办法"，"开展综合改革试点"。在此文件推动下，北京市开始加快制定公办养老机构转制的相关政策文件，于 2014 年率先发布了北京市地方标准《养老机构老年人健康评估规范》，并在此后先后出台了《关于深化公办养老机构管理体制改革的意见》《北京市公办养老机构入住评估管理办法》《北京市公办养老机构收费管理暂行办法》《北京市养老机构公建民营实施办法》《特殊家庭老年人通过代理服务入住养老机构实施办法》等，对公办养老机构的分类、定位、服务对象、入住程序、定价机制、公建民营等关键改革内容提出了明确要求。

（二）主要政策内容

1. 公办养老机构的机构定位与分类

公办养老机构的定位。北京市首先明确了公办养老机构的机构定位，即要发挥保障、基础性作用，要承担政府的托底保障职能，并根据行政级别确定了街道（乡镇）属、区县属、市属公办养老机构分层、分类保障服务对象养老服务需求的分层统筹保障体系和分类协作服务机制。

公办养老机构的分类。根据所有权与运营权的关系，北京市将公办养老机构分为三类：公办公营、公办民营和公建民营。其中，公办公营养老机构是指政府既拥有养老机构的所有权，又拥有养老机构的运营权；公办民营养老机构是政府拥有养老机构的所有权，并且养老机构已经投入运营，但其运营权可以通过委托、承包等方式交给企业或社会组织；公建民营则是指政府拥有养老机构的所有权，且养老机构尚未投入运营，其运营权可以通过委托、承包等方式交给企业或社会组织。

2. 公办养老机构的服务对象

为了限定公办养老机构的服务对象，北京市发布的文件中明确规定了公办养老机构的三类服务对象，即：第一类为政府供养保障对象，包括农村"五保"老人和城市特困人员；第二类是困境家庭保障对象，即低收入家庭和低保家庭中高龄、失能和孤寡的老年人；第三类是优待服务保障对象，即市级以上劳模、见义勇为伤残、因公致残人员等有突出社会贡献的高龄老年人或失能老年人。这三类对象在公办养老机构传统服务对象（城市"三无"、农村"五保"老人）的基础上，兼顾考虑了年龄、身体状况、经济状况等方面的因素，即高龄、失能、低保或低收入家庭老年人的基本养老服务需求。同时，根据时代发展的现实需求，将兜底保障的对象扩大到特殊贡献人群和"失独"家庭中的失能、中高龄老年人，基本体现了公办养老机构针对重点人群（失能、高龄、低收入）和困难人群（"失独"）发挥基本养老服务的职能定位。

3. 服务对象的评估与收住

在明确了公办养老机构的职能、定位以及服务对象的基础上，北京市进一步明确和规定了对公办养老机构收住对象的评估条件、评估内容和评估标准，以及评估管理办法等。即根据北京市地方标准《养老机构老年人健康评估规范》，对老年人的自理能力进行评估，根据评估的内容和标准，将老年人分为完全自理老年人、部分自理老年人、无自理老年人三类，后两者统称为"失能"老年人。在此基础上，出台《北京市公办养老机构入住评估管理办法》，明确了公办养老机构老年人的入住程序、审核及评估内容、评估机构等具体操作事宜。通过政府购买服务、依托各区和市社会福利事务管理中心等方式，开展基本养老服务保障对象的评估与入住工作。

4. 公办养老机构转制方式

根据北京市的规定,以下两种公办养老机构可以引入社会力量:一种是政府拥有所有权并已经投入运营的养老机构;另一种是政府拥有所有权、新建且尚未投入运营的养老机构,这两种养老机构都可以通过承包、委托、联合经营的方式交给企业、社会组织或个人运营,即分别形成公办民营和公建民营两种形式。其中,对于公办公营养老机构,政策鼓励和支持其通过服务外包、服务合作等方式,通过政府购买服务,分不同项目、分不同步骤、渐进地与社会力量合作;公办(建)民营养老机构一方面可以通过向社会公开招投标;另一方面也可以直接选择品牌机构以连锁经营的方式走向市场,实现公办养老机构管理体制的改革。

为了进一步规范与推进养老机构公建民营的进程,2015年,北京市相关部门出台了《北京市养老机构公建民营实施办法》,对公建民营的定义、实施公建民营的机构类型、组织实施公建民营的责任部门、社会招投标、机构责权、监督管理等内容均做了明确规定:(1)明确界定了公建民营的机构范围主要有四类:政府主要投资、新建或购置的养老设施;政府投资、社会资本建设,政府拥有所有权的养老设施;新建居民区里面配套建设的养老设施,并且已经移交给民政部门的;利用政府其他资源的公共设施,改建而成的养老设施。(2)明确了北京市公建民营养老机构的服务对象主要包括:北京市市内高龄、失能的社会老年人和部分基本养老服务对象。(3)明确了养老机构所有权方主管部门,即各级民政部门具体负责组织实施公办养老机构的公建民营,可以采取的方式包括向社会公开招投标,或者直接选择品牌机构,通过连锁经营的方式与市场接轨。(4)明确了招标文件的内容应包括招标方案、投标须知、投标人资格评审标准、投标文件、合同文件,并具体规定了各类文件的相关内容。(5)明确了品牌机构连锁运营必须以民办非企业法人形式承接公建养老机构。(6)明确了公建民营养老机构应预留一定的床位数来保障基本养老服务对象的养老需求,这一预留比例为不低于总床位的20%。(7)明确了风险保障金和机构管理发展资金的缴纳与留存比例,以及管理与使用要求。(8)明确了公建民营养老机构的监管内容,以及合同的变更与终止条件。

5. 收费管理和价格调控机制

2015年7月，北京市民政局等相关部门出台了《北京市公办养老机构收费管理暂行办法》，对公办养老机构，包括公办公营、公办（建）民营养老机构的收费项目、定价管理、收费行为规范等做了具体要求。(1) 规定公办养老机构的收费项目主要包括膳食费、床位费、医疗护理费、生活照料费、康复服务费以及个性化服务等等。其中基本养老服务收费项目有生活照料费和床位费两项。(2) 规定公办养老机构主要接收基本养老服务对象，并且按照政府定价来为其提供基本服务。实行公办（建）民营的公办养老机构，其预留床位中接收基本养老服务对象，服务价格的收费可以由运营方和所有权方协商确定，对其他社会老年人则根据市场供需关系来确定收费标准。(3) 明确在基本养老服务项目收费相对稳定的基础上，要建立动态价格的调整机制。(4) 规范了公办养老机构，包括公办公营、公办（建）民营养老机构的收费标准调整公示制度，并对公办养老机构新定或调整收费标准做了明确要求。

三　公办养老机构转制主要经验与做法

北京市作为首都，是养老服务社会化发展较快的省份之一。截至2015年，北京市共有公办养老机构223家，公办养老机构床位数2.8万张。从公办养老机构的转制情况来看，北京市主要以区县福利中心、敬老院为转制重点，转制方式以公办（建）民营为主。截至2015年，北京市223家公办养老机构，已有101家实现了公办（建）民营，接近一半（45.3%），另外还有12家机构正在履行公办（建）民营操作程序。从北京市公办养老机构转制的经验与做法来看，主要是明确定位、完善评估、逐渐推进、整体布局"一事一议"。

（一）明确界定了公办养老机构的职能定位

对公办养老机构进行准确的职能定位是推进公办养老机构转制的首要条件。根据公共产品理论，履行公共服务职能是政府投资建设并运营公办养老机构的初衷，公办养老机构最主要的是为政府托底保障对象提供基本的兜底公共养老服务，但从目前的发展来看，公办养老机构无论是在职能定位还是在服务对象上，都明显偏离了这一根本方向。在社会福利社会化的过程当中，公办养老机构由原来的救济性向福利经营性转变，由封闭型向开放型转变，服务对象由原来的"三无""五保"等弱势老年群体扩大到各类有需求的社会老年人，并在这个过程中基于公办养老机构的设施、人员、价格等各种资源优势，逐渐成为社会"优势老年群体"的养老服务机构，这种服务对象、服务职能的偏离与错位，在一定阶段有其自身发展的合理性，但随着我们对养老机构与老龄服务业发展客观规律的不断总结与认识，科学客观地界定公办养老机构在整个养老服务体系中的职能与定位，就成为推动公办养老机构转制和整个养老服务体系健康发展的一个重要内容。北京市在其公办养老机构转制工作开展伊始，就对公办养老机构的职能定位有了一个明确的界定，明确提出公办养老机构在整个养老服务体系中有基础性、保障性作用，承担的是政府的托底保障职能，并对公办养老机构的服务对象进行了明确界定。这就回答了公办养老机构的发展走向问题，是公办养老机构转制的一个重要认识基础。

（二）完善了服务对象的分类标准与评估机制

我国公办养老机构成立之初就是政府福利服务的一个重要载体，承担着为"三无""五保"等弱势老年群体提供养老服务的重要职能，是我国社会福利事业的一项重要内容。人口老龄化的急速发展所带来的日益增长的养老服务需求，促进了我国社会福利社会化的进程，原有的福利性的公办养老机构开始进入社会化阶段，但在接收社会老人时，公办养老机构并没有一个明确的分类与评估标准，以至于在较长时间内公办养老机构的服务对象以健康、自理老年人居多，这成为公办养老机构职能错位、服务对象错位的一个突出表现。因此，北京市在公办养老机构转制过程中，在明确界定公办养老机构职能定位的基础上，将公办养老机构的服务对象明确划分为三类基本养老服务保障对象，兼顾了经济、年龄、身体健康状况等主要划分因素，基本涵盖了"三无""五保"等政府供养保障对象，经济条件较差的失能、高龄老年群体，以及其他需要政府体现优待、福利服务原则的对象等。这就进一步明晰了公办养老机构的服务对象，解决了"服务谁"的问题。同时，北京市还进一步规范了这几类基本养老服务保障对象的入住评估与管理工作，根据《养老机构老年人健康评估规范》对老年人进行自理程度的评估分类，并出台《北京市公办养老机构入住评估管理办法》，规范公办养老机构老年人的入住程序及评估办法，保证基本养老服务保障对象的科学评估与鉴定，确保公办养老机构托底保障的职能定位不偏移。

（三）以"公办/建民营"为主要形式实行渐进式转制

根据民政部的相关文件要求，公办养老机构的转制形式可以大致分为两种，一种是公办养老机构，特别是新建公办养老机构的公建民营形式；另一种是提供经营性服务的公办养老机构积极稳妥地转制为企业的形式。从目前我国公办养老机构的性质来看，大部分依然是兼具福利性并面向社会的事业单位性质，并不以营利为主要目的，北京市的公办养老机构也是如此。因此，在推进公办养老机构转制的过程中，北京市采取了以"公办/建民营"为主要形式的渐进式转制，对不同地区、不同类型的公办养老机构进行分类推进，新建公办养老机构明确进行公建民营，存量公办养老机构则选择性进行公办民营，采取"老人老办法、新人新办法、新机构新办法、老机构老办法"，对公办养老机构在院老年人仍然保持稳定的政策，提供优质服务，实行渐进式的收费改革措施，不搞一刀切；对实施公建民营的新建公办养老机构则采取基于运营成本的市场定价，实行渐进式收费改革措施，以实现公办养老机构转制的稳步推进。从我国老龄服务业的发展环境来看，目前这种形式最能有效吸引、培育社会上的运营团队，也是公办养老机构转制初期的一种有效过渡。

（四）将转制纳入老龄服务体系建设整体布局

公办养老机构转制是老龄服务事业和产业发展中的重要组成部分，是嵌套在整个老龄服务事业和产业发展中的一个重要内容。北京市在推行公办养老机构转制过程中，一个重要的经验就是统筹推进、协同发展。将公办养老机构转制纳入老龄服务事业和产业发展的整体布局，将居家、社区、机构养老融合在一起统筹考虑，并兼顾区域发展资源的平衡与协作。与全国公办养老机构的分布情况类似，北京市的公办养老机构也主要分布在街道、乡镇一级，大多规模较小，设施较为简陋，特别是农村地区的公办养老机构，地理位置偏远，公共服务资源缺乏，在吸引民间资本进行公办/建民营方面优势不足。同时，随着社会的发展，"三无""五保"等政府供养对象逐渐减少，农村公办养老机构的集中供养对象数量逐渐下降，许多机构开始出现空置、闲置的现象。因此，在推进公办养老机构转制过程中，北京市将公办养老机构分区、分片统筹考虑，在农村地区区划较为接近的2~3个乡镇，选择其中一个镇办敬老院集中收住原有政府供养对象，其他敬老院则在改造升级之后，或者通过招投标/直接选择运营方来实行公办/建民营，或者与居家、社区服务融合在一起，转型成为养老服务照料中心或者养老服务驿站，为农村老年人提供集日间照料、文化娱乐、精神慰藉于一体的综合养老服务，弥补农村养老服务设施少、居家社区养老服务滞后的不足。

（五）用"一事一议"解决转制中的突出问题

公办养老机构大多建设较早，在房屋设施、消防安全等方面与现在的要求相差较大，特别是在农村地区，许多公办养老机构年代久远，没有房屋产权证，无法获得养老机构设立许可证，对于这些由历史原因形成的存量公办养老机构存在的缺少用地规划、建设审批、环境评估、消防验收等现实问题，北京市开创了"一事一议"的改革措施，统筹解决证照不全存量公办养老机构的设立许可等问题，由养老机构委托社会专业机构出具房屋检测报告和建筑物建设归属证明，经区县初审后报送市级主管部门。根据民政部《养老机构设立许可办法》和《关于进一步推进本市养老机构和养老照料中心建设工作的通知》的相关规定，由市民政局组织专家评审会议，对机构项目进行"一事一议"评审。对不符合要求的项目，明确提出整改要求；对资质评审通过的，以北京市民政局名义出具养老机构用途认可证明，办理相应设立许可手续等，在很大程度上解决了制约存量公办养老机构转制的现实难题。

四 转制过程中面临的主要问题

（一）对公办养老机构转制必要性的认识仍未统一

由于长期以来浓重的福利色彩，公办养老机构享受着事业单位的待遇，并承担着各级政府与民政部门交给的工作职责。在公办养老机构转制的过程中，对于公办养老机构转制的必要性，许多基层政府与民政部门的认识仍未统一，或者将公办养老机构视为部门财产，把所属机构紧紧握在手里，当作本级政府的独立资源；或者改革意识与魄力不强，害怕承担转制带来的各种问题与风险；或者认为无法有效监督民营组织，害怕出现老年人权益遭受侵害的事件；或者对公办养老机构未来转为企业比较抵触，这都是部分基层政府或相关部门转制积极性不高的主要原因。

（二）公办养老服务资源效益发挥仍不平衡

北京市在推进公办养老机构转制过程中，首先明确了公办养老机构的职能定位与服务对象分类，并根据服务对象的不同，确定了市属/区属和街道乡镇属养老机构的服务对象范围。但在实际工作中，由于市区公办养老机构在转制前已经面向社会老人开放，并且由于地处市区，交通便利，公共服务设施齐全，又是公办养老机构，收费价格较低，因此已经是供不应求，现有床位使用率高，床位机动空置量很少，为了平稳推进公办养老机构转制，北京市明确了"老人老办法，新人新办法"的原则，对于这部分已经入住的社会老人，不能以激进的方式要求转院，只能逐渐消化吸收。因此，城区公办养老机构床位数相对基本养老服务保障对象数量而言，承接能力明显不足。而农村公办养老机构大部分地处偏远，设施设备简陋，老年人入住意愿不高。因此，公办养老机构，特别是城区公办养老机构基本养老服务保障对象接收入住压力较大，养老服务资源效益发挥仍不均衡。

（三）现行政策体系难以满足转制需求

一是公办/建民营养老机构的民办非营利性规定。根据国家对公建民营改革试点的要求，公办养老机构应积极探索通过承包租赁、联合经营、公私合营（PPP）模式、企业化改制等方式实行转制改革，但是公办养老机构改革中如果让运营方注册为营利性机构，容易造成政府设施公共服务性质变化和国有资产流失的问题，因此北京市统一规定公办/建民营养老机构必须注册为民办非营利性机构，限于民办非营利性机构的特点，运营方投入资本只能作为公益性捐助，且后续运营收益不得分红，一定程度上影响了社会资本的投资积极性，同时也容易造成实际监管中对运营方"违规"营利难以把握的难题。另外，如果公办养老机构通过企业化改革来转制，也会存在企业逐利与公共服务设施公益性的矛盾问题。

二是多数公办养老机构设施产权规范界定模糊，不符合现行相关规定。多数乡镇公办养老机构建设年代久远，由乡镇政府牵头利用农村建设用地筹资建设，定位为农村五保供养机构，缺少立项审批、土地规划、建筑设计、环境评估、消防验收等手续，在养老机构设立许可、国有固定资产投资改建、公办民营资产清算确权等方面，都存在一定制约。在民政部《养老机构设立许可办法》规定的证照换发过程中，许多公办养老机构仍未取得设立许可证书，直接影响了公办养老机构的转制进程。

（四）国有资产评估与保值难度较大

一是国有资产的评估，根据北京市的规定，实施公办/建民营的养老机构，运营方要按照国有资产投资的一定比例缴纳"风险保障金"和"养老服务发展资金"，因此，科学合理地评估国有资产的价值，既做到科学准确反映国有资产的真实价值，又能兼顾运营方的运营压力，是非常关键的。二是国有资产的保值增值、不流失。从北京市的实践来看，转制后公办养老机构的设施设备主要由运营方使用和维护，易耗品由运营方自行处理，设施设备的报废走政府固定资产报废程序，运营期结束后按照合同清单归还给所有权方。这期间，国有资产特别是主要设施设备的保值与否主要取决于运营方是否能够正确使用和爱护相关设备，但就目前的政策文件和合同文本来看，缺乏对设施设备管理的具体办法和细则，需要进一步完善。

（五）服务质量监管体系尚不完善

一是对转制后运营方整体服务质量和安全的监管。在评估细则、处罚机制，第三方评估质量等方面，仍然存在相应的问题，如缺乏针对性较强的评估内容和评估标准，另外第三方组织发展整体还不健全，评估质量难以保证；还没有建立完善的处罚机制，特别是涉及运营方退出机制的处罚措施，都还比较笼统。二是对公办养老机构原有入住老人的服务质量监管。公办养老机构转制前收住的"三无""五保"等弱势老年群体，转制后会有部分仍然留在原来的机构内，运营方能否在考虑成本收益的基础上，为这部分老人提供优质的服务，也是转制后服务监管的重要内容。

（六）农村养老机构转制条件较差

我国公办养老机构数量较多，但大多分布在农村地区，以街道、乡镇敬老院为主，这些敬老院大多规模较小、设施简陋，特别是农村地区的乡镇敬老院，部分位置偏远，周围居民密度小，社会老人入住意愿较低，机构运营成本高，市场竞争力不强，在吸引民间资本实施公办/建民营方面优势不太明显。同时，由于这些养老机构大多建设时间较早，在资格认证方面面临着许多问题，很多与现行规定不符，改造难度较大，很难满足《养老机构设立许可办法》中对养老机构设立资质的一些要求，无法取得养老机构设立许可证，难以实现公办/建民营，影响公办养老机构的转制进程。

五　下一步转制思路与建议

（一）进一步明确公办养老机构转制的思路与步骤

对于公办养老机构的转制不能采取一刀切的激进措施，必须理清思路，分步实施，在科学界定公办养老机构的职能定位上，摸清基本情况，稳步推进[①]。一是要摸清底数。包括现有公办养老机构的规模、数量、结构，基本养老服务对象的规模、构成、需求总量等信息。完善并建立公办养老机构的基本数据库，包括现有公办养老机构的数量、分布、规模、档次、床位总数量与空置数量、设施设备条件等。要继续完善对基本养老服务保障对象的筛查与评估，摸清基本养老服务对象的数量、年龄、健康状况、分布情况、服务需求等基本情况，将公办养老机构的有效供给总量与基本养老服务保障对象的实际需求总量进行匹配，从总体上把握实际的需求供给比，以更好地发挥公办养老机构的兜底保障作用。二是要确定类别。北京市已明确规定新建公办养老机构必须进行公建民营，对于存量公办养老机构，就需要在摸清底数的基础上，对其转制基础与条件进行综合考量，明确其转制方向与类别，包括哪些机构可以直接转制，哪些机构需要改扩建之后进行转制，以什么样的方式进行转制；哪些机构不适合转制，可以以什么样的方式发挥公办养老机构作用等。三是要控制标准。公办养老机构发挥的是"保基本，兜底线"的基础性、保障性作用，即其向服务对象提供的是基本的养老服务，需要在现有养老服务的标准上，提出

---

① 丁筱净：《公办养老改革大幕下的隐忧》，《决策探索（上半月）》2014年第2期。

符合公办养老机构职能与机构定位的服务内容、服务项目及服务标准，要合理确定公办养老机构新建和改扩建的建设规模和建设标准，确保其具有提供基本养老服务的设施条件与水平。四是要稳步推进。在确保满足现有入住老人养老服务需求的基础上，根据转制的总体部署，因地制宜，分阶段稳步推进。

（二）积极探索多种类型的转制方式

一是继续完善公办/建民营模式。如上所述，公办/建民营模式是现阶段稳步推进公办养老机构转制的有效方式，要继续在现有基础上，进一步完善相关的法律法规、政策体系与程序步骤，做好公办/建民营养老机构的资产监管、服务监督，在做好公办养老机构公益性服务的基础上，大力推进养老服务的市场化进程。二是持续推进公办养老机构转企进程。对于一些规模较大、设施豪华，主要向社会提供经营性服务，远远超出基本养老服务水平与标准的公办养老机构，要大力推进其转企进程，按照事业单位转企改制的相关规定或国有企业国有资产监管的统一要求，转制为企业或国有企业，实行以市场为导向的价格形成机制，向社会老人提供市场化养老服务。三是积极探索PPP模式、股份制等公私合营方式。积极发挥社会资本在养老服务市场中的作用，发挥政府与市场各自的优势，积极探索公私合营的模式。如政府出地、社会资本建设、专业团队运营的PPP模式，或者在确保国有资产不流失的前提下，发展民间资本参股或控股的混合所有制养老机构，或者将公办养老机构的设施设备入股，由政府和民间资本共同建设、共同运营管理养老机构等。此外，对于一些本身就运营较好的公办养老机构，或者暂不具备公办/建民营、转企条件的公办养老机构，可以允许其在一定时期内采取服务外包、"一院两制"的运营模式，并逐步减少财政补贴、严格控制人员编制，推动其积极探索、创新发展。

（三）加强公办养老机构的成本核算与价格形成机制

一是对于转制后仍然属于政府兜底保障型的公办公营养老机构，可仍由政府根据基本养老服务保障对象的供养标准来进行定价收费。二是通过公办/建民营实施转制的养老机构，需要在承担政府福利性服务的基础上进行市场化运营，这部分养老机构要逐渐在运营成本定价的基础上，探索将国有资产投资逐步纳入成本核算中，既保证投资的社会效益，又不断提高机构运营的经济效益。三是转制为企业的经营性公办养老机构，要在科学评估国有资产价值的基础上，根据市场需求，按照市场规律，将国有资产投资尽可能多地纳入成本核算与定价中，充分发挥市场在资源配置中的决定作用。四是通过PPP等公私合营模式建设的养老机构，或是依靠民间资本参股或控股的混合所有制养老机构，则要进行全成本核算，根据投入产出比的要求，进行自主定价。

（四）进一步规范招投标程序

对运营方的选择是公办养老机构转制的一个重要环节，建立公开、透明、规范的招投标机制是选择优质运营方的一个重要方式。一是科学设计考评指标。要根据养老机构养老服务的特点，合理设置考评评分指标及分值比例。在兼顾投标报价的基础上，重点考评其运营方案的科学合理、服务保障、可持续发展等内容，并适当加大其中投标人财务状况、养老服务从业年限、专业人才资质等指标的分值比例。二是培育充实专业人才专家库。挑选财务、审计、建筑、养老服务、医疗卫生、运营管理等与公办养老机构转制和养老机构服务、运营、管理等方面相关的专家、学者、部门工作人员等形成专家团队，不断充实专家库成员，对投标方进行全面深入的考核与评估。三是建立招投标结果公示制度。通过政府网站、招投标网站、报纸等多种信息渠道，将招投标结果及时向社会公布，接受公众监督与意见反馈。四是不断完善，形成规范的招投标机制。需要在实践中不断总结经验，交流做法，形成一套规范、完善的公办养老机构转制招投标机制，挑选出优质的运营团队，更好地发挥政府投资的经济与社会效益。

（五）建立精细的合同制管理机制

公办养老机构转制后政府与运营方之间是一种契约关系，主要依靠合同来规定彼此的权利义务和责任。一是制定全面精准的合同内容。特别是其中对服务对象服务质量的约定、对国有资产的管理与使用、对运营方违约及退出机制的具体要求等。二是加大执行过程中的管理力度。要严格按照合同内容进行执行，所有权方及运营方要就合同的执行程度随时沟通，可以委托第三方对合同的执行进行监督与管理。三是及时补充和完善合同。在执行合同的过程中，要根据合同执行的进度及所发生的问题，及时沟通、协商，并在此基础上，双方就争议问题及时补充签订新的合同条款内容。

（六）建立完善的监督管理机制

一是要明确监管主体。政府作为养老机构的直接监管部门，需要加强对转制后养老机构的监督、管理与指导，提高运营效率，提高服务质量，确保养老机构的国有资产不流失。二是要加强监管力量。要充分发挥各种社会力量，包括社会公众、新闻媒体、行业协会对养老机构的监管作用，大力发展第三方评估组织，包括养老服务质量评估组织、国有资产评估组织等。三是要细化监管内容。要明确提出养老机构服务监督和资产监督的具体内容、标准、细则、要求，要建立统一的监督管理指标与标准，包括硬环境与软服务等。四是要扩大监管渠道。开通养老机构投诉热线，及时处理老年人及其家属的投诉建议，及时调查反馈。五是要健全监管机制。建立养老机构信息公示官方网站，及时更新养老机构基本信息，并建立顾客评价制度、投诉披露制度等，对于监管中屡出问题的养老机构，要加大惩处力度，并做到公开透明。

随着老年人年龄的提高，照护服务需求的满足与否是影响老年人晚年生活质量的一个重要方面。目前，包括北京、上海、浙江等在内的全国各主要城市都在推进公办养老机构转制进程，政府正在通过不同方式逐渐退出养老服务市场，将公共养老服务资源更精准地用于满足高龄、失能、经济困难等特殊老年人的养老服务需求，并通过不断完善政府购买服务、增加老年人养老金收入与提高服务补贴水平，来扶持与引导市场提供更多不同价格水平、不同服务内容、不同专业程度的照护服务，以此来满足老年人多样化、个性化的照护服务需求，这是提高老年人晚年生活质量的重要方面，需要政府、市场、家庭、社会等多个主体互相支撑，共同作用。

新时代提升老年人生活质量的挑战及应对

罗晓晖[*]

摘　要： 老年人生活质量的实质是其需要得到满足的程度。在满足老年人对美好生活的需要过程中面临的发展不平衡不充分制约着老年人生活质量的提升。本文认为发展不充分主要包括养老保障水平偏低、"看病贵"和老年医疗资源匮乏并存、长期照护保障缺位、养老服务质与量均有待提升、老年精神文化服务供给不足、老年人社会参与渠道不畅、老龄产业发展水平不高；发展不平衡主要包括城乡之间不平衡、区域之间不平衡、群体之间不平衡、老龄事业和产业发展不平衡、老龄政策制定和实施不平衡。新时代提升老年人生活质量，兼顾发展和公平是第一要务，本文尝试提出如下政策建议：完善老龄制度体系、抓好政策贯彻落实、健全多元供给机制、加大农村养老投入。

关键词： 新时代　老年人　生活质量

截至 2019 年底，我国 60 岁及以上老年人已达 2.54 亿，占总人口的 18.1%。人口老龄化是贯穿我国 21 世纪的基本国情，也是世界各国普遍面临的议题。全球化老龄社会的来临，使老年人生活质量研究逐渐成为世界性的研究热点[①]。党的十九大报告作出中国特色社会主义进入新时代的重要论断，并指出我国社会主要矛盾已经转化为人民日益增长的美好生活需要和不平衡不充分的发展之间的矛盾。老年人对美好生活的需要构成了人民日益增长的美好生活需要的重要组成部分，老年人生活质量的提高也受

---

[*] 罗晓晖，中国老龄科学研究中心老龄社会与文化研究所助理研究员。
[①] 周长城、刘红霞：《生活质量指标建构及其前沿述评》，《山东社会科学》2011 年第 1 期。

到不平衡不充分发展的制约。立足新时代，探讨满足老年人美好生活需要面临哪些"不平衡、不充分"问题，找出可能有助于问题解决的应对策略，对于提高老年人生活质量、实现全体公民对老年期生活的美好预期具有重要意义。

一 "需要—满足"理论框架下的老年人生活质量

一般而言，老年人生活质量是指老年人的客观生活条件和老年人对其生活状况的主观感受，是客观生活质量与主观生活质量的统一。生活质量高低反映的是人们的需要得到满足的程度，生活质量的实质是需求满足的程度①。如何看待老年人的需要？马斯洛的需要理论为我们提供了可借鉴的理论框架。马斯洛对人类基本需要的分类是目前应用最为广泛的需要理论，具有较强的理论解释力。马斯洛将人的基本需要分为生理需要、安全需要、归属和爱的需要、自尊需要以及自我实现的需要，这五个方面的需要具有从低到高的层次性，生理需要的层次最低，自我实现是最高层次的需要。低层次的需要得到满足后，会有更高级的需要出现②。

马斯洛的需要理论归纳出了人的一般性需要，从生命周期的视角来看，老年人的需要具有全龄人口的特点，更具有老年期的鲜明特征。具体来说，首先，随着年龄的增长，老年人的生理功能不断弱化，健康水平下降，对健康保健和医疗服务有更多的需求。健康水平的下降还可能导致老年人丧失生活自理能力，产生康复护理和日常生活照料需求。其次，出于退休和体能下降等方面的原因，老年人逐渐退出劳动领域，劳动收入不再是老年人的主要收入来源，在经济上自给自足的能力减弱，需要通过制度性的收入来保障基本生活。同时，其对减轻个人医疗服务利用方面经济负担的医疗保障制度也有更多的需求。再次，退出正式工作领域后，老年人的社会交往减少，容易产生失落感和孤寂感，对精神慰藉、精神文化活动有强烈需求。最后，老年人有继续参与社会发展、实现自我价值的需要。

老年人的需要嵌入于一定的经济社会发展条件，具有较强的时代性。党的十九大报告指出，进入新时代，我国社会主要矛盾由人民日益增长的物质

---

① 邬沧萍：《提高对老年人生活质量的科学认识》，《人口研究》2002年第5期。
② 〔美〕亚伯拉罕·马斯洛：《动机与人格》，许金声等译，中国人民大学出版社，2007，第18~29页。

文化需要同落后的社会生产之间的矛盾转变为人民日益增长的美好生活需要和不平衡不充分的发展之间的矛盾。从物质文化需要到美好生活需要的转变对老年人而言，意味着需要内容的拓展和需要层次的提升。以往的研究发现，老年人在老年阶段很难改变他们在收入上的弱势地位，易陷入贫困状态，他们是贫困人口的主要组成部分[①]。结合需要理论的层次性来说，当老年人处于物质生活条件不佳或较为贫困的状态时，生理需要、安全需要这些较低层次的需要将成为其主导性需要。随着我国社会主义现代化国家建设进程的推进，当整个社会的物质生活条件极大改善时，老年人的吃饭、穿衣、居住、健康等生理和安全方面的需要将得到较好的满足，自尊需要、自我实现需要等较高层次的需要将成为其主导性需要，届时老年人在社会参与、民主法治、公平正义、尊严、权利、个人终生发展等方面的需要将更为强烈。

二 提升老年人生活质量面临的挑战

老年人需要得到满足的程度主要取决于两个方面，一是针对老年人需要的供给的充分程度，二是老年人对供需适应性的主观感受。前者反映的是老年人生活质量的客观生活条件，后者则是老年人对享有的生活条件是否满足了自身需要的主观评价，后者建立在前者的基础上，同时还受到老年人的个体特征、参照标准、价值判断等因素的影响[②]，变动性较大，本文主要从供给充分与否的角度来探讨老年人的生活质量。

与老年人的需要相比，当前供给的"不平衡不充分"广泛存在，这些问题制约着老年人生活质量的提升。从本质上看，不平衡与不充分均指向不充分，后者是绝对意义上的，而前者则是结构性的，是相对意义上的，相对不充分与相对充分在比较之下就形成不平衡。总之，不充分是不平衡的基础，不平衡是不充分的一种表现。

（一）满足老年人美好生活需要之"不充分"

1. 养老保障水平偏低

2012年我国在制度上实现了养老保险的全覆盖，但距老有所养的充分实现

[①] 杨立雄：《中国老年贫困人口规模研究》，《人口学刊》2011年第4期。
[②] 詹天庠、陈义平：《关于生活质量评估的指标与方法》，《中山大学学报论丛》1997年第6期。

还有相当的差距。2016 年，我国企业离退休人员月人均养老金为 2373 元①，养老金社会平均工资替代率仅为 41.3%②。有研究认为基本养老保险应该为生存必需品相关的消费支出提供保障，社会平均工资替代率至少应达到 60% 才能基本做到"保基本"，如果远远低于这个标准，则会造成相当数量的老年人生活相对贫困③。我国企业离退休人员主要集中在城市，与 2016 年城镇居民月人均可支配收入 2801 元相比④，企业离退休人员月人均养老金仅 2373 元，比前者低 15.3%，可见尽管养老金多年连续增长，但企业离退休老年人的养老金收入水平仍比较低。我国多层次养老保险体系建设滞后，虽然 20 世纪 90 年代就提出了建立三支柱的养老保障体系的改革方向，但从目前的情况来看，第一支柱基本养老保险是绝对主体，第二支柱职业年金仍处于起步阶段，第三支柱个人税延养老金制度仅在小范围试点，极大地制约了老年人养老金水平的提高。新农保和城居保制度的实施，将长期以来缺乏保障的农村老年人和城市无业老年人纳入了保障网，但目前的保障水平与满足老年人基本生活需要所需支出相比无疑是杯水车薪。2016 年城乡居民月人均养老金仅 117 元⑤，与同期城乡居民月人均可支配收入 2801 元和 1030 元相比，⑥ 前者分别仅为后者的 4.2% 和 11.4%。

2. "看病贵"和老年医疗资源匮乏并存

"第四次中国城乡老年人生活状况抽样调查"（以下简称四调）数据显示，2015 年我国城乡享有医疗保障的老年人比例分别达到 98.9%

---

① 《中国社会保险发展年度报告 2016》发布，人力资源和社会保障部网站，http：//www.mohrss.gov.cn/SYrlzyhshbzb/dongtaixinwen/buneiyaowen/201711/t20171124_282237.html，最后检索时间：2021 年 1 月 13 日。
② 2016 年全国城镇单位在岗职工平均工资为 68993 元，国家统计局网站，https：//data.stats.gov.cn/easyquery.htm?cn=C01，最后检索时间：2021 年 1 月 13 日。养老金社会平均工资替代率根据企业离退休人员月人均养老金/城镇单位在岗职工月均工资计算得出。
③ 李珍、王海东：《基本养老保险目标替代率研究》，《保险研究》2012 年第 1 期。
④ 《2016 年国民经济和社会发展统计公报》，国家统计局网站，http：//www.stats.gov.cn/tjsj/zxfb/201702/t20170228_1467424.html，最后检索时间：2021 年 1 月 13 日。
⑤ 《我国社会保险事业改革发展成就举世瞩目》，人力资源和社会保障部网站，http：//www.mohrss.gov.cn/SYrlzyhshbzb/dongtaixinwen/buneiyaowen/201705/t20170525_271399.html，最后检索时间：2021 年 1 月 13 日。
⑥ 《2016 年国民经济和社会发展统计公报》，国家统计局网站，http：//www.stats.gov.cn/tjsj/zxfb/201702/t20170228_1467424.html，最后检索时间：2021 年 1 月 13 日。

和98.6%①，但老年人仍背负着较重的医疗费用负担。由于起付线和封顶线的存在，医疗保障的实际报销比例较低。我国医疗保险政策范围内报销比例达到70%，但实际报销率只有50%左右②。四调数据显示，调查前两周生病的老年人中，46.7%的老年人因经济困难未对疾病进行处置，城乡的比例分别为35.8%和52.7%，农村因经济困难未对疾病进行处置的老年人所占比例显著高于城镇。44.7%的老年人到医院或诊所看病遇到收费太高的问题，城乡的比例分别为44.6%和44.8%，大致相当。在医疗费用支付方面，患病老年人2014年看病和住院平均总花费为7422元，而其平均自费的医疗费高达3716元。③

老年人是健康脆弱群体，对医疗服务需求巨大。从疾病类型来看，老年人主要罹患慢性病，且多种慢性病错综交织，病情进展慢，恢复周期长。老年人的患病特点决定了当前广泛存在的分工精细且主要针对急病救治的医疗服务与老年人的医疗服务需求无法很好地匹配。2015年李小鹰的调查发现，我国各综合医院除高干保健科外基本没有老年病科，全国仅61家老年医院。而截至2017年的一项数据显示，我国县级以上老年病医院总共仅124家，其中民营24家，三级医院2家④。同庞大的老年人口数量相比，目前专门针对老年人的医疗服务机构数量过少，供需缺口巨大，且主要集中在城市。

3. 长期照护保障缺位

长期照护险尚未在全国范围内实施，失能老年人的长期照护需要缺乏保障。四调数据显示，2015年我国城乡在家居住的老年人中有4.2%为失能老年人，其中有1.3%为重度失能老年人，0.5%为中度失能老年人，2.3%为轻度失能老年人。⑤随着人口的老龄化和高龄化，失能老年人比重

---

① 党俊武：《中国城乡老年人生活状况》，载党俊武主编《中国城乡老年人生活状况调查报告（2018）》，社会科学文献出版社，2018，第30页。
② 雷晓燕、傅虹桥：《改革在路上：中国医疗保障体系建设的回顾与展望》，《经济资料译丛》2018年第2期。
③ 全国老龄工作委员会办公室：《第四次中国城乡老年人生活状况抽样调查总数据集》，华龄出版社，2018，第132页。
④ 叶正兴：《中国的老年医院太缺了》，《健康时报》2018年3月6日。
⑤ 陈泰昌：《中国城乡老年人失能状况与照护需求分析》，载党俊武主编《中国城乡老年人生活状况调查报告（2018）》，社会科学文献出版社，2018，第142页。

还将逐渐增加，其照护需求将进一步凸显。2016 年，人社部在 15 个城市进行长期护理保险制度试点，2020 年试点城市有所增加，尽管在照护保障制度建设上已经开始试点探索，但试点的覆盖面毕竟相当有限，全国更大范围内的老年人仍无法获得长期照护保障，大量的失能老年人家庭仍在承担沉重的照护经济压力和照料负担。长期照护保障制度的缺位还导致一些实践中的照护变通行为，如一些失能老年人家庭为了获得照护服务，并且减少照护方面的经济支出，让老年人长期在医院住院，造成医疗资源的浪费。

4. 养老服务质与量均有待提升

近年来，我国一直致力于健全居家为基础、社区为依托、机构为补充、医养相结合的养老服务体系。机构养老服务发展时间较长，截至 2019 年底，我国养老床位合计 775.0 万张，每千名老年人拥有养老床位 30.5 张。① "十二五"期间，我国养老床位数量实现了大幅增长，但专业化的养老床位设置不足，现有床位大部分是面向健康老年人的，针对失能、失智等刚需老年人的护理型床位比例仍比较低。居家养老服务于 2000 年后开始启动。《中国老龄事业发展"十二五"规划》要求到 2015 年末，城市街道和社区基本实现居家养老服务网络全覆盖，80% 以上的乡镇和 50% 以上的农村社区建立包括老龄服务在内的社区综合服务设施和站点。近年来，各地社区居家养老服务设施的建设确实得到了推动，但很多设施只有硬件，却没有为老年人提供服务的能力，居家养老服务大多流于形式。我国医疗卫生服务体系和养老服务体系相对独立运行，与老年人叠加的养老和医疗需求之间的不匹配，推动我国医养结合在政策和实践层面不断发展。尽管国家层面出台了《国务院办公厅转发卫生计生委等部门关于推进医疗卫生与养老服务相结合的指导意见》等相关文件，但养老机构和医疗机构的规划布局及监管缺乏衔接、养老机构及居家养老服务机构与社区卫生服务中心合作难等问题依然普遍存在。②

5. 老年精神文化服务供给不足

随着物质生活条件的改善，以及老年人健康水平的下降和社会交往的

---

① 《2019 年民政事业发展统计公报》，民政部网站，http://images3.mca.gov.cn/www2017/file/202009/1601261242921.pdf，最后检索时间：2021 年 1 月 14 日。

② 李志宏：《医养结合：问题缘起、实践偏差与破解之路》，《老龄科学研究》2018 年第 12 期。

减少,老年人产生失落感、孤独感的情况较为普遍,对精神关爱和心理慰藉的需求日益突出。从实践来看,专门的服务机构或服务项目数量少之又少,养老机构和居家养老服务机构仍主要侧重于对老年人的生活照料,而对老年人的精神服务则往往疏于开展或是无暇顾及。老年文化活动深受老年人喜爱,但供不应求的问题较为突出。老年教育是终身教育的重要环节,继续接受教育是老年人的法定权益,但目前老年教育机构数量少,办学条件好的老年大学一座难求,社区老年学校尚未普遍建立,且教育内容和形式较为单一。此外,适宜老年人的文化娱乐活动场所建设不足,以老年生活为主题的图书、报刊、影视剧、戏剧等文艺作品较为匮乏,难以满足老年人对文化生活的需要。伍小兰等人的研究发现,随着人口老龄化程度的加深,以及针对老年人的社会保障和社会服务的欠缺,我国将可能进入老年期精神障碍的高发期,[①] 因此应对当前老年精神文化服务供给不足的问题给予高度重视。

6. 老年人社会参与渠道不畅

世界卫生组织在第二次老龄问题世界大会上提出"积极老龄化"的理念,将健康、保障、参与的结合视为应对人口老龄化的战略,强调老年人继续参与社会、经济、文化、精神活动和公益事业。新修订的《中华人民共和国老年人权益保障法》规定老年人有参与社会发展的权益。可见,无论是在国际上还是在我国,老年人社会参与都受到了越来越多的重视。然而,在实践中老年人社会参与却存在渠道不畅等现实问题。从我国的情况来看,社会参与主要还停留在理念上,促进老年人社会参与的政策措施迟迟没有出台。当前老年人的社会参与主要集中在志愿活动领域,一些低龄健康、有一技之长的老年人重返劳动力市场的意愿高但实际参与率低,作为促进老年社会参与的重要内容,老年人力资源开发面临缺乏老年人才供需信息平台、老年人力资源管理和老年人劳动权益保障等方面制度缺失等现实困境。

7. 老龄产业发展水平不高

老龄产业是面向全体公民老年期生产提供产品和服务的各相关产业部门组成的业态总称,包括老龄金融业、老龄服务业、老龄用品业和老龄房

[①] 伍小兰、李晶、王莉莉:《中国老年人口抑郁症状分析》,《人口学刊》2010年第5期。

地产业四个组成部分①。发展老龄产业，通过市场力量满足老年人多样化、个性化需求，是提高老年人生活质量的一种必要手段。我国老龄产业发展起步晚，且主要限于城市地区，总体水平不高，不同产业发展水平参差不齐。老龄金融业和老龄用品业相对滞后，老龄服务业和老龄房地产业近年来发展较快，但主要集中在老年人的日常生活照护、康复护理和养老社区建设等领域，老年法律服务、精神文化服务、旅游服务、临终关怀服务、老年住宅的适老化改造等方面进展依然比较迟缓。尽管我国老龄产业市场潜力巨大，但市场调研不充分、市场定位不精准、市场细分不扎实等方面的原因导致我国老龄产业存在严重的市场供给和老年人需求错位的问题，服务和产品雷同，针对性差，供不应求和供过于求并存②。

（二）满足老年人美好生活需要之"不平衡"

1. 城乡之间不平衡

城乡养老保障待遇水平悬殊。2016 年，我国企业离退休人员平均养老金为 2373 元/月，③ 而同期城乡居民人均养老金为 1404 元/年④。养老保障制度对城市老年人的保障作用远大于农村。六普数据显示，城市超过一半的老年人的主要收入来源为离退休金或养老金，仅一成左右老年人以劳动收入为主要收入来源；而农村主要收入来源为劳动收入的老年人超过四成，以离退休金或养老金为主要收入来源的老年人不足 5%（见表 1）。四调数据显示，随着养老保障制度的全覆盖，2014 年城镇老年人保障性收入的比例接近八成（79.4%），是老年人总收入中的绝对主体，而农村老年人保障性收入比例仅为 36.0%⑤。

---

① 党俊武：《中国老龄产业发展报告》，载吴玉韶、党俊武主编《中国老龄产业发展报告（2014）》，社会科学文献出版社，2014，第 2 页。
② 吴玉韶：《对老龄产业几个基本问题的认识》，《老龄科学研究》2014 年第 1 期。
③ 《中国社会保险发展年度报告 2016》发布，人力资源和社会保障部网站，http://www.mohrss.gov.cn/SYrlzyhshbzb/dongtaixinwen/buneiyaowen/201711/t20171124_282237.html，最后检索时间：2021 年 1 月 13 日。
④ 《我国社会保险事业改革发展成就举世瞩目》，人力资源和社会保障部网站，http://www.mohrss.gov.cn/SYrlzyhshbzb/dongtaixinwen/buneiyaowen/201705/t20170525_271399.html，最后检索时间：2021 年 1 月 13 日。
⑤ 杨晓奇、王莉莉、董彭滔：《我国城乡老年人收入和消费状况》，载党俊武主编《中国城乡老年人生活状况调查报告（2018）》，社会科学文献出版社，2018，第 170~171 页。

表 1 分城乡、主要生活来源的老年人比例

单位：%

区域	劳动收入	离退休金养老金	最低生活保障金	财产性收入	家庭其他成员供养	其他	总计
城市	12.9	50.1	3.1	0.6	31.4	1.9	100.0
农村	41.2	4.6	4.5	0.2	47.7	1.8	100.0

资料来源：根据第六次人口普查长表数据整理。

城乡老龄服务供给差异明显。无论是在硬件建设还是在服务提供上，城市都远远胜过农村。与城市相比，农村养老机构虽然在数量上取胜，但设施条件简陋，而且缺乏专业的服务人员。养老机构全国平均空置率达48%，有相当一部分的空置来自农村敬老院[1]。"十二五"以来，居家养老服务在城市得到了较快的发展，但在农村则刚刚起步，设施覆盖率低，服务能力弱，还需下大力气推进。在青壮年劳动力大量外流、农村空心化的背景下，农村家庭养老功能极速弱化与社会化养老服务供给严重不足并存，使得农村老年人的照料问题异常严峻。在城市，老年人医疗和康复护理服务可及性更高，农村虽然广泛设立社区卫生服务站，但医疗水平低、疾病处置能力弱，也难以提供康复护理服务。基于四调数据，从老年人对不同层次医疗服务资源的利用情况来看，城市老年人中平时主要选择县/市/区医院、市/地医院、省级医院就医的比例为41.8%，而农村相应的比例仅为13.9%，85.0%的农村老年人平时主要就医地点为乡镇/街道卫生院、社区卫生服务中心、卫生室/站和私人诊所[2]。在精神文化服务方面，城市的服务内容、形式都相对丰富，而农村的情况则是精神慰藉服务普遍缺失、文化活动匮乏。

2. 区域之间不平衡

城镇职工基本养老保险地区间失衡。出于各地经济发展水平存在差异，缴费水平不一致，以及在较长一段时间内养老保险统筹层次低，许多省份基本处于市县级统筹状态等方面的原因，各地不仅养老金水平差异很

---

[1] 吴玉韶、王莉莉等：《中国养老机构发展研究报告》，华龄出版社，2015，第113页。
[2] 全国老龄工作委员会办公室：《第四次中国城乡老年人生活状况抽样调查总数据集》，华龄出版社，2018，第109~111页。

大,而且在养老基金的可持续性上也迥然不同。人社部发布的《中国社会保险年度发展报告2016》显示,2016年我国企业养老保险基金平均可支付17.2个月,高于平均水平的省份仅广东、北京、西藏、新疆、云南、山西等12个省份,而黑龙江已负债232亿元。[1] 基本医疗保险的地区差异同样不容忽视。目前医疗保险也普遍采用县级统筹或者市级统筹,统筹基金无法形成规模效应,弱化了医疗保险的风险分担作用,且相同保险项目在不同地区的报销范围和报销水平差异较大[2],导致了不同地区老年人医疗保障待遇的不公平。此外,医疗资源的分布也存在明显地域差异,经济发达地区往往聚集着更多的优质医疗资源,生活于这些地区的老年人有更多的机会获得更优质的医疗服务。最后,养老服务、精神文化服务的供给在不同地区之间也存在差异,一般来说,东部经济发达地区的服务资源较中西部丰富。

3. 群体之间不平衡

社会保障制度的碎片化使得不同制度的受益者享受的保障待遇差距极大。养老保险双轨制长期以来饱受诟病,虽然2015年国务院发布了《关于机关事业单位工作人员养老保险制度改革的决定》,正式启动了企业和机关事业单位养老金的并轨改革,但从目前来看,企业养老金大幅低于机关事业单位养老金的问题依然存在。此外,基本医疗保险亦存在身份差别,不同项目的参保老人之间的待遇差距较大。研究显示,在人均医疗保险基金支出占人均卫生总费用的比例方面,2011至2016年参加城镇职工医疗保险的群体均远高于参加新农合与城镇居民医疗保险的群体[3]。医疗保险不同项目保障待遇的差异使得参加城镇居民医疗保险和新农合的老年人与参加城镇职工医疗保险的老年人相比,在医疗服务利用和健康结果上都处于相对劣势的地位。

4. 老龄事业和产业发展不平衡

在满足老年人的需要方面,老龄事业和老龄产业应当是相互补充、相

---

[1] 《从数据看中国》,《领导决策信息》2018年第2期。
[2] 雷晓燕、傅虹桥:《改革在路上:中国医疗保障体系建设的回顾与展望》,《经济资料译丛》2018年第2期。
[3] 王文棣、周钰涵、侯庆丰:《中国基本医疗保险体系公平性研究》,《云南农业大学学报》(社会科学)2019年第2期。

互促进的。老龄事业提供基本保障或公共服务，满足老年人基本的需要，老龄产业则通过市场化机制，满足老年人个性化、高端化的需要。然而，当前我国老龄事业和老龄产业发展失衡的问题较为突出。就老龄事业而言，基本养老保险和基本医疗保险在制度上实现了对老年群体的全覆盖，且保障水平逐年提高，同时，养老服务、医疗服务、老年精神文化服务等构成的老年公共服务体系不断健全完善。与改革开放四十年来稳步推进、成绩显著的老龄事业相比，我国老龄产业市场规模小、产业供给与老年人需求错位、市场秩序混乱等问题较为突出，在为老年人提供服务和产品方面发挥的作用非常有限。老龄产业的发展现状既与其本身的市场定位和发展策略失当有关，也受到政府扶持和监管不力的影响。

实际上，老龄事业本身也存在发展的不平衡。我国已初步建立由养老保障、医疗保障和服务、养老服务、老年精神文化服务等方面政策构成的老龄政策体系，却存在体系结构失衡的问题。首先，是政策领域分布的失衡。如果将构成政策体系的政策大体分为老年社会保障政策和老年社会服务政策两类的话，总体来看，保障方面的制度建设较为完备，而服务方面的制度建设较为滞后。进一步地，在老年社会服务政策体系内，养老服务方面的政策相对丰富，而老年精神文化服务方面的政策则较为匮乏，制度空白区间较大。在养老服务政策方面，机构养老服务方面的政策较为丰富，而居家养老服务方面的政策则相对匮乏，这也直接导致各级政府对机构养老服务发展的支持力度大于对居家养老服务发展的支持力度。其次，是政策效力分布的失衡。目前政策体系中的政策构成以意见、通知为主，效力较低，法律、法规、规章等具有较高效力的政策在体系中所占比重很小。

5. 老龄政策制定和实施不平衡

政策制定和政策实施都是政策过程中的重要环节，政策制定是政策实施的基础，而政策实施是确保政策目标实现的手段。党的十八大以来，各项老龄政策密集出台，老龄事业和老龄产业看似发展形势一片大好，但这些政策的贯彻落实却并不乐观，政策效果"雷声大雨点小"。一方面，许多政策规定是倡导性或原则性的，如巩固家庭养老功能、促进老年人社会参与，虽然在多项政策中出现，但缺乏落实的具体配套措施或细则，难以真正落地。另一方面，一些政策规定的落实涉及多个部门，如有政策规定养老机构在行政事业性费用、水电气热费用、有线电视收视维护费用等方面都能享受优惠待遇，由于涉及民政、工商、发改、住建、规划等多个部门，需要打通部门之间的壁垒，故执行难度较大，养老机构申请享受政策待遇困难重重，政策红利也就难以惠及养老机构中的老年人。此外，从政策制定到政策执行，要经历中央到地方的诸多层级，执行过程中存在的执行力层层递减的现象，使政策实际执行效果不同程度地打折扣，而政策评估机制的不健全又进一步加剧了当前老龄政策制定和实施之间的不平衡。

三 提升老年人生活质量的政策建议

进入新时代，随着经济社会的发展、物质生活条件的改善，老年人需要的满足将逐渐从基本满足过渡到更好地满足，相应地老年人的生活将逐渐从温饱型生活、小康型生活过渡到舒适型生活。对老年人需要满足程度的评价标准将不再是低水平的是否满足了基本需要，而应该有更高的标准，即老年人是否获得和拥有了更健康的饮食、更舒适的居住环境、更方便可及的健康照护服务、更丰富的精神文化生活、更充分的社会参与、更大程度的自我实现、更安全有序的社会环境、更孝亲敬老的社会氛围。着眼于老年人美好生活需要与不平衡不充分的发展之间的矛盾，提升老年人生活质量，兼顾发展和公平是第一要务，要通过发展提高面向老年人日益丰富、层次渐高的需要的供给能力，不仅要实现更加充分、更加优质的供给，还要不断提高分配的公平性，避免某些老年群体产生相对剥夺感。要健全多元供给机制，调动多元主体的参与积极性，形成提升老年人生活质量的合力，确保发展和公平的实现。为此，本文尝试提出以下有助于提升老年人生活质量的政策建议。

（一）完善老龄政策体系

完善的老龄政策体系是政府提升老年人生活质量的基本遵循。首先，需要针对当前老龄政策体系结构的不平衡，填补空白或补齐短板，不断优化政策体系结构。总的来说，要进一步完善老年保障方面的政策，大力加强老年服务特别是老年精神文化服务方面的政策创制。关于老年保障政策，要大力推动老年长期照护保险制度从试点走向全面实施，帮助解决失能老年人的照护难题。关于老年服务政策，在养老服务方面，要重点加强农村养老服务、居家养老服务等方面的政策创制；在医疗服务方面，要重点加强社区医疗服务、健康管理、专门的老年医疗或康复服务等方面的政策创制；在精神文化服务方面，要重点加强老年精神关爱、老年教育、促进老年人社会参与等方面的政策创制，引导老年人树立自立、自强、自爱的积极老龄观。通过政策创制为老年人参与社会发展创造条件，是今后提升老年人生活质量要着重关注的方面。此外，要优化老龄政策的效力结构，增加具有较高效力的法律、法规、规章等的数量。

其次，需要不断优化现有各项老龄政策的制度设计，当务之急是推动碎片化老龄政策的整合，缩小不同区域、不同身份老年人在享受政策红利时的待遇差距。以构建统一的基本养老保障和基本医疗保障制度为目标，推进不同类别养老保障和医疗保障制度的整合，消除区域、群体间的待遇差异。提高基本养老保险和基本医疗保险制度的统筹层次，逐步实现制度的全国统筹，增强基金的互济能力和可持续性。

（二）抓好政策贯彻落实

贯彻落实不力，政策制定也就失去了意义。首先，针对一些倡导性或原则性的政策，需要加快制定政策的配套措施或实施细则，如从哪些方面来支持家庭的养老功能、通过哪些具体的措施促进老年人参与社会发展，切实提高政策的可操作性，才能避免这些政策仅停留在理念上。其次，与多个部门有关的政策，在政策制定前、制定中和出台后，针对政策落实的难点，牵头部门都要持续进行对各部门的统筹协调，要提前查找并及时消除阻碍政策落实的障碍，避免出台的政策只是牵头部门的一厢情愿。最后，要健全政策评估机制，改变以往重政策制定轻政策执行的行为模式。通过政策评估，一方面加大政策的贯彻落实力度，避免出现政策执行力层层递减或政策执行偏离政策目标等问题；另一方面及时发现政策制定中的不完善之处，推动政策设计的不断优化。党的十九大报告指出，"必须多谋民生之利、多解民生之忧，在发展中补齐民生短板、促进社会公平正义，保证全体人民在共建共享发展中有更多获得感"，提出要"使人民获得感、幸福感、安全感更加充实、更有保障、更可持续"。加强政策评估，才有助于各级政府将工作重心从关注政府的供给和老年人的获得真正转向关注老年人的获得感、幸福感。

（三）健全多元供给机制

针对老年人对美好生活的需要，建立健全政府、市场、社会、家庭共同参与的多元供给机制。厘清自身和其他主体的责任边界，鼓励引导其他主体积极参与，是政府的职责所在。应尽快制定老龄产业发展中长期规划，出台扶持和监管政策，为老龄产业创造良好的市场环境，促进老龄产业健康可持续发展，发挥市场在满足老年人多样化服务和产品需要方面的积极作用。应加大政府购买服务力度，支持社会组织在老年人照护、老年人精神慰藉等老年服务领域发挥更大的作用。扶持和规范以城乡社区老年协会为代表的老年社会组织的发展，使其成为老年人充实自我、互帮互助、服务社会的平台和密切联系老年人与党和政府的桥梁纽带。应巩固家庭养老的基础性地位，制定家庭养老支持政策，为家庭成员提供照料技能培训和喘息服务，提高其照料能力和照料可持续性；通过住房购置、户口迁移等方面的优惠政策，鼓励家庭成员与老年人共同生活或就近居住。此外，还应重视和加强家庭建设，教育引导社会成员树立良好家风，践行新时代的孝道理念，实现家庭和睦、代际和顺。

（四）加大农村养老投入

农村老年人生活质量低于城市老年人，是老年人生活质量方面最大的不平衡。首先，要不断提高农村基本养老保障和基本医疗保障的待遇水平，提高农村老年人的物质生活水平，减轻"看病贵"给他们带来的困扰，增强城乡老年人医疗服务利用的公平性。对于贫困、失能的农村老年人，政府还应给予特殊的补贴，缓解其经济困难。其次，要加大医疗机构、社区居家养老服务设施、养老机构、老年活动场所等基础服务设施的建设力度，使农村老年人也能获得高质量的医疗服务、照护服务、精神文化服务，弥补家庭照料资源的不足，促进城乡老年公共服务的均等化。政府在加大财政经费投入力度的同时，还应充分利用政策杠杆，引导社会资本投资老年服务设施建设，增加农村的老年服务资源供给。要优先满足农村失能老年人的照护服务需求，在此基础上再不断扩大服务覆盖人群。最后,要加强照护人才培养,提高农村老年照护服务的专业化水平。一方面,可依托政府或社会组织,开展针对农村留守妇女、低龄健康老年人的照护技能培训,将其转化为老年照护的专业人员;另一方面,可通过优惠政策,引导城市老年护理专业人才投身、支援农村老年照护事业。

图书在版编目(CIP)数据

中国老年人生活质量 / 李晶主编. -- 北京：社会科学文献出版社，2021.6
ISBN 978-7-5201-7910-2

Ⅰ.①中… Ⅱ.①李… Ⅲ.①老年人-生活质量-调查研究-中国 Ⅳ.①D669.6

中国版本图书馆 CIP 数据核字（2021）第 025471 号

中国老年人生活质量

| 主　　编 / 李　晶 |
| 副 主 编 / 罗晓晖　伍小兰 |

出 版 人 / 王利民
责任编辑 / 桂　芳

出　　版 / 社会科学文献出版社·皮书出版分社（010）59367127
　　　　　　地址：北京市北三环中路甲29号院华龙大厦　邮编：100029
　　　　　　网址：www.ssap.com.cn

发　　行 / 市场营销中心（010）59367081　59367083
印　　装 / 三河市龙林印务有限公司

规　　格 / 开　本：787mm×1092mm　1/16
　　　　　　印　张：19.75　字　数：327千字

版　　次 / 2021年6月第1版　2021年6月第1次印刷
书　　号 / ISBN 978-7-5201-7910-2
定　　价 / 128.00元

本书如有印装质量问题，请与读者服务中心（010-59367028）联系

▲ 版权所有 翻印必究